我国矿区生态安全法治建设

WOGUO KUANGQU
SHENGTAI ANQUAN FAZHI JIANSHE

王 莉·著

中国政法大学出版社

2017·北京

声 明	1.	版权所有，侵权必究。
	2.	如有缺页、倒装问题，由出版社负责退换。

图书在版编目（CIP）数据

我国矿区生态安全法治建设/王莉著.—北京：中国政法大学出版社，2017.11
ISBN 978-7-5620-7848-7

Ⅰ.①我… Ⅱ.①王… Ⅲ.①矿区－生态安全－生态环境保护－环境保护法－研究－中国 Ⅳ.①D922.684

中国版本图书馆CIP数据核字(2017)第278282号

出 版 者	中国政法大学出版社
地　　址	北京市海淀区西土城路25号
邮寄地址	北京100088 信箱8034分箱　邮编100088
网　　址	http://www.cuplpress.com（网络实名：中国政法大学出版社）
电　　话	010-58908586(编辑部) 58908334(邮购部)
编辑邮箱	zhengfadch@126.com
承　　印	固安华明印业有限公司
开　　本	880mm×1230mm　1/32
印　　张	9
字　　数	220千字
版　　次	2017年11月第1版
印　　次	2017年11月第1次印刷
定　　价	39.00元

目录

导　言 …………………………………………（1）
　一、问题缘起 ……………………………………（1）
　二、研究综述 ……………………………………（4）
　三、研究意义 ……………………………………（7）
　　（一）从理论上探求资源开发与矿区生态
　　　　　安全保障的协调可持续发展 ………（7）
　　（二）从制度上为矿区的法治现代化保驾
　　　　　护航 ………………………………（8）
　　（三）从立法上为我国的法治建设提供
　　　　　必要的理论参考 …………………（9）
　四、研究方法和内容 ……………………………（10）

第一章　生态安全法治的基本理论 …………（11）
　一、生态安全的时代价值 ………………………（11）
　二、生态安全的内涵诠释 ………………………（13）
　　（一）生态安全的一般解读 …………………（13）

（二）生态安全的法律解读 …………………（15）
　三、生态安全的保障机制 ………………………（19）
　四、生态安全的法治进路 ………………………（21）
　　（一）法律价值的调整 …………………………（21）
　　（二）生态安全权利的确认 ……………………（23）
　　（三）生态安全立法的供给 ……………………（24）
　五、环境管理转型是生态安全实现之根本 ……（26）
　　（一）生态安全需要环境管理走向环境治理 …（26）
　　（二）环境治理一体化模式的要求 ……………（29）
　　（三）环境治理市场化与社会化的要求 ………（30）

第二章　我国矿区资源开发的现状 ………………（34）
　一、矿区资源被无序开发 ………………………（34）
　　（一）矿区饮用水污染 …………………………（35）
　　（二）矿区土壤污染 ……………………………（36）
　　（三）矿区固体废弃物污染 ……………………（37）
　二、矿区资源被无偿开发 ………………………（38）
　三、矿区资源被反复开发 ………………………（42）
　　（一）土地沙化和石漠化严重 …………………（43）
　　（二）水土流失加剧 ……………………………（45）
　　（三）生物多样性丧失 …………………………（46）
　四、矿区资源过度开发对农业生产造成恶劣
　　　影响 …………………………………………（47）
　　（一）矿区耕地资源过度开发造成土壤肥力
　　　　　下降 ……………………………………（47）

（二）矿区水资源过度开发影响粮食安全 ………（49）
　　（三）矿区林地资源过度开发制约林业生产 ……（50）
　　（四）矿区草地资源过度开发限制畜牧业发展 …（51）
　五、矿区资源开发对矿区居民利益的损害 …………（52）
　　（一）对矿区居民财产权利的侵害 ………………（53）
　　（二）对矿区居民健康权、生命权的侵害 ………（54）
　　（三）对矿区居民环境权利的侵害 ………………（56）

第三章　我国矿区生态安全法治的制度障碍 ……（59）
　一、我国矿区生态安全的制度概览 ……………………（59）
　二、我国矿区生态安全的法治障碍及因由 ……………（62）
　　（一）法治障碍 ……………………………………（63）
　　（二）法治实施障碍 ………………………………（65）
　三、破解我国矿区生态安全法治制度障碍的
　　　制度进路 …………………………………………（68）
　　（一）良法生成 ……………………………………（68）
　　（二）良法的良好实施 ……………………………（72）

第四章　资源开发生态安全法治的考察和借鉴 …（77）
　一、国外资源开发生态安全的立法考察 ………………（77）
　　（一）美国西部矿区生态安全立法 ………………（77）
　　（二）日本北海道地区资源开发与生态环境
　　　　　保护立法 ……………………………………（84）
　　（三）以色列对荒漠地区的开发与生态环境
　　　　　保护立法 ……………………………………（90）

二、我国西部大开发中的生态环境保护立法 ……（ 93 ）
（一）西部大开发战略的提出及发展 ……………（ 93 ）
（二）西部大开发中生态环境保护反思 …………（ 96 ）
三、资源开发与生态环境保护立法比较借鉴 ………（102）
（一）立法先行 ……………………………………（103）
（二）重视规划的龙头作用 ………………………（103）
（三）建立强有力的专门开发管理机构 …………（104）
（四）有关法律政策相配套协调 …………………（104）

第五章 我国矿区生态安全法治的理论分析 ……（105）
一、矿区生态安全法治的理论渊源 …………………（105）
（一）哲学基础：生态主义伦理观 ………………（105）
（二）经济根源：公共物品理论和资源价值
理论 …………………………………………（109）
（三）制度动因：环境正义和公共利益保护
理论 …………………………………………（117）
二、法治在矿区治理中的地位 ………………………（127）
（一）法治是矿区环境治理的必然选择 …………（127）
（二）法治是矿区生态安全的根本保障 …………（128）
（三）法治化是矿区生态安全保障的终极目标 …（130）
三、矿区生态安全法治的逻辑基点 …………………（132）
（一）矿区资源开发环境保护制度的无序构
建与无效运行 ………………………………（132）
（二）保障制度有序构建并有效运行是制度理性
研究的价值 …………………………………（133）

（三）影响制度理性三对因子的关系梳理 …………（134）
　（四）矿区生态安全制度理性的应然选择 …………（138）
四、矿区生态安全的法治选择 ……………………………（143）
　（一）法治理念的确立 ………………………………（143）
　（二）法治价值的选择 ………………………………（150）
　（三）法治原则的构建 ………………………………（153）

第六章　我国矿区生态安全法治的制度体系建构 ……………………………………………（157）

一、形成矿区多元共治的生态环境治理格局 ………（157）
　（一）从单一治理到多元共治的嬗变 ………………（159）
　（二）多元共治的特征及优势 ………………………（171）
　（三）麦肯锡 7S 模型契合矿区环境治理转型的
　　　　内生需求 ……………………………………（174）
　（四）基于麦肯锡 7S 模型中国矿区环境治理体系
　　　　建构的制度框架 ……………………………（182）
二、建立矿区生态安全的预警机制 ………………………（195）
　（一）划定矿区生态保护红线 ………………………（196）
　（二）建立、健全矿山环境监测制度 ………………（202）
　（三）完善矿区突发环境事件应急机制 ……………（206）
三、完善矿区生态补偿机制 ………………………………（209）
　（一）多方筹集矿区生态补偿资金 …………………（210）
　（二）制定科学的矿区生态补偿标准 ………………（220）
　（三）建立矿区生态补偿法律责任机制 ……………（221）

四、完善矿区生态修复制度 …………………………（222）
　（一）矿区生态修复的制度检视 …………………（224）
　（二）矿区生态修复制度的完善框架 ……………（227）
五、积极参与企业环境信用评价……………………（232）
　（一）企业环境评价制度的立法及实践现状 ……（233）
　（二）企业环境信用评价制度存在的主要问题 …（235）
　（三）我国企业环境信用评价体系建设完善的
　　　　对策建议 ……………………………………（241）
六、推进矿区生态损害的社会化救济………………（250）
　（一）矿区生态损害社会化救济的动因 …………（250）
　（二）矿区生态环境损害社会化救济的方式 ……（253）

主要参考文献 ……………………………………………（268）

INTRODUCTION
导 言

一、问题缘起

20世纪70年代，西方国家严重的环境危机催生生态安全这一崭新词汇进入了法律语境，采取法律手段遏制生态危机，保障生态安全迫在眉睫。改革开放以来，我国经济社会得到快速发展，但资源约束趋紧、环境污染严重、生态系统退化的形势日益严峻，生态安全问题已经成为关系人民福祉和民族未来的大事。习近平总书记指出，既要重视传统安全，又要重视非传统安全，应构建集政治安全、国土安全、军事安全、经济安全、文化安全、社会安全、科技安全、信息安全、生态安全、资源安全、核安全等于一体的国家安全体系。生态安全被明确纳入国家安全体系之中。这是在准确把握国家安全形势变化新特点、新趋势基础上作出的重大战略部署，对于提升生态安全重要性认识，破解生态安全威胁，意义重大。党的十八届五中全会进一步明确提出，坚持绿色发展，有度、有序利用自然，构建科学合理的生态安全格局。生态安全的重要性日益得到广泛认可和重视：生态安全与政治安全、军事安全和经济安全一样，都是事关大局、对国家安全具有重大影响的安全领域；生态安全是其他安全的载体和基础，同时受到其他安全的影响和制约；当一个国家或地区所处的自然生态环境状况能够维系其经济社会的可持续发展时，它的生态就是安全的，反之，"覆巢无完卵"，一旦生态环境遭到严重破坏，生态不再安全，必然会影响社会稳定，危及国家安全等。

矿山资源在我国国民经济发展中具有举足轻重的作用，矿山生态建设是切实保障矿山生态系统健康与矿山可持续发展的必由之路。矿产资源开发是企业、政府或个人等具有独立行为能力的主体，主观有意地对资源数量、质量、分布等状况进行干预和改变以获取预期效益行为的总称；随着工业化、城镇化步伐的加快和人民生活水平的提高，我国资源能源需求增长持续强劲，资源能源的刚性需求导致矿产资源开发在很多地方如火如荼地开展，资源开发是适应我国经济建设和社会发展需求的常态和必须行为。理想状态的矿产资源开发，需要处理好资源开发行为与生态环境保护的关系，做到在开发中保护，在保护中开发，以实现经济、社会和生态环境效益的融合。但是由于长期的矿业活动，特别是矿产资源不合理的开发利用，对矿区及其周围的生态环境造成严重的污染和破坏，土地沉陷不仅使周围的农民失去了耕地，也对周围的生态环境造成难以修复的影响；煤矸石的堆放和自燃，不仅占用大量的耕地，而且成为矿区周围环境污染的重要污染源；矿产资源的开采也对水资源造成了破坏等。因此矿区已成为人与环境矛盾最为尖锐的区域，矿区的生态环境安全面临巨大的威胁。于是，一起又一起由于矿产资源能源开发利用导致的恶性环境污染或破坏事件频频进入公众视野：福建紫金矿业的屡次事故、福建屏南县的"癌症村"，陕西凤翔儿童血铅超标事件……无数次惨痛的集体污染事故表明：矿产资源开发区域是我国环境污染事故频发的重灾区、矿产资源开发区域生态环境是不安全、矿产资源开发与生态环境保护是不协调的。获得阿姆斯特丹纪录片电影节

（IDFA）新人单元评委会大奖的自由摄影师王久良在拍完《垃圾围城》和《塑料王国》之后，最近两年又在着手拍摄新作《城市从哪里来》，一台照相机呈现出来的面目全非、满目疮痍的矿区发人深省。已有学者指出我国的矿产资源开发呈现"出无序开发、无偿开发、反复开发、过度开发"的特点，并由此带来"环境污染上山下乡、国有资产浪费流失、生态环境急剧恶化、对农业生产影响恶劣"等严重的、亟待解决的现实问题。[1]

党的十八大提出大力推进生态文明建设，实现国强民富、政治清明、社会繁荣、环境优美，都离不开良好的制度安排以及制度的良性运行。在这个意义上，法治对"中国梦"的实现具有不可替代的作用，[2] 生态文明建设必须坚决地走法治化之路。法治是一个古老的命题，《牛津法律大辞典》认为，"法治"是一个"无比重要的但未被定义，也不是随便就能定义的概念"。亚里士多德认为法治不仅是应然的，而且也是必然的，尽管他也没有对法治给出一个明确的界定，但却给出了法治的两个必备的要素："已成立的法律获得普遍的服从，而大家所服从的法律又应该本身是制定得良好的法律"。[3] 有鉴于此，良法和良法的良好实施是法治社会的两大标杆，其中良法是基础，而良好的实施是法治的核心。[4]

生态文明时代大背景呼唤早日实现法治化，而环保法治化

---

[1] 田土成主编：《资源开发与生态环保协调发展的法治保障》，河南人民出版社2012年版，第8~29页。
[2] 吕忠梅："用法治呵护'中国梦'"，载《中国社会科学报》2013年3月8日。
[3] [古希腊]亚里士多德：《政治学》，吴寿彭译，商务印书馆1965年版，第199页。
[4] 徐汉民："法治的核心是宪法和法律的实施"，载《中国法学》2013年第1期。

是法治化的首要和核心环节。矿产资源开发区域是我国环境污染破坏的重灾区，也是我国环境治理和生态文明实现的瓶颈，矿产资源开发区域的环保法治化能否实现是关乎整个国家环保法治化能否实现的关键环节。矿产资源开发区域环保的法治化在今天的中国比以往任何时候都显得更为迫切。一方面，资源开发行为上山下乡，在偏远的农村遍地生花，长期的城乡二元体制使得我国的农村环境法治更为薄弱，法律碎片化显生，立法薄弱、缺失、凌乱，带来的无疑是一起又一起恶性环境污染破坏案件；另一方面，资源开发区域的政府在经济效益的偏好下，对本地区的环境容量过于乐观，对污染行为疏于监管、流于形式，甚至听之任之，而资源开发区域的民众受收入、就业、弱性的影响，最终成为癌症村、血铅患者中的一员。良法与良好实施的双重缺失，造就了矿产资源开发区域现如今环境污染和破坏的窘境，因此适合矿产资源开发区域的法律法规完善，和在此基础之上的法律法规有效实施是走出污染和破坏频生窘境的处方，此两方面与法治的内生需求是一致的。

有鉴于此，我国矿区生态安全方面的立法缺乏系统性和完整性，多头执法、选择性执法现象仍然存在，如何强化矿区生态安全的法治建设研究就显得尤为重要。我们要加快体制机制建设，以对人民高度负责的态度全力维护矿区的生态安全。党的十八大报告指出"法治是治国理政的基本方式"，可以预见未来的中国必将是法治的中国，破解矿产资源开发区域生态环境恶化也必须坚决走法治化之路。法治建设是社会进步的重要标志，也是国家实现矿区生态安全的必要保障。

二、研究综述

"生态安全"一词是 20 世纪后半期提出的概念，是"一个国家赖以生存和发展的生态环境处于不受或少受破坏与威胁的状态",通常具有两重含义:一是指生态系统自身是否安全,即其自身结构是否受到破坏,功能是否健全;二是指生态系统对于人类是否安全,即生态系统所提供的服务是否能满足人类生存发展的需要。我国在 2000 年发布的《全国生态环境保护纲要》中,第一次明确提出了"维护国家生态环境安全"的目标。

矿区生态安全,是指一个矿区及其周围生态系统生存和发展所需的生态环境处于不受或少受破坏与威胁的状态,即使矿区及其周围居民的生活、健康、安居环境以及适应环境的能力不受或少受破坏及威胁。环境法学界已经开始关注矿产资源开发区域严重的环境问题,并著书立说以求破解的方案。在国内,与"矿区生态安全法治"相关的国内研究主要集中在四个方面:一是矿区严重的环境污染或破坏现状(赵旭阳等,2009 年);二矿区环境问题解决的理论破解,如生态系统方法论(蔡守秋,2011 年)、生态人模式(陈泉生,2009 年)、资源环境承载阈值论(张兴,2011 年)、产权经济学的"交易费"理论(任建雄,2010 年)等;三是制度完善建议;四是少量研究从生态安全角度关注个别区域,如城市及小城镇的环境问题(王志琴,2008 年)。但现有成果多集中在如何改造原有制度或生成新制度,如建立各方参与的公共治理机制(吕忠梅等,2011 年),严格的矿山开采准入制度(曹明德等,2008 年),基于功能区划分的矿区生态补偿制度构建(张文驹,2007 年),农民环境权的完善(李挚萍、陈春生,2009 年)等,就制度改造或生成而言也仅是粗线条的点状勾勒,缺乏根植于现行立法政策的统筹安排,尚未能充分考量城乡二元结构、资源开发经济社会效益、民众弱性等立法政策之外的深层次社会因素。同时,鲜有学者系统的就其所设计制度进行适用有效性的评估,并就如何使制度有序并有效运行展开深入的研究，研究通常戛然而止于制度设计，似乎顺理成章的认为所设计的制度必然是能够良好适用或实施的制度。正如有学者提出，环境法学研究误区之一便是立法至上，学者们最直观的表现是只关心立法问题，不关心实施问题。多数理论都是关于环境立法的探讨，对法的适用则关心甚少，一碰到问题，就呼吁新法，很少考虑通过对现行法的解释和适用来解决问题。这使得环境法学几乎成为一种"面向未来"的理论——总是觉得法律不够用，总是在呼吁制定新法，而不去认真考虑如何最大化地发挥现行法的功能。讨论立法时往往只关注价值正当性或原理科学性等真理性问题，不把社会认可度、实施前景和社会效果作为抉择的考虑因素，似乎实施纯粹是执法部门的事。只谈目标和要求，不考虑"群众基础"和现实条件。价值正当性或原理科学性成为一项制度证立的充分条件，而制度实施所需要的具体条件和实际成本则很少论及，更少有人对制度的实施条件作出切实可行的安排。[1]

在国外，生态安全的理论研究相对成熟。美国学者科斯坦萨（Costanzar R. 1992 年）认为健康是生态安全的核心要求，并给出了生态健康的景观模型、生态模型等具体评价方法。在理论层面，不同学者提出了不同的生态安全保障的理念或原则，如可持续发展理念（埃莉诺·奥斯特罗姆等，2000 年）、为生态服务付费（PES）（Mayrand K，Paquin M，2004 年）、风险预防原则（J. Moms，2000 年）、生态系统整体管理原则（R. 芬德利，1986 年）等。在具体措施研究上，有的学者提出了确立环境权制度以保障生态安全（Boyle & Michael R. Anderson，1998 年），有的学者认为应从注重环境单项客体的保护向注重整体生态环境功能的保护过渡（富井利安，1995 年），有的学者则认

---

[1] 巩固："环境法律观检讨"，载《法学研究》2011 年第 6 期。

为应综合运用法律、经济、技术等手段才能有效保障生态（［加］布鲁斯·米切尔，2004年）。国际上，国际应用系统分析研究所（IIASA，1989年）提出了生态安全最为客观的概念，被很多国家应用于环境保护标准的制定，有关综合性国际文件（如《人类环境宣言》《我们共同的未来》）和专门性国际条约（如《南极矿产资源活动管理公约》）对生态安全和矿产资源开发区域的环境保护有原则性或框架性规定。

因此，我国生态安全研究需要向法学尤其是环境法学领域，向更需关注的地域如矿区进一步深入、系统推进，并与依法治矿、建设法治矿区的国家宏观策略并轨。借鉴生态安全和法治化的基本理论，在梳理中国矿区法治建设的现状的基础上，形成系统的矿区法治建设的制度体系建构。以生态安全为目标的矿区生态安全法律规制是保护矿区生态环境、促进社会整体和谐的根本保障。

三、研究意义

鉴于矿区资源开发与生态环境安全的双向需求刚性，本课题研究具有十分重要的理论和现实意义。其突出表现在如下三个方面。

（一）从理论上探求资源开发与矿区生态安全保障的协调可持续发展

环境资源法学作为一门新兴学科，理论基础有待进一步深化。目前，矿区生态环境问题已经引起环境资源法学界的广泛关注。但是，大多数学者认为，现阶段矿区及其民众的特殊困境——立法缺位、配备不足、利益冲突、自身弱性——导致了矿区生态环境状态的极度恶化，资源开发与生态环境的协调发展在当今中国农村几乎是不可实现的。我们认为，在农业文明时期，由于社会生态环境容量极大，人们对资源开发的能力有限，所以资源开发对农村生态环境的影响可以忽略不计，为了促进经济社会发展，资源开发几乎可以不受任何限制。到了工业文明时期，随着大工业的不断发展，人们对资源的需求量日益增加，开发能力逐步增强，社会生态环境容量也逐步有限。所以，人们不得不考虑并逐步加强对资源开发与生态环保的管制。随着工业文明的发展，人们在充分享受工业文明带来的物质生活的同时，对精神生活、特别是精神生活质量的需求也日益增强。因此，人们希望进入生态文明时期，严格限制矿区资源开发，合理划分人类生存空间的功能区分，此时矿区的生态环境问题势必提到议事日程。这就需要环境资源法学理论适时作出调整。比如，从单项环境要素保护向环境生态功能保障的转化、经济利益和生态利益的适度协调、人类生存空间的功能划分……因此，从理论上深入探讨资源开发与矿区生态安全保障的协调可持续进行的理论及制度建设，对于环境资源法学理论的拓展有着积极的理论意义。

（二）从制度上为矿区的法治现代化保驾护航

党的十八大报告指出"法治是治国理政的基本方式"，十八届四中全会通过的《中共中央关于全面推进依法治国若干重大问题的决定》指出，全面推进依法治国，总目标是建设中国特色社会主义法治体系，建设社会主义法治国家。要贯彻中国特色社会主义法治理论，形成完备的法律规范体系、高效的法治实施体系、严密的法治监督体系、有力的法治保障体系，形成完善的党内法规体系。这其实涉及法治如何现代化的问题。全面推进依法治国是一个系统工程，是国家治理领域一场广泛而深刻的革命。反过来，国家治理现代化离不开法治的现代化。经验也告诉我们，越是强调法治，越是要注重法的质量与品格，法治本身也要经历一个现代化过程。法治现代化表征着法律在现代社会的存在状态和变革过程，其实质是伴随着社会从传统向现代的转变，法律制度自身的合理化。目前，矿区、农村等区域是我国法治现代整体实现的短板，加强对此类区域的重点研究和制度建设，并在此基础上为这些区域达到环境安全的基本标准努力是法学界，尤其是环境法学界的努力方向。希望通过本书，能够探索出一条在理论上成立、实践中可行的实施方案，并将之以矿区特别立法的形式表现出来，用以指导矿区的生态建设，这无疑具有重要的理论和实践意义。

（三）从立法上为我国的法治建设提供必要的理论参考

习近平同志强调，只有实行最严格的制度、最严密的法治，才能为生态文明建设提供可靠保障。经历了工业文明带给生态环境的千疮百孔后，我国适时提出了科学发展观，倡导构建和谐社会，实现自然、社会、经济的全面发展。和谐社会需要我国各个区域的共同可持续发展。然而，随着工业化、城镇化步伐的加快和人民生活水平的提高，我国资源能源需求增长持续强劲，资源能源的刚性需求导致很多城市的资源开发殆尽，资源能源开发利用的主战场便转移到了广大偏远的农村矿区。于是，一起又一起由于资源能源开发利用导致的恶性环境污染或破坏事件频频在农村发生：福建紫金矿业的屡次事故、福建屏南县的"癌症村"，陕西凤翔儿童血铅超标事件……矿区的生态环境问题日益成为生态法治建设及构建和谐社会的瓶颈。本书虽然主要以研究矿区的生态安全出发点和目的，但是可能对我国整体的法治建设具有重要的参考价值。可以说，目前矿区资源开发中存在的问题，很多都具有共性，比如矿区环境治理存在着治理滞后性、有效性与持续性的反思和诘问，矿区环境保护总体上仍实践着单中心的政府管理模式，多中心环境治理体系及民众参与环境治理的有效路径法律层面的理论及制度供给不足,"政府管理、对症治理"的模式是矿区当前环境治理的常态方式……因此,本书有可能为我国的法治国建设的整体建设提供一定的理论参考。

四、研究方法和内容

采用实证分析法和比较分析法对主要发达国家和中国现行有关矿产资源开发与农村生态环境保护制度安排的实施成效进行梳理和比较分析,探究其相关法律政策变迁的动因和趋向;采用系统分析法对涉及社会经济诸多领域的制度体系进行统筹考虑;采用规则分析法探讨中国矿产资源开发与生态环境保护协调发展的制度因应。根据提出问题—分析问题—解决问题的思路,以一定数量的矿产资源开发区域农村生态环境现状的实证调查为切入点,以生态安全的梳理为基础,结合哲学和经济学理论,运用并突破传统法学理论,比较有关国家矿产资源开发生态安全的理论和法律制度,检讨我国现行制度,探索并创新一套科学、有效、公平、系统的农村生态安全的协调机理和制度体系。

第一章
生态安全法治的基本理论

在中国特色社会主义事业中,生态文明建设和法治建设都处于非常重要的地位,它们所取得的成效在一定程度上显示了中国特色社会主义事业的进展状况,它们的奋斗目标也成为新常态下我国发展转型的重要动力。如果说中国全面实现小康社会的伟大进程,是要完成中国的文明转型,那么法治国家建设与生态文明建设则是这个转型中必须完成的任务。生态安全是生态文明建设的重要指标和实践检验,因此,我们要高度重视生态安全和法治建设,更要注意把二者作为一个整体来相互促进和共同发展。

一、生态安全的时代价值

"生态安全"一词是20世纪后半期提出的概念,是"一个国家赖以生存和发展的生态环境处于不受或少受破坏与威胁的状态"。通常具有两重含义:一是指生态系统自身是否安全,即其自身结构是否受到破坏,功能是否健全;二是指生态系统对于人类是否安全,即生态系统所提供的服务是否能满足人类生存发展的需要。我国在2000年发布的《全国生态环境保护纲要》中,第一次明确提出了"维护国家生态环境安全"的目标。

改革开放以来,我国经济社会得到快速发展,但资源约束趋紧、环境污染严重、生态系统退化的形势日益严峻,生态安全问题已经成为关系人民福祉和民族未来的大事。习近平总书记指出，既要重视传统安全，又要重视非传统安全，应构建集政治安全、国土安全、军事安全、经济安全、文化安全、社会安全、科技安全、信息安全、生态安全、资源安全、核安全等于一体的国家安全体系。生态安全被明确纳入国家安全体系之中。这是在准确把握国家安全形势变化新特点新趋势基础上作出的重大战略部署，对于提升生态安全重要性认识，破解生态安全威胁，意义重大。党的十八届五中全会进一步明确提出，坚持绿色发展，有度有序利用自然，构建科学合理的生态安全格局。由此可见，生态安全的重要性日益得到广泛认可和重视。

尽管我国生态环境保护与建设力度逐年加大，但总体而言，资源环境与生态恶化趋势尚未得到逆转，生态问题已严重制约经济社会的可持续发展。将生态安全纳入国家安全体系，体现了党中央对环境保护工作的高度重视，有利于促进资源与能源的高效利用，加大我国生态关键地区的保护力度，改善生态系统功能和环境质量状况，缓解经济社会开发建设活动对自然生态系统造成的压力和不利影响，促进人口资源环境相协调、经济效益和生态效益相统一。将生态安全纳入国家安全体系，是推进国家治理体系和治理能力现代化、实现国家长治久安的迫切要求，对于促进经济社会可持续发展、加快生态文明建设具有重要意义和深远影响。

生态安全与政治安全、军事安全和经济安全一样，都是事关大局、对国家安全具有重大影响的安全领域。生态安全是其他安全的载体和基础，同时又受到其他安全的影响和制约。当一个国家或地区所处的自然生态环境状况能够维系其经济社会的可持续发展时，它的生态就是安全的；反之，"覆巢无完卵"，一旦生态环境遭到严重破坏，生态不再安全，必然会影响社会稳定，危及国家安全。

二、生态安全的内涵诠释

（一）生态安全的一般解读

一般意义上，生态安全是指生态系统完整和健康的整体水平，尤其是指生存和发展的不良风险最小或不受威胁的状态。生态安全与生态风险或生态危机相关。当今世界，对生态危机威胁的关注，引出人类安全的考虑。人类依赖自然界生活，良好的环境质量、丰富的自然资源、清洁舒适的自然环境是生产和生活的自然基础，是人类生存和发展的必要条件，良好的生态环境表示人类处于生态安全状态。"生态安全"又称环境安全，与它对应的概念是"生态危机""环境风险"。生态安全概念可以从正负两个方面表述，它的正面表述是：干净的空气，清洁的水，肥沃的土壤，丰富多彩的生命，良好的生态结构，健全的生命保障系统，丰富的自然资源，这些是人类在地球上健康生活、持续生存和发展的条件，是人类社会、政治、经济和文化发展的自然基础，其良好状态标志着人类的生态安全性。生态安全的负面表述是：水、空气、土壤和生物受到污染；森林滥伐、草原沙漠化和荒漠化、水土流失、耕地减少、土壤退化，生态受到破坏；水源、能源和其它矿产资源严重短缺。它以环境污染和生态破坏的形式出现，表示地球生命系统维持生命的能力下降，自然条件和自然资源支持经济和社会持续发展的能力削弱，严重损害人类利益，威胁人类生存，表示安全受到威胁，成为人类安全的问题。[1]

生态安全具有多重特征，主要的特征如下：

---

[1] 余谋昌：" 论生态安全的概念及其主要特征"，载《清华大学学报（哲学社会科学版）》2004年第2期。

第一,整体性。一方面,人、社会、自然是复合生态系统,该系统是一个有机整体,人和其它生命共同享用同一个地球,地球上所发生的一切,同所有的人和人以外的所有生命都息息相关,生态不安全不仅损害人类生存,而且损害人以外的其他生物的利益,在某种意义上,生态安全与人类安全、生物安全具有一致性,作为一个有机整体,形成相互联系、相互作用、相互依赖、相互渗透、相互转化的统一过程,生态安全的整体性是人与自然的整体性的衍生;另一方面,当今环境问题成为重要的全球性问题,生态安全问题的影响已经具有全球的规模,地球增温、臭氧层破坏、酸雨等,它的影响或危害是针对世界所有国家和地区,也即全人类所有种族、民族、社群和所有个人的整体的利益。

第二,综合性。生态安全是全部生态安全要素——森林、海洋、草原和农田四大生命系统,大气、水源和能源等矿产资源三大环境系统——安全性的综合,而不仅是指其单个要素的安全性。影响生态安全的因素有很多,这些因素相互作用、相互影响,使生态安全的维护显得尤为复杂。全球升温、臭氧层破坏、水土流失、物种灭绝、生物多样性减少等等,所有这些问题对人类可持续发展,对人类生命根本利益的影响是多方面综合性的。并且,生态安全作为国家安全体系的重要方面,对国家能力建设、民族繁荣和人民幸福起着十分重要综合的作用,它是国家的政治安全、军事安全、经济安全、科学技术和社会文化安全的自然基础,对这些领域的安全建设具有决定性的作用,对这些领域安全的影响是综合性的,具有根本性和全局性。

第三,区域性。一方面,地域不同、对象不同,生态安全的影响因素和表现形式也会不同,有的地方水体污染比较严重,大气和土壤问题不大,该区域的生态安全主要表现为水体的安全，有的地方则恰恰相反，大气污染特别严重，大气生态安全是重点关注的问题，不同的区域生态安全的关注重点不同，生态安全因地域不同而差异。另一方面，区域的范围会随着时间、污染破坏加剧而逐渐扩大，如果说生态安全的第一层级是地区性的、第二层次就是大陆和海洋，第三层级就是全球了。生态安全是以一个地区一个地区的问题表现出来的，聚合的效应就是全球性的。比如城市大气污染，河流、湖泊和地下水污染，土壤和生物污染等都是区域性现象，森林破坏，草原退化，土壤侵蚀，土地沙漠化，荒漠化和土地退化等也都是区域性现象，但是，当它从局部地区扩展到全球范围时，也就成为全球性问题了。

第四，滞后性。生态安全问题主要方面是由于人和社会活动引起的，与这种活动产生的经济价值相比较，它的不良的环境后果会在过了很久才表现出来。问题的滞后性是普遍的，大气和水源受到污染，土地受到侵蚀，沙漠化、荒漠化和土地退化慢慢地出现，森林慢慢地消失，其严重性一时难以发现，环境危害从开始到"崩溃点"出现有一个过程例如，水俣病事件、马斯河谷事件、骨痛病事件等是水污染、大气污染和生物污染经过很长时间的逐渐积累，当它造成许多人死亡和无尽的痛苦时，才为人们发现。这是问题的滞后性导致人们认识的滞后性，使人类面临的问题具有很大的挑战性。

(二) 生态安全的法律解读

"任何法律制度的构建都必须注入当时社会所特有的元素，体现一定阶段社会发展的基本目标和政策导向，反映政治、经济及文化发展的内在要求。"[1]当前，面对我国乃至全球生态环境急剧变迁的自然事实，以及生态安全受到威胁的社会现实，

---

[1] 张铁薇："哲学思考照亮侵权法未来"，载《中国社会科学报》2013年1月30日。

法律必须通过不断地变革来适应社会、经济和环境可持续发展的需要。

生态安全的逻辑起点——人与自然。生态安全所强调的人与自然之间的关系，是将人还原回生态系统之内，强调生态安全是自然与人类社会两者的安全，它们是一个统一、和谐、有机的整体。可以说，人与自然之间的多维关系是维护生态安全的根本基础。生态安全并不是空洞无物，不可捉摸的，而是一种实实在在的法益保护对象。例如，日本以《环境基本法》为基础，"建立了以环境安全、生物安全和生态系统安全为内容的生态安全保护法律制度体系。"[1]俄罗斯2002年颁布的《俄罗斯联邦环境保护法》中，将生态安全保障确定为环境保护的基本原则。我国《防沙治沙法》和《固体废物污染防治法》也都将维护生态安全作为立法宗旨。生态安全主要指的是人类生存环境或生态条件的一种必备状态。生态安全"从生态系统的角度说明了人类社会生存与发展所必需的安全基础。它的这种整体性特征，使生态安全成为人类与自然更基础和根本层次上的安全关系。它是人类生存、活动空间永远处于第一位的问题，因而是人类社会的最终安全"。生态安全强调人与自然之间的和谐，这里的"人"是一种共时性与历时性共存的人，即包括当代人与后代人。在生态安全的语境中，所谓的"人"指的并不是个体的人而是一种人的模式，一种"生态人"模式。因为，"法律权利义务关系主体已从'经济人'塑造模式发展到'社会人'塑造模式，现在已经进入'生态人'塑造模式"。而所谓"生态人"模式，则指的是基于生态契约理论主体假设下的一种"理想类型"。我们可以将其界定为处于生态系统中，具有

---

[1] 罗丽："日本生态安全保护法律制度研究"，载《河北法学》2006年第6期。

生态风险意识和生态品格，追求经济效益、社会效益、生态效益三种效益协调、和谐发展、以"人类和生态共同利益"为中心的理性人。

生态安全的媒介——社会技术。"所谓社会技术，乃指社会主体改造社会世界，调整社会关系，控制社会运行的实践性知识体系，涵盖道德规范、宗教教条、哲学理念以及法律、政策、制度等。"在交易安全、社会安全中，民商法律制度、合同法律制度、社会保障法律制度等"社会技术"更多地运用于传统法的技术手段，然而传统法律制度设计的技术手段用于环境法的规划设计中，其弊端和不足已然凸显。这需要我们在民商法律制度、社会保障法律制度与环境法律制度之间进行一种所谓"制度利益的衡量"，即"通过在不同主体之间的相互冲突的利益达成平衡，从而构建恰当的制度利益。"在风险社会与生态时代的语境下，"我们感觉到了作为近代法或现代法的前提的人类观、自然观、人的意思论、交易和民事责任等的法律结构的局限。对环境法的问题如果只从法上是难以找到法的理想状态的。为探索法的理想状态，就需要动员与环境问题相关的领域，不管是自然科学还是社会科学。"因之，我们需要运用生态科学、环境科学的有关技术手段型塑环境法律制度，确立生态安全观念，保障生态安全价值，使它具有别样的性格与特征。最终目的在于完善环境法律体系，使其能够更加契合我国环境、社会、经济"三位一体"的可持续发展的夙愿。对于生态安全社会技术的认知，我们需要吸纳环境科学、生态学、系统论等新兴"社会技术"，恰当地运用风险评估方法、综合生态系统管理手段及生态安全指标体系，遵循生态规律，形成系统的生态理念、生态法律、生态政策和生态标准，不断地创新"社会技术"，建构生态安全法律秩序，这对生态安全的不断认识深化具有重要的制度支撑功能。

生态安全的实践载体——环境权利。法律视野中的生态问题需要通过新型权利义务关系、责任形式和规制机制来实现,重构权利的基础和构成要件使新型权利的出现成为可能。生态安全的核心要义是人类生存环境的一种状态,一种必备的生态条件和生态状态。而环境权则是自然人(包含当代人与后代人)享有适宜自身生存和发展的良好生态环境的法律权利,其法律属性是一种公权力,其所保护的法益是人在生态系统上的利益,所保护客体则可以定位为"环境生态功能"。所谓环境的生态功能,是指通过土地、森林、水、大气等组成的有机统一体——生态系统所表现出来的对环境污染、破坏与冲击的容量、环境的舒适性、景观优美性、可观赏性等生态价值。是观之,两者之间具有内在关联性。一方面,依法确立相关主体的生态安全保障责任,运用识别风险、评估风险、分析风险等管理手段,构建生态风险预防体系和制度保障体系,才能更好地应对生态风险,维护生态安全,为实现环境权奠定坚实的基础,亦表征着环境权实现的标志和状态,毕竟良好生态功能的保护是环境权保护的客体,也是环境保护法立法的最终价值目标之所在;另一方面,环境法律通过确立环境参与权、环境知情权、环境请求权等程序性权能以及良好生态功能的保有权、享受权等实体性权能,在实现环境权的过程中,必将直接或间接地保障生态安全,实现两者的积极互动。故此,环境权的确立对生态安全的实现与法治保障极为重要,它能有效避免生态安全概念的虚无化,为构建生态安全的信息制度、风险评价制度、生态安全保护区制、生态安全事故应急等制度谱系奠定了坚实的基础。[1]

---

[1] 马波:"论环境法上的生态安全观",载《法学评论》2013年第3期。

三、生态安全的保障机制

实现民族永续发展的必然选择。生态安全是人类生存与发展的基本安全需求，维护生态安全是生态文明建设的重要内容。世界范围内生态环境变化引起的各种极端事件表明，生态灾难足以影响民族和国家的长治久安。将生态安全纳入国家安全体系，有利于让广大干部群众深刻认识自然生态环境对实现民族永续发展的基础支撑作用，有利于进一步突出生态安全保障的重要地位。习近平总书记强调，坚持节约优先、保护优先、自然恢复为主的方针，着力树立生态观念、完善生态制度、维护生态安全、优化生态环境。为此，我们要加快体制机制建设，以对人民高度负责的态度全力维护生态安全。

目前，我国政府采取按生态和资源要素分工的部门管理模式，生态安全管理职能分散在各个部门，在国家层面缺乏统一决策、统一监督管理的体制和机制，造成国家公共利益和部门行业利益的冲突，不利于国家对生态安全的宏观调控。生态安全管理是一项庞大的系统工程，将生态安全纳入国家安全管理框架，有利于整合资源开发利用、环境管理、生态保护等众多领域，协调各主管部门职责与利益，建立起分工明确、协调统一的国家生态治理体系，促进生态治理现代化。

加强国家生态安全法治建设。法治建设是社会进步的重要标志，也是国家实现生态安全的必要保障。目前，我国生态方面的立法缺乏系统性和完整性，多头执法、选择性执法现象仍然存在。要加强国家生态安全的法治保障作用，一是要加强立法工作。在现有各类法律法规基础上，立足国家生态安全需求，健全具有中国特色的国家生态安全法律支撑体系。二是要加强执法工作。对于事关国家生态安全的重大事件，要开展多部门联合执法，做到不越雷池一步。三是要完善民主监督制度。大力开展生态安全法治教育，培育广大干部群众的生态安全意识，积极主动地监督危害国家生态安全的行为，形成良好的社会法治环境。

加快国家生态安全体制机制建设。最近，中共中央、国务院出台了《生态文明体制改革总体方案》，为增强生态文明体制改革的系统性、整体性和协同性提供了重要遵循。为确保国家生态安全战略顺利实施，必须加强体制机制建设，整合相关的组织机构，明确各部门职责。国家层面要建立有效的监督考核与问责机制，确保国家生态安全战略实施的效果。各级党委和政府应对本辖区的生态安全状况负责，将国家生态安全工作纳入国民经济和社会发展规划，并且作为考核领导干部政绩的指标之一，对由于干部失职、渎职给国家造成重大损失和严重后果的，要依法追究责任。

建立国家生态安全评估预警体系。保障国家生态安全离不开技术支撑。要充分挖掘和运用大数据，综合采用空间分析、信息集成、"互联网+"等技术，构建国家生态安全综合数据库，通过对生态安全现状及动态的分析评估，预测未来国家生态安全情势及时空分布信息。在此基础上建立国家生态安全评估预警体系，建立警情评估、发布与应对平台，充分保障我国生态安全。

设立国家生态安全保障重大工程。近些年来，我国开展了一批重大生态保护与建设工程，取得了较为显著的成效。然而，部分工程建设在顶层设计上缺乏系统性和整体性，以"末端治理"为主，存在"头痛医头、脚痛医脚"的应急性特征。国家生态安全本身就是一项重大的系统性工程，必须在国家层面注重顶层设计。要针对关键问题，整合现有各类重大工程，构建生态保护、经济发展和民生改善的协调联动机制,发挥人力、物力、资金使用的最大效率,实现生态安全效益的最大化。

四、生态安全的法治进路

所谓法治乃指一种社会秩序状态。社会的秩序状态是各式各样的,法治是一种良性的社会秩序状态。它是完备的法律制度被良好实施后的社会实在,是社会法治化的结果。生态安全法律秩序关系密切随着全球化浪潮的冲击,生态风险开始在全球范围内撒播,生态风险呈现为无间断性和常态化,生态风险成了人们生活的常态。可以说在生态风险的基本场景下,构建生态法律秩序已势在必行。秩序的核心是安全,它要建立起各种自然和社会持续发展、人类持续生存所必需的安全维护机制。而这种机制的建立必须依赖于既定的规制,即必须依赖于法。因此,建立生态保护中的法律秩序是历史赋予我们当代人的重任,也是我们保护自身赖以生存的物质基础所必须。生态法律秩序的建立应体现为社会和自然相互作用领域的社会关系的确立状态,这种确立状态人与自然的相互协调,自然资源利用的代内公平和代际公平相平衡。

(一) 法律价值的调整

法的价值,也可以称之为法律价值,指以法与人的关系作为基础的,法对于人所具有的意义,是法对于人的需要的满足,是人关于法的绝对超越指向。其核心要义有三:法的价值主体是人、法的价值客体是法、法的价值以法与人之间的客体与主体的关系为客观基础。我们所指的法律的生态安全价值可以从两个层面上予以界定:第一个层面指的是法律在发挥其社会作用的过程中能够保障、实现公众对生态法律秩序的期待,即法律能够贯彻可持续发展、生态安全、生态正义等价值与理念;

第二个层面指的是法律所包含的价值评价标准，法律对各种事物进行价值判断时以生态安全作为评判的准则，以立法的形式确立生态安全的价值优位，即在生态危机的背景下，生态安全作为主体的基础性需求，法律应当予以充分地表达，生态安全应当被视为法律的基础性价值，其应成为法律活动的归宿和予以实现的目标，也应当成为法律价值评价的标准。可以说，生态安全是自然保持循环稳态的描述，它蕴含着生物圈成员的生存基础，也隐喻着环境法的底线价值。环境法是不能放弃生态安全的，不仅是因为这一价值目的使环境法得以区别于其他法律而成为独立的法律部门，而且它也贯穿了环境法的全部制度和规范，甚至可以说它是环境法的逻辑起点和归宿。现代法哲学话语体系是由一些经典范畴型构而成的。在现代法哲学话语体系中，正义、自由和秩序无疑是法哲学的经典范畴。我们认为，确立法律的生态安全价值具有重要的法哲学意义。这是因为：其一，生态安全法律价值的确立，完善了法的安全价值体系，明确了生态安全在传统安全秩序中的基础性地位，提供了人们思考法律问题的价值取向，也为立法与司法活动提供了价值指引。其二，生态安全法律价值的确立，使法律能更好地回应生态危机的现实挑战。生态安全法律价值的确立，使人们明确了法律所应记载的价值内容，明确了立法的指导思想，有利于形成保障生态安全的法律体系。其三，生态安全价值的确立，使人们从一个新的视角来审视传统的交易安全与社会安全，促使人们重新考虑交易安全与社会安全理论的妥当性，重新考虑其制度安排，由此形成交易安全、社会安全与生态安全相互交融的安全秩序。申言之，若要实现生态安全之法治保障，核心要义是首先确立法律的生态安全价值，将生态安全作为法的安全秩序之"基座"，从而构建一个稳定、安全与和谐的生态法律秩序。

(二) 生态安全权利的确认

"在当代中国，权利的确已经成了中国人日常生活的基本观念与思维习惯，新型的、性质各异的各种权利作为新兴权利不断地在人们的生活中得到主张甚至获得法律化的制度表达。"[1] 毋庸置疑，生态安全权利作为一种"新兴权利"的出现，有着深刻的现实基础和社会需求。随着风险社会的来临，生态安全问题日益凸显，建构生态安全权利已然成为时代发展的必然。我们认为，对于生态安全权利的确立，需要通过立法进行"创制"与"设定"。基于生态法或环境法的视角，我们认为所谓的生态安全权利指的就是规定在法律规范之中，自然人（当代人和后代人）的生活、健康、安乐、生活保障来源、必要资源、社会秩序等方面处于受保护状态，实现于法律关系中的确保生态安全、获得生态利益的一种手段，是环境权的子权利之一。生态安全权首先体现为自然人的生命健康免受损害，具体包括以下三个方面的内容：一是对人的生命的保护，即避免现代技术及其应用对人的生命权造成的潜在威胁和现实损害；二是对人的正常生理机能的保护，即避免现代技术及其应用对当代人和后代人造成或者可能造成的短期或者长期的可恢复（可补救）或者不可恢复（不可补救）的损害；三是对人的正常心理状态的保护，即避免现代技术及其应用对人的正常心理状态产生不应有的侵扰，确保现代技术及其应用所带来或者可能带来的后果免于对人产生过分的紧张、惊恐、焦虑等消极影响。不过，我们认为生态安全权并不涵盖自然人的经济财产免受损害这样的内容，生态安全权核心要义应指的是人的生命健康权利，至于财产损害宜用民商法的债权、物权等私权予以保护，不宜扩

---

[1] 姚建宗："新兴权利论纲"，载《法制与社会发展》2010年第2期。

展到生态安全权利,以避免权利之间的纷争。基于对环境权的权能既包括对良好生态功能的保有权、享受权等实体性权能,也包括环境参与权、环境知情权、环境请求权等程序性权能这一前提论断。我们认为,作为环境权子权利的生态安全权的权能同样包括对生态安全的保有权、受益权等实体性权能,也包括生态安全状况知情权、参与权、请求权、监督检举权等程序性权能。这样的认知对于生态安全权的实现与保障具有重要意义。它有效避免了生态安全权概念的虚无化,为环境立法最终建构生态安全权,建立促成生态安全的信息制度、风险评价制度、检疫制度、生态安全保护区制度、生态安全事故应急等制度,奠定了坚实的基础。可以说,"在环境法律中,环境安全是实体权利的最基本内容,没有实体环境安全权利,其他的环境权利都不可能存在。环境安全既应当是国家安全法律制度的内容,也应当是环境法律的内容。当前,我国虽然也已经制定了宪法引领下的不少的环境法律,这些环境法律在保障国家环境安全中也起到了一定的作用。但是,由于没有确立具体的实体环境权利,使得这些环境法律在保障国家环境安全时显得效力不足。"[1]因此,我们认为要真正实现生态安全权,就必须在我国的宪法以及环境保护基本法中,规定、落实生态安全权的实体性权能,同时在环境保护法规、规章中规定、落实生态安全权的程序性权能,这对生态安全权的实现至关重要。

(三) 生态安全立法的供给

"法律需求属于制度需求的范畴,是一种非市场、非物质商品的需求。法律需求根源于主体期望获取最大的'潜在利润'。如果按照原有的制度安排或行为模式,社会资源的配置没有达到帕雷托最优状态,而改变资源的配置方式将更有效率,这时

---

[1] 马波:"生态安全法治保障论",载《河北法学》2013年第3期。

我们说原有的制度安排存在'潜在利润'。"[1]生态安全保障可能带来的现实与潜在利益，诱导了相关立法的供给，牵动了所谓的制度变迁。通常认为，制度变迁有两个方面的动因：由于外部环境的变化发展，一方面会使原来的制度安排变得无效、并非最佳或导致制度短缺，另一方面会改变可供选择的制度结构的制度选择范围。制度变迁的根源在于制度决定者与制度接受者的矛盾，推动着制度从均衡到非均衡再到均衡的矛盾运动。制度变迁的发生是由于制度非均衡的存在。"具体来说，促进制度变迁的根本原因是：由于外部性、规模经济、风险和交易费用的变化导致了收入的潜在增加，但这些收入在现行制度安排下又不能不内在化，而新的制度安排可能允许利益相关方获取这些潜在收入。"[2]上述的制度经济学的立法阐释，至少可以在以下几个方面说明生态安全法的立法逻辑：其一是生态安全法律需求的"潜在利润"。事实上，这种潜在利润存在于制度之中，从根本上说，如果预期的净收益超过预期的成本，一项制度安排就会被创新。也就是说，主体之所以选择适用法律，是因为适用的结果给他带来了利益，而不适用将丧失该利益。可以说"正是因为'潜在利益'的存在，构成了法律制度体系发展的牵动力，形成一个相对稳定，但又不断在'需求—供给'中发展的运动模式。"其二是现实法律制度安排和规范体系尚无法满足"潜在利润"的诉求。客观地说，尽管我国现行有关法律、法规中已经规定了生态安全的内容，比如《环境保护法》《大气污染防治法》《固体废物污染环境防治法》《防沙治沙法》等，但对于生态安全的内涵并没有界定，对如何保障与实现生

---

[1] 钱弘道："法律的经济分析工具"，载《法学研究》2004年第4期。
[2] [美]科斯等：《财产权利与制度变迁——产权学派与新制度学派译文集》，刘瑞华译，上海三联书店、上海人民出版社1994年版，第274~291页。

态安全还没有任何规定,这显然无法满足"潜在利润"的诉求,需要制定全新的《国家生态安全法》来实现这种诉求。"不容置疑,我认为要解决当前的严峻的生态形势,建立节约型循环型社会,需要制定专门的《国家生态安全法》,将生态环境、资源、社会经济发展紧密结合起来,在总体上对生态安全维护的方针、体制、制度等作出统一规范,解决各单项自然资源法和环保法现在无法解决的有关生态环境和资源系统保护的全局性问题。"[1]此外,尤其值得我们注意的是,现有的法律制度设计和安排都是建立在对人类自身利益的确认和保护之上,就生态系统而言,彰显人类利益和智慧的科技现代化正是成就当前生物乃至生态系统风险的主要因素。尽管我们可以将生态安全概念的外延界定为人的生态安全权利及其实现,而不包含其他物种的生态安全权利。可以说,现有生态安全保障立法供给不足,需要国家立法机关提供制度供给以满足"潜在利润"的需求。[2]

五、环境管理转型是生态安全实现之根本

(一)生态安全需要环境管理走向环境治理

"政府是一种最高级最完整的社会组织",[3]"政府行为"作为较为宽泛的概念,既包括法规、政策、计划的制定,也包括它们的执行。福利经济学认为,市场机制的有效运行离不开政府行为。凯恩斯主义为政府管制型环境治理提供了支撑性的理论基础,政府作为环境治理的主体,具有环境治理的合法性,

---

[1] 黄锡生:"我国国家生态安全法的框架建构",载《研究生法学》2006年第1期。

[2] 马波:"生态安全法治保障论",载《河北法学》2013年第3期。

[3] 刘炳香:《西方国家政府管理新变革》,中共中央党校出版社2003年版,第59页。

从 20 世纪 60 年代以来，政府作为环境治理主体，其环境治理的干预功能被不断放大。[1]现代经济理论认为，经济社会的良好运行，须将市场的"无形之手"和政府的"有形之手"综合运用，不可偏颇其一。20 世纪 70 年代以来，政府在环境治理中的作用日益明显，逐渐形成了政府管制型环境治理模式。

政府管制型环境治理模式，是政府部门及其机构作为单一的管制主体在环境治理中的各种政府行为。20 个世纪 70 年代以来，西方各国在政府内部都先后建立了专门的环境治理部门，指导全社会的环境治理工作，通过强力措施约来约束企业的环境污染行为。然而，政府单中心的管理却被普遍认为存在如下不可克服的困境。

第一，政府管制型环境治理模式中存在着信息不对称问题。信息经济学认为，帕累托效率最优状态的条件是拥有完全信息。但是现实中信息不对称却是常态，中央政府与地方政府在环境治理中具有不同的功能定位，中央政府着力于宏观治理，地方政府重心在于微观事务，因此，地方政府拥有中央政府所不具备的信息优势。中央政府与地方政府对经济与社会的发展理解也会有不同，中央政府更强调经济与自然环境的协调，而地方政府具有很强的经济属性，发展经济、增加 GDP 与对环境保护相比较，环境保护往往被放在第二位。地方政府会对向中央政府汇报的环境治理信息进行过滤，将不利于地方发展的信息过滤掉或进行"截留"，中央政府无法得到地方环境治理的真实信息，导致中央政府与地方政府在环境治理信息方面严重地不对称。

第二，政府管制型环境治理模式存在着高成本问题。近十几年来，环境污染加剧了地球的承受极限，环境治理进入高成

---

[1] [英] 阿瑟·塞西尔·庇古：《福利经济学》，金镝译，华夏出版社 2013 年版，第 104 页。

本偿债期。政府管制型环境治理模式中，政府包揽了几乎所有环境治理方面的问题，导致环境治理成本不断攀升。中国政府在环保投入方面的低效值得深思。有专家认为，造成高投低效的原因在于，中国采用了不太适当的环境治理模式，应当纠正过度依赖政府的环境保护作法。

第三，政府管制型环境治理模式存在着制约其他环境治理主体能力发挥的问题。从西方国家的实践来看，环境治理运行机制已不再是单纯局限于中央政府与地方政府二者之间的互动关系，而是一个涵盖了企业、政府、社会等多重主体在内的合作运行网络。但政府管制型环境治理模式中政府的强势地位，导致其他社会参与主体很难介入其中，他们的力量不能自然而然地发展壮大，严重妨碍了他们在环境治理中主观能动性的发挥。此外，政府管制型环境治理模式在耗费大量社会资源的同时，还不可避免地发生失误或走弯路，从而使政府管制型环境治理的效率大大降低。

1989年世界银行第一次提出了"良好治理"（good governance）的公共管理制度框架。所谓治理，是指社会中公共机构、私人机构以及个人管理其共同事务的诸多方式的总和。[1]与传统的"统治"或"政府管制"（government）不同，"统治"是指政府作为单一的国家管制机构，基于社会管理需要而实施的具有权威性的专门的公共管理活动，管理强调政府对社会公共事务进行垄断和强制性的管理。治理则强调政府、NGO、市场、志愿团体及其他社会组织对公共问题的"多中心共治"。在生态安全的呼声日益高涨的今天，应保障生态安全的需求，政府的环境管理体制应当积极转型，从管理走向治理。

---

〔1〕 徐晓林：《中国公共管理研究精粹》，科学出版社2003年版，第34页。

（二）环境治理一体化模式的要求

一方面基于大气、水域等自然现象的随机运动特征，另一方面随着现代经济流动性等特征的不断强化以及环境污染转移或环境侵略殖民的发生，治理对象、环境事件的跨区域、跨国际现象日趋普遍，属地管理、部门管理和末端管理等传统经济发展模式下政府治理方式越来越不适应低碳时代经济社会发展之需求，国家、政府必须适应社会和环境客观发展规律基本要求，将低碳理念、低碳行为规则、低碳文化纳入到新的管理体系，构建跨区域、跨产业、跨时空的多元、立体化主权国家治理体系，这就是环境治理的一体化模式。环境治理的一体化模式事实上包含二个层面的含义：其一是主权国家范围内的环境治理一体化，其二则是全球环境治理的一体化。

具体说来，我国环境治理方式将实现三大转变：一是从简单化的属地管理到区域间协商治理和共同治理的转变，其中行政条块分割的破除和规范的宏观调控是关键；二是从部门单一线性管理到多组织联动综合治理的转变，其中央地关系的协调和民间力量的积极参与是关键；三是从末端管理到源头治理和系统治理方向的转变，其中企业和市场主体竞争要素的市场引导是关键。环境整治应当与城市改造和经济社会发展相结合，点面结合、标本兼治，促进形成环境治理体系化。努力以权利义务一致性原则为基础，依靠法治力量构建创新符合经济发展实际和社会需求的治理规则和配套规则，统一环境标准和环境保护补偿措施，实施区域总量控制制度，注重利益分配的导向作用，合理配置国家政府、市场主体和普通公民的权责，避免出现"我保护，你污染"、污染者不负责或少负责的困局。并且坚持以人为本，充分考虑群众就业和生活，依据客观规律科学处理"堵"与"疏"的关系。

而就世界范围的生态环境建设而言,一方面是大国意志和强权政治发达国家的"环境侵略"或"环境殖民主义"的危害,国际权威严重缺失。另一方面,以全球视野认识、考察社会生活和历史现象、强调人类整体性的全球意识不断增强,强调人类普世关怀的全球价值不断扩展。基于此,非政府组织的作用空间和功能发挥得到了极大的拓展,传统主权国家包办一切的局面客观上必须予以相应的调整。环境问题不确定性、多变和扩散等超国界等特征与孤立国家主权的狭隘特征相互对立,单一主权国家和政府管理能力显得极其有限,基于此,"全球环境治理"的一体化模式成为国际社会在环境问题上共识。

(三) 环境治理市场化与社会化的要求

1. 环境治理的市场化

环境资源和环境治理利益基于一种自然的和公共性存在,产权归属及其利用具有天然的模糊性,同时,环境治理又有着明显的外部性,诸多的社会主体存在免费搭便车的经济人计算,环境治理的政府失灵如同市场失灵一样是不可避免的,因此,如何充分和完善的构建环境资源产权归属及其利用机制,运用市场工具调节环境治理的整体安排将是低碳时代的又一重要趋势。

20世纪以来,环境污染的负外部性问题产生的后果使人们日益发现,资源的过度利用和生态环境的持续恶化,其根本原因不在于"市场失灵",而是人们在治理环境、资源等问题中所产生的"制度失灵"。此种"制度失灵"进一步导致和引起了环境资源使用和价格运动的"市场失灵"和"政府失灵"。[1]

为市场的外部性问题的解决提供出系统而科学的方法论的

---

[1] 王育宝、李国平:"环境治理的经济学分析",载《江西财经大学学报》2003年第6期。

是科斯定理。在交易成本费用为零的理想状态下，无论权利的初始配置是何种情况，当事人各方之间的谈判或市场交易都将会带来较好的资源配置、实现经济发展的高效率，并最终带来财富的最大化。

因此，环境治理目标的真正实现，必须综合运用政府权力干预和市场激励等综合手段，将权力运作建立在依靠经济规律进行市场化治理的基础之上。

以经济手段保护环境，存在着多层次、多领域的需求，诸如环境资源的有偿使用和市场定价及市场交易，环境税费政策和环境公益项目投资等。但最关键、最核心的仍是环境资源产权制度的合理化设定。真正构建环境治理的多元化社会力量参与，必须立足于环境权益体系的构建和依托于此体系所形成的权力和收益相结合的环境治理动力机制。

而现有的以所有权为中心的财产权规范体系与当前环境治理和保护措施不相符合。传统所有权理论中，客体要素以是否被人力支配、控制为衡量标准，而空气、水体等生态环境要素不能为人力所直接支配和控制，因而无法受到现有规范之调整；从而，公民对生态环境要素的权利要求就无法正常获得实体意义的依据。生态环境资源是社会全体成员共同所有的财产，积极以制度设计扩展环境监督权、环境知情权、环境索赔权、环境议政权等具体社会环境权益，并以上述权益为基础构建完善的环境建设交易市场，将成为必然之选择。因此，改变以财产所有为中心的立法模式是环境治理制度建设的重要目标。

此外，低碳模式发展所要求的环境治理的市场化，还应包括政府治理的市场机制引入，激励社会资本投入生态环境保护建设，通过委托治理服务等多种方式，积极引入环境治理第三方参与的政府购买机制，实现环境治理体系的产业化、专业化层次。

2. 环境治理的社会化

低碳时代,全民关注低碳、关注生态、关注环境。环境治理的外部环境不再是单一的管理者和被管理者的双向对立和分歧,而是拥有了复杂的多种利益主体和非利益主体,甚至是众多信息缺乏、盲目从众者的介入,并且在网络和新媒体时代的信息传播现状下,环境治理的外部环境问题将更加复杂和社会化,呈现出多变、突发、杂乱、不可控、公共性等理性、非理性相互交织的特点。具体说来:

环境治理参与主体草根化、无中心化,缺乏标准化和组织性,缺乏科学化理念的统一导向;环境污染制造者走向更为隐蔽、更加分散,并产生一些新型的污染可能性;遭受环境污染侵权受害群体过度弱势,缺乏合理的沟通和维权渠道,负面情绪集中宣泄出现不可控和相对的多发。

环境纠纷事件突发多变、非理性,容易逆出法治轨道之外。一个看似孤立的事件在遭遇意外的其他因素时容易发生变化,甚至短时间内转换为社会性事件,产生脱序的效果。从而,社会需求和治理效果间呈现出较复杂的不匹配和不平衡状态。这样一来,就形成了环境治理领域多元化利益格局。

传统上由政府主导一切的环境治理模式已经不适应当前低碳经济发展和公民社会的现实需求,国家、市场和公民等低碳治理主体之间的关系必须获得重新整合。政府所代表的集体理性与市场所代表的个人理性将被赋予新的理解和阐释。[1]

伴随公民自主性意识的提升、社会自治性组织的迅速发展,中国社会的权力运行社会基础发生了根本性转变,公共权力的

---

[1] 郑振宇:"论低碳经济时代的政府管理创新",载《未来与发展》2011年第9期。

拥有者和使用者不再仅仅是政府，多样化的社会自治性组织和普通个体均获得了参与的机会，公共权力运行的传统垂直型治理结构已被打破，互惠与合作的治理模式正在形成。

传统认知基础上，社会自治一般是指社会相对于国家而言，在不受国家干涉的领域如在经济领域，社区事务等方面实现自我治理；这实质上是将国家和社会予以割裂或对立，马克思主义国家和社会理论认为，国家和社会无论从起源、发展以及未来的历史命运而言，本质上二者是对立统一的关系，其中公共性、人类主体性的实现乃是其统一的基础。社会理想秩序的构建不可能完全依赖于纯粹的制度权威来保障，从根本上来说，还需要社会构成中的全部主体、即人和社会组织对其的认同和主动参与建构，这种作为治理主体的积极参与乃是理想秩序实现的最可靠的动力源泉，一切创新的可能性基点，因此，社会治理与社会自治这两个系统之间理应构建畅通的沟通反馈机制，实现二者的相互作用、彼此影响。或者说，公共利益和个体权利之间必须形成耦合和沟通的合理机制与途径，这种耦合和沟通不是多数与少数的和解，也不是政府和民众的妥协，而是全体人类的内在和谐，在一定意义上说，是最大程度之上实现对人的同等尊重，即使需要尊重和保护的人并非社会成员，但只要其生活于社会之内就必须加以同等保护。综上，生态安全本质上是一种社会负担，不可能通过市场机制和经济规律自发地解决，无论是传统的公法还是传统的私法，良性的对环境问题的治理都必然是政府和社会互动机制建立、社会公众广泛参与的结果，而环境协商民主机制则是公众参与的法律调整。

第二章
我国矿区资源开发的现状

矿区资源是自然物质经过人类发现、被输入生产过程,或直接进入消耗过程,变成有用途的,或能给人以舒适感,从而产生有价值的东西。资源开发则是企业、政府或个人等具有独立行为能力的主体,主观有意地对资源数量、质量、分布等状况进行干预和改变以获取预期效益行为的总称。由于自然资源主要分布在广大农村地区,且具有生态属性的特点,所以在对自然资源开发的过程中,必须要处理好资源开发与农村环境保护的关系,做到在发展中保护,在保护中开发,以实现经济效益、社会效益和环境效益的统一,从而最终实现农村和整个经济社会的可持续发展。但现实中,无序开发、无偿开发、反复开发和过度开发等情况在资源开发中经常出现,严重制约了农村环境保护的深入开展。

一、矿区资源被无序开发

无序开发是指在开发利用自然资源时,没有科学地进行系统规划,对各类自然资源开发利用具有无规则性和随意性,整体上对各类自然资源的原始生态平衡和生态保护造成了各类环境污染与生态破坏。自然资源长期无序开发的直接后果就是造成环境污染的"上山下乡"。如今在中国,农业已经演变为立体交叉污染最为严重的产业,污染已从城市大步走进农村。目前,农村许多地方不惜牺牲环境来换取经济的一时繁荣，让一些造纸、化工等小型加工企业"上山下乡"，使农村生态环境遭到严重破坏。[1]传统上城市是工矿污染的主要集聚地，但近年来随着对自然资源无序开发的加剧，农村工矿污染开始凸显，城市污染向农村转移有加速趋势。[2]

（一）矿区饮用水污染

矿区饮用水主要来源于河水、井水、泉水等，基本不采取净化措施就直接饮用或烧开饮用。据调查，截至2004年底，全国尚有3.23亿农村人口存在饮水不安全问题，其中各类饮水水质不安全的有2.27亿人，水量不足、取水不方便及供水保证率低的近9600万人。2.27亿水质不安全人口中，饮用水氟、砷含量超标的有5370万人，饮用苦咸水的有3850万人，地表或地下饮用水源被严重污染的涉及9080万人，饮用水中铁锰等超标的有4410万人。[3]过去农村饮用水水质超标大多表现在感观和细菌学指标方面，现在由于环境污染的"上山下乡"，农村饮用水水质则是越来越多的化学甚至毒理学指标超标，直接饮用地表水或浅层地下水的农村居民饮水质量和卫生状况难以保障。一些农村靠近工业区，工厂排放的废水经过多种途径直接进入村民饮用水源，工厂废气中的有害物质通过降雨、直接沉降等多种方式也进入到饮用水源。[4]如媒体报道的云南陆良非法倾倒铬渣事件，就是一起典型的自然资源无序开发引发的环境污染

---

[1] 郑惊鸿："污染企业'上山下乡'威胁农村生态环境"，载人民网：http://env.people.com.cn/GB/8426147.html，2016年11月1日访问。

[2] 2010年《中国环境状况公报》，载中华人民共和国环境保护部网：http://www.zhb.gov.cn/ztbd/rdzl/xxgk/hbbgb/index.htm，2016年11月6日访问。

[3] 李远华、严家适："新农村建设需要坚实的农村水利基础"，载《中国农村水利水电》2006年第6期。

[4] 陈颖等："农村饮用水安全问题现状及对策分析"，载《现代农业科技》2010年第2期。

"上山下乡"事件,其对当地农村饮用水和下游珠江水质都造成了严重污染。据了解,陆良县目前有29家重化工企业,靠近南盘江的西桥工业园区就有15家重化工企业。村民不敢将牲畜放到江边,只要是喝了江水的牛羊,要么生病、要么死亡。很多村民莫名得病,有的甚至患上癌症。2008年,当地村委会3000余亩水田受严重污染,农作物根茎腐烂,秧苗发黄直至死亡。[1]

(二)矿区土壤污染

当前,自然资源无序开发导致的环境污染"上山下乡",使部分地区农村土壤污染严重,表现为:土壤污染类型多样,呈现新老污染物并存、无机有机复合污染的局面,土壤污染途径多,原因复杂,控制难度大,由农村土壤污染引发的农产品安全和人体健康事件时有发生,成了影响农业生产、群众健康和社会稳定的重要因素。根据农业部环保监测系统对全国24个省市,320个严重污染区约548万公顷土壤调查发现,大田类农产品污染超标面积占污染区农田面积的20%,其中重金属污染占80%,对全国粮食调查发现,重金属Pb、Cd、Hg、As超标率占10%。从受污染的耕地面积上来看,自1997年以来我国受污染的耕地逐年增加,由1000万公顷到超过1.5亿公顷,这其中更有超过13万公顷的土地因为污染严重而被弃耕。[2]农村土壤污染危害极大,如媒体报道广西南丹县车河镇发现部分儿童血铅异常现象,经医院检查后,发现当地部分群众存在不同程度的铅超标情况,根据当地环保厅的报告可以初步得出的原因是,由于当地存在多家有色金属企业,生产过程中会出现大量沉淀

---

[1] 李怀岩、黄浩苑:"云南曲靖铬渣污染事件:铬渣之害何时消",载《半月谈》2011年第9期。

[2] 黄莎:"我国农村土壤污染防治的法律问题研究",载《河南省政法干部管理学院学报》2010年第3期。

物，这些沉淀物和金属物会随运输过程沉淀到地面，导致当地土壤内重金属含量非常高。

(三) 矿区固体废弃物污染

固体废物，是指在生产、生活和其他活动中产生的丧失原有利用价值或者虽未丧失利用价值但被抛弃或者放弃的固态、半固态和置于容器中的气态的物品、物质以及法律、行政法规规定纳入固体废物管理的物品、物质。据统计，2010年全国工业固体废物产生量为240 943.5万吨，比上年增加18.1%；排放量为498.2万吨，比上年减少29.9%；综合利用量（含利用往年贮存量）、贮存量、处置量分别为161 772.0万吨、23 918.3万吨、57 263.8万吨，分别占产生量的67.1%、9.9%、23.8%。危险废物产生量为1586.8万吨，综合利用量（含利用往年贮存量）、贮存量、处置量分别为976.8万吨、166.3万吨、512.7万吨。[1] 目前，农村固体废物主要源自资源无序开发造成的环境污染"上山下乡"，具体表现为：一是城市固体废弃物向农村的转移，一些城郊接合部成为城市生活垃圾及工业废渣的堆放地。如媒体报道的河南义马市20余万吨有毒铬渣长期露天堆放在城郊接合部迄今未获有效处置，堆放铬渣地区的草木枯死，石块变黑；[2] 二是一些高污染企业近年来向边远地区或者农村转移，给农村经济带来发展的同时，也带来了严重的固体废弃物污染特别是危险废弃物污染。如我国铅酸蓄电池生产基地——浙江省长兴县在2004年大规模整治境内作坊化、工艺简陋的铅酸蓄电池企业，整治之后县域范围内175家蓄电池生产企业只剩

---

〔1〕 2010年《中国环境状况公报》。

〔2〕 尚昆仑、双瑞："河南最大铬渣场十年处置之难：系多重原因酿成"，载新华网：http://www.chinanews.com/fz/2011/10-12/3382312_2.shtml，2016年11月20日访问。

下 50 家，但在整治过程中，江西、湖北、安徽、江苏、山东、云南等地的县市政府部门闻风而来，竞相抛出诱人的优惠政策，一大批被关停的企业辗转迁移到这些地区；[1]三是乡镇工业在农村的发展，存在着自然资源的无序利用、工业布局混乱、工艺设备落后以及环境管理手段薄弱等问题，进一步加剧了农村固体废弃物污染。据统计，1995 年全国乡镇工业固体废物产生量 3.8 亿吨，占当年全国工业固体废物产生总量的 37.3%。[2]

二、矿区资源被无偿开发

无偿开发是指在各类自然资源开发行为中没有代价、没有付出、只有纯粹收益的一种开发行为，也指一方单纯获得某种利益而无须支付任何经济代价的行为。一般而言，自然资源包括空气资源、水资源、土地资源、森林资源、草地资源、湿地资源、矿产资源、海洋资源等。这些资源的所有权应该由全体社会成员共同享有，是人类社会经济发展共同所有的基础条件。自然资源不具有占有和使用上的排他性，想要使用它的任何个人都可以使用。同时，自然资源属于个人消费品，也可以说它具有竞争性，即一个人使用自然资源会减少其他人对它使用。另外，自然资源具有整体性，一旦公共资源受到破坏，其整体价值也将受到影响。[3]长期以来，我国自然资源产权的初始界定造成产权"公有"，如《中华人民共和国宪法》明确规定：

---

〔1〕傅丕毅、戴劲松、姜潇："警惕'产业转移'成为'污染转移——部分欠发达地区到东部沿海地区招商引资的调查'"，载新华网：http://news.xinhuanet.com/newscenter/2007-11/29/content_7168936.htm，2016 年 11 月 20 日访问。

〔2〕国家环境保护局等："全国乡镇工业污染源调查公报"，载淮北市环境保护局网：http://www.hbhbj.gov.cn/more.php?doc_id=306，2016 年 11 月 21 日访问。

〔3〕陈星、陈亚芹："化解公地悲剧的自然资源产权之路"，载《产权市场》2006 年第 10 期。

"矿藏、水流、森林、山岭、草原、荒地、滩涂等自然资源,都属于国家所有,即全民所有;由法律规定属于集体所有的森林和山岭、草原、荒地、滩涂除外。国家保障自然资源的合理利用,保护珍贵的动物和植物。禁止任何组织或者个人用任何手段侵占或者破坏自然资源。"(第9条)[1]虽然宪法和相关法律对自然资源归属于国家所有作了非常明确的规定,但现实中自然资源的使用权、收益权和处置权却非常模糊,从而导致实践中对自然资源无偿开发的局面愈演愈烈,国家作为自然资源所有者的合法资产权益受到严重侵害,从而使国有自然资源资产严重流失。[2]所谓的国有自然资源资产流失,是指国有自然资源通过各种途径受到耗损,它具有三方面含义:国有自然资产被无价或低价使用,资产所有者没有因资产的付出获得足够的

---

[1] 除了宪法的规定外,其他相关法律也都有专门规定,如《中华人民共和国土地管理法》规定:"中华人民共和国实行土地的社会主义公有制,即全民所有制和劳动群众集体所有制。全民所有,即国家所有土地的所有权由国务院代表国家行使"(第2条);《中华人民共和国矿产资源法》规定:"矿产资源属于国家所有,由国务院行使国家对矿产资源的所有权。地表或者地下的矿产资源的国家所有权,不因其所依附的土地的所有权或者使用权的不同而改变"(第3条);《中华人民共和国森林法》规定:"森林资源属于国家所有,由法律规定属于集体所有的除外"(第3条);《中华人民共和国草原法》规定:"草原属于国家所有,由法律规定属于集体所有的除外。国家所有的草原,由国务院代表国家行使所有权"(第9条);《中华人民共和国水法》规定:"水资源属于国家所有。水资源的所有权由国务院代表国家行使。农村集体经济组织的水塘和由农村集体经济组织修建管理的水库中的水,归各该农村集体经济组织使用"(第3条);《中华人民共和国海岛保护法》规定:"无居民海岛属于国家所有,国务院代表国家行使无居民海岛所有权"(第4条)。

[2] 资产是国家、企业或个人拥有的具有使用价值且能够带来收益的有形或无形的财产,其主要特征是能够给所有者带来收益。根据资产基本经济用途和存在领域不同,它可以分为经营性资产和非经营性资产两大类。自然资源是维持国民经济持续发展的物质基础,是关系到国计民生的重要资源,能够带来巨大的社会、经济和环境效益。因此,自然资源具有资产的主要特征,它是经营性资产不可分割的组成部分之一,被称为自然资源资产。

收益;生产的外部不经济性使自然资产在数量上或在质量上的下降;自然资产未有效地配置,造成自然资产的闲置与浪费。[1]目前,自然资源无偿开采引发的国有资源性资产流失,较为突出的表现:一是国有矿产资源资产流失。矿产资源是由地质作用形成的,在当前和可预见将来的技术条件下,具有开发利用价值的,呈固态、液态和气态的自然矿物。目前,中国矿产资源总体查明率平均为36%,其中,铁、铝土矿查明率分别为27%和19%。新一轮全国油气资源评价表明,中国石油地质探明率为26%,勘探处于中期阶段;天然气探明率为15%,勘探处于早期阶段,待查明矿产资源潜力巨大。新一轮国土资源大调查实施后,铁、铜、钾盐等国家紧缺矿产资源实现找矿重大突破,形成藏中千万吨级铜矿、新疆罗布泊亿吨级钾盐矿和阿吾拉勒十亿吨级铁矿等一批新的资源接续基地。2006至2010年,主要矿产勘察取得重要进展,新发现矿产地2839处,发现或评价7个亿吨级油田,10个千亿立方米级气田,3个百亿吨级煤田,2个十亿吨级铁矿和2个千万吨级铜矿,主要矿产查明资源储量明显增长。[2]但由于矿产资源存在着权属不清,无偿开采造成国有矿产资源资产流失速度惊人的情况,以稀土为例[3]:中国稀土储量曾占全球储量的约90%。从1958年开始,中国开采稀土资源,50多年来为其他国家供应了大量稀土资源,而国内稀土储量急剧减少。特别是从20世纪90年代至

---

〔1〕 姜文来、王华东、李巍:"国有自然资产流失探析",载《中国人口·资源与环境》1995年第4期。

〔2〕 国土资源部:"中国矿产资源报告2011",载中国政府网:http://www.gov.cn/gzdt/2011-11/06/content_ 1986888. htm, 2016年10月11日访问。

〔3〕 目前全球已探明稀土资源不到1亿吨,是既稀缺又非常重要的战略性资源。稀土材料的用途非常广泛,在新能源、节能环保、新材料等战略性新兴产业中起着至关重要的作用。

今，中国稀土资源出口量增长了10倍，占世界稀土资源出口总量的90%以上。但由于过度开采和以廉价出口稀土资源，导致稀土资源储备急剧减少，造成稀土资源大量浪费，如包头主东矿年开采铁矿石1000万吨中含稀土50万吨，其中利用10%，浪费10%，其余80%进入尾矿坝，而世界最大稀土矿白云鄂博矿稀土资源可能在30年内消失。[1]二是国有其他资源资产流失。除矿产资源外，由于无偿开发，其他国有资源资产也存在着不同程度的流失。土地资源在市场经济条件下不仅是资源，更是资产。[2]随着市场经济的发展、改革开放的深入，土地的资源属性渐渐显现，其资产属性也越来越高。国家有关部门曾经公布全国的国有土地资产总价值是25万亿元，假设这一数据是真实的，按2000年至2003年土地交易价格指数上升18%计算，2003年中国的国有土地总价值应该达到近30万亿元，其中北京市土地资产总价值按平均地价计算，达到近7万亿元，而2003年北京市的国内生产总值为3663.10亿元，也就是说，北京市土地资产总价值是其国内生产总值的19倍。[3]但长期以来存在的国有土地行政划拨，使土地资源无偿开发的情况屡禁不绝，从而造成国有土地资源资产流失。《中华人民共和国土地管理法》第54条规定："建设单位使用国有土地，应当以出让等有偿使用方式取得；但是，下列建设用地，经县级以上人民政府依法批准，可以以划拨方式取得：（一）国家机关用地和军事用地；（二）城市基础设施用地和公益事业用地；（三）国家重

---

[1] 李长久："中国稀土资源储量减少亮红灯一些大国觊觎"，载《经济参考报》2011年2月10日。

[2] 土地资源是指目前或可预见到的将来，可供农、林、牧业或其它各业利用的土地，是人类生存的基本资料和劳动对象，具有质和量两方面的内容。

[3] 顾海兵："北京土地资产盘点总价值达7万亿元"，载《中华工商时报》2005年1月14日。

点扶持的能源、交通、水利等基础设施用地;(四)法律、行政法规规定的其他用地。"从规定可以看出,法律对行政划拨用地的要求是非常严格的,但实践中往往通过一些变通手段把行政划拨用地转为商业地产,如媒体曾经报道的红十字会老年公寓项目。[1]海岛资源,不同于传统的自然资源,随着海洋经济的飞速发展,海岛作为特殊的海洋资源和环境的复合区域,成为海洋开发的重要依托。[2]然而,海岛开发利用活动当前面临的突出问题,是海岛特别是无居民海岛的开发利用长期处于无偿开发的状况,海岛生态环境破坏加剧,国家利益受到严重损害。据统计,我国沿海有上万个海岛散落在300万平方公里的海域,20世纪80年代我国进行的海岛资源调查数据显示,$500m^2$以上的海岛共有6900多个。其中,作为海洋大省的广东,拥有海岛、礁岩2387个,其中面积大于$500m^2$的海岛759个。但从20世纪80年代至今约800个海岛已消失,从而造成国家海岛资源资产的丧失。[3]

三、矿区资源被反复开发

反复开发,是指没有按照科学的、保护性的开发规划对各类自然资源进行开发,对同一区域的自然资源进行多次重复的超过其资源承载能力的过度性开发的一种开发方式。许多自然资源具有可再生性和可更新性,如能够合理开发利用,科学经

---

[1] 赵晖:"红基会土地运作揭秘:行政划拨变身商业地产牟利",载《第一财经日报》2011年7月22日。

[2] 海岛是指四面环海水并在高潮时高于水面的自然形成的陆地区域,包括有居民海岛和无居民海岛。

[3] 陈杰:"我国约800海岛因无序开发消失、资源生态遭破坏",载《广州日报》2011年4月14日。

营管理，就可以为人类永续利用。[1]但现实中对自然资源的开发，往往不遵从其再生性和更新性的客观规律，结果导致生态环境的恶化。

所谓生态环境恶化，是指由于人类不合理重复、过度开发利用自然资源而造成的原始生态系统结构破坏、功能衰退、水土资源丧失、生物多样性减少、生产力下降以及自然资源自身修复性能力遭到破坏等一系列环境现象。生态环境恶化的特点是：生态环境遭到破坏，生态平衡严重失调，形成恶性循环，失去自身修复能力，并且有些破坏是不可逆转的。目前，中国的绝大多数自然资源开发利用活动发生在农村地区，但由于对自然资源的反复开发，农村生态环境正呈现不断恶化的局面。无规划的反复开发导致的农村生态环境急剧恶化，已经造成了现今我国农村严重的生态危机，主要表现在以下几个方面：

（一）土地沙化和石漠化严重

土地沙化，是指因气候变化和人类活动所导致的天然沙漠扩张和沙质土壤上植被破坏、沙土裸露的过程。[2]土地沙化大面积蔓延的结果就是土地荒漠化，这是最严重的全球环境问题之一，目前地球上有20%的陆地正在受到荒漠化威胁。土地沙化主要出现在干旱和半干旱地区，如我国沙化土地集中分布的西北地区，由于深居大陆腹地，是全球同纬度地区降水量最少、蒸发量最大、最为干旱的地带。我国是世界上土地沙化最为严重的国家之一，全国荒漠化面积262.2万平方公里，占我国土总面积的27.3%，遍及13个省市区的598个县（旗），近4亿人口受到影响，每年造成直接经济损失达541亿元。研究表明，

---

[1] 如气候资源（太阳辐射、风）、水资源、地热资源（地热与温泉）、土地资源、生物资源等。

[2] 《中华人民共和国防沙治沙法》第2条。

我国目前荒漠化发展速度还在进一步加快：在20世纪50~70年代，我国沙漠化土地平均每年扩大1560平方公里，进入80年代每年增加到2100平方公里，目前沙漠化土地则以每年2460平方公里的速度发展，因此造成的耕地退化面积达283.8万平方公里，草场退化面积达8418.8万平方公里。同时，扬尘天气的迅速增加，也造成了严重的生态后果和巨大的经济损失，对土地荒漠化的治理速度远远赶不上破坏的速度，甚至形成了：一处治理，多处破坏；点上治理，面上破坏；一边治理，一边破坏的恶性循环。[1] 目前，土地沙化是我国农村面临的最严重的生态问题之一，全国有一半的贫困人口分布在沙区，沙区是我国生态最脆弱的地区，干旱少雨，破坏容易，恢复却十分艰难，保护和治理的难度很大。

土地石漠化，是指在热带、亚热带湿润、半湿润气候条件和岩溶极其发育的自然背景下，受人为活动干扰，地表植被遭受破坏，导致土壤严重流失，基岩大面积裸露或砾石堆积的土地退化现象，也是岩溶地区土地退化的极端形式。与土地沙化主要发生在干旱和半干旱地区不同，土地沙漠化主要发生在湿润和半湿润气候条件下。[2] 据监测，目前中国石漠化土地面积约1296万公顷，潜在石漠化土地面积1238万公顷，涉及贵州、广西、云南等八省区460个县（市、区），人口2.02亿，且每年仍以2%~4%的速度扩展。[3] 土地石漠化现已成为岩溶地区

---

[1] 国家林业局："中国荒漠化和沙化状况公报"，载中国林业网：http://www.forestry.gov.cn/uploadfile/main/2011-1/file/2011-1-5-59315b03587b4d7793d5d9c3aae7ca86.pdf，2016年11月20日访问。

[2] 在我国主要分布在：湖北、湖南、广东、广西、贵州、云南、重庆、四川八省（自治区、直辖市）的460个县（市、区）。

[3] 国家林业局："岩溶地区石漠化状况公报"，载中国林业网：http://www.forestry.gov.cn/uploadfile/history/fszs20061228158.doc，2016年11月20日访问。

农村最大的生态问题,由于其主要发生在我国经济相对落后的广大农村地区,受人力、资金条件的限制,防治石漠化宣传教育还不够深入和广泛,一些群众防治石漠化的意识比较淡薄,环境资源法治观念不强。[1]加之,地方政府为提高本地经济效益也常常忽视生态保护和环境建设,从而导致土地石漠化日趋严重。

(二) 水土流失加剧

长期以来人类对土地的利用,特别是对水土资源不合理的开发和经营,使土壤的覆盖物遭受破坏,裸露的土壤受水力冲蚀,流失量大于母质层育化成土壤的量,土壤流失由表土流失、心土流失而至母质流失,终使岩石暴露。近几十年来,全国农村地区,特别是中、西部地区耕作方式粗放,自然资源反复开发,利用不合理,造成区域生态系统功能退化,水土流失严重,自然灾害频繁发生。如果农业生产活动施加于生态系统的压力超过其承载力,对自然资源的利用超过其恢复和更新能力,那么自然资源数量将骤然削减,资源质量下降,进而引发生态破坏。经济欠发达、资源开发水平较低的地区是生态脆弱区,将形成生态系统退化和区域经济发展的恶性循环。截至 2008 年底,全国水土流失面积为 356.92 万平方公里,占国土总面积的 37.2%。其中,水力侵蚀面积 161.22 万平方公里,占国土总面积的 16.8%;风力侵蚀面积 195.70 万平方公里,占国土总面积的 20.4%。中国水土流失已超过警戒线,全国亟待治理的面积近 200 万平方公里。中国年均土壤侵蚀总量 45.2 亿吨,主要江河的多年平均土壤侵蚀模数为每年 3400 多吨/平方公里,部分区域侵蚀模数超过每年 3 万吨/平方公里,侵蚀强度远高于土壤

---

[1] 蔡守秋、张百灵:"防治石漠化法制建设问题与对策研究",载《时代法学》2010 年第 1 期。

容许流失量。西部地区的水土流失压力大于东、中部地区，新疆、内蒙古的水土流失面积较大，均达到 70 万平方公里以上。按照水土流失面积占国土面积的比例及流失强度综合判定，现有水土流失严重县达到 646 个，其中，长江流域 265 个、黄河流域 225 个、松辽流域 44 个、海河流域 71 个、淮河流域 24 个、珠江流域 17 个；从省级行政区看，四川、山西、甘肃、内蒙古、陕西 5 省（区）占到全国总数的 50%以上。全国 76%的国家重点扶贫工作县为水土流失区，74%的贫困人口生活在水土流失区，主要包括东北黑土区、北方土石山区、黄土高原区、长江上游及西南诸河区、北方农牧交错区、西南岩溶石漠化区、南方红壤区等。到 2008 年，全国水土流失损失的耕地累计达到 333.33 万公顷，平均每年受损耕地可达 6.67 万公顷，造成的粮食损失超过 1 亿斤。[1]水土流失严重地区多位于大江大河的中上游地区和水源区，是我国农村生态环境脆弱、经济发展滞后的地区。在我国农村诸多生态环境问题中，水土流失涉及范围广、影响大、危害重，是生态恶化的集中反映，已成为制约农村经济社会可持续发展和构建和谐社会的重大环境问题之一。

（三）生物多样性丧失

生物多样性，是指一定范围内多种多样活的有机体（动物、植物、微生物）有规律地结合所构成稳定的生态综合体，其包括动物、植物、微生物的物种多样性，物种的遗传与变异的多样性及生态系统的多样性。其中，物种的多样性是生物多样性的关键，它既体现了生物之间及环境之间的复杂关系，又体现了生物资源的丰富性。相较于城市环境，农村环境中生物多样

---

〔1〕 水利部水土保持司："中国水土流失与生态安全综合科学考察报告（2008年）"，载中国网：http://www.china.com.cn/economic/txt/2009 - 05/05/content_17724348.htm，2016 年 11 月 20 日访问。

性丰富，其对于农业生产有着十分重要的作用，原因在于：人类食物的构成主要是谷类作物、水果和肉蛋奶等，它们是人类赖以生存的物质基础，世界上农业生产的主要产品都是从生态系统中获得，如种植的谷类、豆类、水果，饲养的家禽、家畜等。农业可持续发展的立足点是生物多样性，物种和遗传多样性为农业提供了适应变化和维持生产的能力，生态系统多样性为农业提供了可持续发展的条件。但现实中由于对自然资源特别是生物资源的反复开发，其生态平衡被打破，物种栖息地不断减少，生物多样性出现了快速丧失，这已成为农村生态环境恶化的突出表现。20世纪50年代，中国各地农民种植水稻地方品种达46 000多个，然而，到2006年，全国种植水稻品种仅1000多个，且基本为育成品种和杂交稻品种。20世纪50年代中国种植的玉米地方品种达10 000多个，到目前生产上已基本不用地方品种了。另外，农作物野生近缘种的分布范围也不断缩小，中国野生稻原有分布点中的60%~70%现已消失或大面积萎缩。目前，农村生物多样性丧失的趋势还没有得到有效的控制，许多农业生态系统功能在不断地退化，濒危物种的比例也在不断地增加，农业外来入侵物种的危害加剧，农业遗传资源丧失和流失问题日益严重。

四、矿区资源过度开发对农业生产造成恶劣影响

过度开发，是指对自然资源的开发利用超过了自然资源自身的承载力，改变了其原有的生态平衡状态，从而对自然资源的可持续利用造成损害。长期以来，我国自然资源存在着严重的过度开发现象，给农业生产带来了恶劣影响：

（一）矿区耕地资源过度开发造成土壤肥力下降

我国耕地资源的特点是"一多三少"，即总量多，人均耕地

少，高质量的耕地少，可开发后备资源少。虽然我国现有土地面积居世界第3位，但人均占有量仅是世界人均量的1/3；耕地面积列世界第2位，但人均排在世界第67位。从历史来看，中国是世界上农耕文明持续时间最长的国家，但我国耕地资源数千年却从无休耕，这种只注重产出、掠夺性地使用耕地给农业生产带来了极大的负面作用。长期频繁地使用耕地，造成的直接后果就是土壤的肥力下降。土壤肥力是土壤为植物生长提供和协调营养条件和环境条件的能力，是土壤各种基本性质的综合表现，是土壤区别于成土母质和其他自然体的最本质的特征，也是土壤作为自然资源和农业生产资料的物质基础。有数据显示，我国许多地区的土壤由于长期耕作，其自然肥力在不断下降。目前的土壤肥力主要是通过大量的使用化肥来加以维持，据统计中国的化肥使用量已超过美国，跃居世界第一。[1]农民为了使耕地增产，不惜大量使用化肥，如今一亩地的化肥施用量已达到过去的数倍，但产量却没有预期的高，我国化肥的增产效果，在20世纪50年代1千克纯养分可增产粮食15千克，至20世纪70年代降到8千克~10千克，从1984~1994年，全国化肥用量增加90.7%，而粮食产量只增加9.1%，原因就在于地力下降。大量的试验结果证明，地力能够为作物提供40%~60%的产量，影响地力的主要因素是土壤中的一些微量元素，如氮磷钾等，常年单一施用化肥会造成原本正常的土壤营养结构被破坏，致使地力下降。[2]以中国黑土区为例，它主要分布在黑龙江、吉林、辽宁省和内蒙古自治区的90个市县区，总面积约

---

[1] 2004年10月在北京召开的中国环境与发展国际合作委员会年度会议上，加拿大的斯缪教授就曾指出："中国有着不到世界1/10的耕地，但近年来氮肥用量却占全世界的近30%。"

[2] 秦道珠、徐明岗："稻田可控释放肥料的生态环境效应与合理施用技术"，载《磷肥与复肥》2002年第2期。

3523.3万公顷，黑土层厚度在20厘米~100厘米之间。调查资料表明，开垦六七十年的坡耕地，黑土层厚度一般都由开垦初期的80厘米~100厘米，减少到现在的20厘米~30厘米，土壤有机质含量由12%下降到1%~2%，地力明显下降。原本肥沃的黑土普遍出现黑土层变薄、有机质含量下降、养分流失等问题，流失、退化面积不断扩大，黑土地正面临消失的危险，对我国农业生产造成了严重威胁。

（二）矿区水资源过度开发影响粮食安全

据统计，我国水资源可利用量为8140亿立方米。其中，2008年全国用水消耗总量3110亿立方米，其中农业耗水占74.7%，工业耗水占10.7%，生活耗水占12.4%，生态与环境补水耗水占2.2%。全国综合耗水率（消耗量占用水量的百分比）为53%，干旱地区耗水率普遍大于湿润地区。各类用户耗水率差别较大，农田灌溉为62%，工业为24%，城镇生活为30%，农村生活为85%。[1]长期以来，中国农业靠天吃饭的局面没有根本改变。[2]中国科学院的研究表明，在影响粮食生产的诸要素中，水的增产效用最为突出，水利对粮食生产的贡献率达到40%以上。目前，占全国耕地面积49%的灌区，生产出约占全国总量75%的粮食和90%以上的棉花、蔬菜等经济作物。中国稳定的人均0.67亩水浇地，是粮食安全的基础保障。[3]中国有效灌溉面积由新中国成立时的2.4亿亩，现在已增加到

---

[1]"2008年中国水资源公报"，载中华人民共和国水利部网站：http://www.mwr.gov.cn/zwzc/hygb/szygb/qgszygb/201001/t20100119_171051.html，2016年11月29日访问。

[2]据统计，2009年，一年因旱灾和各种灾害损失的粮食达1107亿斤，农业损失严重。

[3]赵永平："水资源不会威胁中国粮食自给"，载《人民日报》2011年11月28日。

9.05亿亩,平均每年递增2.2%。[1]因此保障国家粮食安全,核心在灌区。但是,当前用于水资源的过度开发,中国正面临水资源短缺的严重挑战,其直接后果就是影响到中国的粮食安全。目前水生态失衡,我国人均水资源占有量仅为世界平均水平的1/4,部分河流开发利用率超过国际警戒线,黄河、淮河、辽河水资源开发利用率已超过60%,海河超过90%,生态用水被大量挤占;部分地区地下水位下降,形成了大小不同的地下水漏斗,造成地面沉降。[2]与此同时,对水资源的需求量进一步增加,以2015年为例,全社会总用水量达6000亿立方米,农业用水量为3700亿~4000亿立方米,占全社会总用水量的62%~66%,而耕地亩均水资源占有量为1400立方米,约为世界平均水平的一半。基于此,为了给今后水资源战略储备留适当余地,今后10年全国年用水总量要控制在6700亿立方米以内,农业灌溉效率提高到55%以上,农业用水总量需实现零增长。[3]

(三)矿区林地资源过度开发制约林业生产

林业,是指保护生态环境保持生态平衡,培育和保护森林以取得木材和其他林产品、利用林木的自然特性以发挥防护作用的生产部门,是国民经济的重要组成部分之一,包括造林、育林、护林、森林采伐和更新、木材和其他林产品的采集和加

---

[1] 根据国家"十二五"规划纲要要求,国内粮食自给率要保持在95%以上,全国粮食综合生产能力达到5.4亿吨以上。中国的国情水情决定,今后新增灌溉面积的潜力在1亿亩左右,到2020年,全国有效灌溉面积达到10亿亩以上。

[2] "全国生态保护'十二五'规划",载中华人民共和国环境保护部网站:http://sts.mep.gov.cn/stbh/js/200610/t20061018_94783.htm,2016年11月29日访问。

[3] 赵永平:"今后10年农业用水总量将保持零增长",载《人民日报》2011年10月6日。

工等。[1]发展林业，除可提供大量国民经济所需的产品外，还可以发挥其保持水土、防风固沙、调节气候、保护环境等重要作用。林地资源是用于生产和再生产森林资源的土地，是林业生产最基本的生产资料，其包括有林地、宜林地、疏林地、未成林造林地、灌林地、苗圃地等。它既是森林资源的重要组成部分，又是林业生产活动得以进行的基本条件，是不可缺少和不能再生的生产要素。但长期以来，我国林地资源存在着普遍的过度开发，其突出表现是挪作他用和非法占用，从而严重制约了林业生产。据统计，从2008年到2013年的5年间，全国有1010万公顷林地被挪用，非法占用的林地以每年33万公顷的速度在蔓延，已达165万公顷。从全国来看，20世纪90年代林地面积呈现总量减少的趋势，减少的林地集中分布于传统林区，其中东北地区林地面积净减少最多，其次为西南地区。

（四）矿区草地资源过度开发限制畜牧业发展

畜牧业，是指用放牧、圈养或者二者结合的方式，饲养畜禽以取得动物产品或役畜的生产部门。畜牧业是农业的重要组成部分，与种植业并列为农业生产的两大支柱。[2]畜牧业的发展离不开草地资源，利用草地直接放牧牲畜，或将草地作为饲草刈割地以饲养牲畜的畜牧业即草地畜牧业。草地资源是一种可更新资源，是农业资源的重要组成部分，人类需要的肉类和奶制品与草地资源息息相关。[3]据联合国粮农组织2000年统

---

[1] 世界各国通常把林业作为独立的生产部门，但在中国属于大农业的一部分。

[2] 畜牧业在经济发展的早期阶段，常常表现为农作物生产的副业，即所谓"后院畜牧业"。随着经济的发展，逐渐发展成为相对独立的产业。

[3] 联合国环境规划署执行主任阿希姆·施泰纳介绍，国际研究小组"回顾了迄今所有研究成果并得出结论：目前有两大领域正对人类以及地球的生命循环系统产生巨大影响——它们分别是以矿物燃烧和农业两种形式存在的能量，尤其是生产肉类和奶制品的养殖业"。

计,现代世界草地面积为3500万平方公里,占地球陆地面积的26.91%。[1]中国是草地资源大国、草原分布广阔,草地面积近4亿公顷（60亿亩）,约占国土面积的41.7%,相当于现有耕地面积的3倍。其中,天然草原主要分布在北方干旱、半干旱地区和青藏高原。具体情况是:北方16个省（区、市）天然草地面积约3.1亿公顷,占全国草地面积的77.6%;其他15个南方省（区、市）天然草原面积约7958万公顷,约占全国草原面积的19.7%;全国人工种草保留面积约1086万公顷,约占全国草地面积的2.7%。[2]但由于长期过度开发,中国的草地资源存在着严重的草地退化和沙化现象,从而限制了畜牧业的深入发展。[3]目前,中国严重退化草原近1.8亿公顷,并以每年200万公顷的速度继续延伸,天然草原面积每年减少65万~70万公顷,同时草原质量也不断下降。约占草原总面积84.4%的西部和北方地区是中国草原退化最严重的地区,这些地区退化草原已占草原总面积的75%以上,沙化现象尤其严重。

五、矿区资源开发对矿区居民利益的损害

非法开发是指对各类自然资源的开发利用过程中,违反相关法律规定进行开发的行为,如非法开发土地资源、矿产资源等。农民生活的环境与资源开发场所最为接近,利益也最容易受到影响。现实中因为非法开发对农民利益带来的损害屡见不

---

[1] 在人类干预以前,原生草原面积占地球陆地面积的40%~50%。随着畜牧业发展,全球草地面积不断缩小。

[2] 农业部:"2008年全国草原监测报告",载中国发展门户网:http://cn.chinagate.cn/reports/2009-04/23/content_ 17661700.htm,2016年11月30日访问。

[3] 国务院发展研究中心2006~2009年间对草原生态问题进行的深入研究显示,全国90%以上可利用天然草原发生不同程度的退化,其中轻度退化面积占57%,中度退化面积占31%,重度退化面积占12%。

鲜，其中对农民财产权、健康权和环境权的侵害最为明显。

（一）对矿区居民财产权利的侵害

世界公认的城镇化水平高速发展阶段为30%~70%，我国城镇化在2005年已达到43%，该阶段与之相适应的是资源被大量开发，特别是土地资源的开发，使得农民合法权益由此被损害事件越来越多，其中在土地资源开发损害农民利益的案件中非法开发案件占了案件总数的大部分。在农民诸多被侵害权利之中，财产权的侵害问题最为突出，大量农民近乎永远失去其赖以生存的承包农地。据统计，我国已有2000多万的失地农民，并且这个数量还在以200万人的速度逐年递增。土地的丧失，对农民意味着失去生产资料和收入来源，现有财产权利和期待权利将无望实现。农民的利益没有随着我国城市化进程而同步增长。非法开发让很多失地农民利益得不到合理、及时的救济，加上已经没有土地作为生存基础，导致失地农民到城市寻求工作成为一种无奈而又不得不为之的选择。然而，近年来劳动力市场的体力型转向专业型、技能型情况，加大了失地农民在城市就业的难度。

2007年7月，国土资源部在新闻发布会上更是公布了已查处的三大典型土地违法案件，即浙江平湖市九龙山度假区土地违法案、河南洛阳市华以集团非法占地建设高尔夫球场案、山东济宁运河发电有限公司非法占地案。2011年7月12日发布数据显示，仅2011年上半年全国共发现违法用地行为3.0万件，涉及土地面积达27.8万亩（其中耕地达9.4万亩），同比分别上升8.0%和14.8%（其中耕地上升0.3%）。其中，西部地区发现违法用地面积达13.1万亩，同比上升50.6%之多。对这些现象剖析后可以得出：一是违法违规用地在全国各地区较为普遍；二是公路、铁路、机场、水利等基础设施建设违法违规很多；

三是"以租代征"占用农村集体土地的违法违规问题逐步突出，不少农民有"种地不如种房"的感觉，很多地方出现非法圈占土地开发房地产、违规建设高尔夫球场、"小产权房"、工业园等；四是违法开采矿产资源呈现散而小等特征。

农民因非法土地开发而失去土地并得不到合理的补偿。即使按照现有征用耕地的补偿费标准进行支付，在实际上也大大低估了农地所有权和使用权的价值，加上在征地过程中，多数地方政府出于发展现实考虑，往往仅留给农民极低的补偿金，这样使得农民合法的土地增值收益权被严重侵害。农民在土地被征用后，又无法享受与城市居民同等的社会保障权利，日渐成为游离在城市边缘的群体。

此外，对矿产资源的非法开发过程中，农民的利益分配甚至不作为考虑对象。开发商通常不与当地农民进行直接的接触，而是通过村支部和村委会进行私下的交易。农民因非法开发导致的安全成本、发展成本、退出成本，很难从资源开发收益中得到有效补偿。而且，在企业资源开采完后，当地消费品以及生产要素价格往往会上涨。

若将农民利益放在一个宏观视角进行分析会发现，非法开发资源对农民眼前利益、长远利益都有侵害。非法开发资源很大程度不是建立在"可持续发展"的基础上，因此并不注意对自然资源的合理开发和保护，通常表现为专注眼前利益，掠夺性、过度地开发、利用自然资源，把由此带来的环境成本转嫁给农民，把开发产生的"代价"交由后代承担。例如宁夏某地，因为对甘草的经济价值追求过度，造成了资源的大量破坏，导致草场沙漠化的出现，事后又不得不投入大量人、财、物来恢复生态，根本无暇顾及农民的利益。

（二）对矿区居民健康权、生命权的侵害

和谐的生态环境是农民基本物质条件和空间场所的平台，

在农业中，农林牧副渔都涉及一个环境资源开发利用的权利，非法开发资源不但侵害农民的财产权，而且侵害农民的健康权和生命权。

我国近年加大了治理"三废"的力度，但在资源非法开发中产生的"三废"对农民健康权、生命权的侵害并未减少。由于政府治理对"三废"的治理力度在农村较弱，"三废"对农村生态环境的污染破坏尚未得到严格控制，一些地方"三废"对农村生态环境污染破坏日趋严重，而最大的受害者就是当地的农民。

有关部门在全国7个省12个地区对10个乡镇工业86万人进行了为期3年的污染与健康状况调查，结果表明：由于乡镇工业的污染，受污染地区比对照地区（环境较清洁地区）的急性病发病率增加1.6倍，慢性病患病率增加了0.7倍，每10万人中约死亡98人，男性平均期望寿命下降2.66岁，女性平均期望寿命下降1.56岁，污染使妊娠异常率增加了5.97倍。我国农村3亿多人口饮用不合格的水，其中有1.9亿人饮用的水中有害物质含量超标，一些农村地区的饮用水存在高氟、高砷、苦咸、污染及血吸虫等水质问题。目前农村饮用水含氟量超标的有6300多万人，农村饮用苦咸水的人口有3800多万人。[1]

在对矿业的非法开发中，通常会出现因为挖洞采矿、炸山采石、削坡修路，筑堤拦坝致使地应力失衡，周围生态环境遭到破坏，森林植被等原有覆盖物将不复存在，取之而来的是废石、废料。河道里多有砂石、砂土成丘状堆积，不仅堵塞河道、垫高河床，更是大大降低防洪能力。当汛期来临时，由此引发的泥石流、滑坡、地裂、洪灾等灾害接连发生，由此给当地农

---

[1] 陆新元等："对当前农村环境保护问题的研究"，载《环境科学研究》2006年第2期。

民的生命财产安全带来损失和隐患。

资源非法开发中产生的冲击噪音也对农民的生存有着很大的危害。在对矿产资源进行爆破所产生的冲击波能够达到3~4级地震的威力。矿石在粉碎磨矿的过程中会产生巨大的噪音,特别是对非金属矿产品进行加工时更为明显。

(三) 对矿区居民环境权利的侵害

环境权通常认为应当包括四项权利:环境知情权、环境使用权、环境参与权、环境请求权。放眼全国,非法开发资源对农民此四项环境权的侵害随处可见。尤其生存压力越大的地区,矿区居民的环境权越是承受巨大的威胁。

1. 对矿区居民环境知情权的侵害

"环境知情权"是另外三项环境权得以行使的前提,矿区居民实现知情权后才有可能彰显其他环境权利。当今我国矿区居民对环境信息重视程度较弱,所知甚少,对自己环境权益在非法开发资源中更多出于一种漠视的状态。以广东省为例,该省矿区居民对当地环境状况的了解,占第一位的竟是"自己的感觉",第二位是"媒体报纸",第三位的是"听别人说",第四位是"政府告诉",第五位是"村委会通知",这说明目前各地农民获得准确环境信息的途径极少。问及他们是否希望知道更多的环境信息,58.9%的人表示"希望",25.6%的人表示"无所谓",10.6%的人表示"不需要"。[1]此外,从实际出发农民若想向政府了解环境质量状况,权利往往也不能实现。且不说当地政府对本辖区内的环境状况是否知情,即便知情也多用模糊词汇给予答复,甚至置之不理。农民的环境知情权多半停留在文字上面。

---

[1] 李挚萍:"社会转型中农民环境权益的保护——以广东农村为例",载《中山大学学报(社会科学版)》2007年第4期。

2. 对矿区居民环境使用权的侵害

对矿区居民的环境使用权益的侵害大多数集中在对土地资源开发利用上。矿区居民除了经常遇到违法征地、野蛮开发工业污染土壤等侵害外，还会遇到由非法开发所带来的如土地资源、森林资源破坏，土地荒漠化加剧，水土流失严重，自然灾害频率加大等直接或间接的侵害。

在非法开发资源的过程中，普遍存在将自己造成的环境污染责任转嫁给农民的事实，一些因对环境造成大量侵害的企业在被城市清理后转移到农村，地方政府对给矿区居民环境使用权所带来的侵害并不重视，多半视为招商机遇给予方便。由此给土壤、水源等资源环境带来诸多污染。

根据国家环保总局的统计，中国农村的状况是：农村喝不上干净水的人高达3亿多，农村生活垃圾露天堆放每年达到1.2亿吨，遭到污染的耕地达1.5亿亩，农村环保设施几乎没有等。由于环境恶化导致癌症病人猛增，1991年至2015年，我国农村居民中死亡率上升了11.03%，其中，尤以肺癌的上升最为迅速，上升了47.73%，远远高于城市上升的速度。[1]对于环境开发中，对农民环境使用权的保护明显处在劣势的局面。

3. 对矿区居民环境参与权的侵害

矿区居民的环境参与权体现在其相关环境决策过程中，要参与进环境开发、利用、管理。现实中一些地方政府工作开展仅以GDP为核心，放任甚至支持某些对资源非法开发的行为，忽视农民在资源开发中的环境参与权利，未将农民的意见体现在决策中，而是侧重于事后的监督。由此加大农民以体制外的途径引发的群体性事件的可能性，矿区居民的环境参与权在被

---

[1] 徐晤媛："新农村建设与农民环境权的保护"，载《农业考古》2016年第3期。

无形的弱化。

4. 对矿区居民环境请求权的侵害

由于我国的相关体制不完善，近年来因环境问题引发的群体性事件以年均29%的速度递增，已成为引发社会矛盾、影响经济社会乃至政治稳定的重大问题。[1]在这些群体性事件背后，我们能够发现矿区居民之所以以如此激烈的自力救济进行维权，其本身是有某种不得以性质的。很多的时候，地方政府从发展经济需要的角度出发，站在企业一边，或者割裂矿区居民因此受害的因果联系。矿区居民环境请求权无法彰显，加剧他们在环境权益的分配、保障及实现的弱势地位。

---

[1] 于建嵘：“当前农村环境污染冲突的主要特征及对策”，载《世界环境》2008年第1期。

第三章
我国矿区生态安全法治的制度障碍

生态环境是人类社会生存发展的基础。马克思曾说,文明如果自发地发展,而不是自觉地发展,则留给自己的是荒漠。如其言,人类文明的发展奠基于自觉,必须通过制度保障社会运作畅通和文明进步。而生态环境建设,必须遵循生态文明基本法则,加强生态环境保护法治,用制度保护与人类息息相关的生态环境。由于法治在社会运行中的重要作用,首先有必要检视我国矿区生态环境保护法治现状,以发现资源开发与农村生态环境保护间的法制障碍。

一、我国矿区生态安全的制度概览

环境法概念正式进入法律制度,始于20世纪五六十年代的美国。[1]此前,虽然环保法律存在,但散见于其他法律或单行法律,没有将各种污染防控有机联系,污染治理主要在末端开展。我国生态环境保护法治起步较早,自20世纪70年代开始生态环境立法工作。截至2016年,我国颁布了《大气污染防治法》《水法》等36部与环境保护有关的法律;国务院制定或修改了《野生动植物保护条例》《危险化学品安全管理条例》《排污费征收使用管理条例》等60余项行政法规;发布了《关于落

---

〔1〕 吕忠梅:《环境法新视野》,中国政法大学出版社2000年版,第33页。

实科学发展观加强环境保护的决定》等规范性文件。环境保护部等国务院有关部门与地方人大、政府也颁布了2000多部环保规章与地方法规，军队环保法规10多项，累计颁布各类环境标准达1490项，多边环境保护公约60多件，与40多个国家达成了关于双边的环保国际条约。[1]到目前为止，我国已经初步形成了规模较大，内容较全，以现行宪法为基础，以环境保护法为核心，由相关法律、行政法规、地方性法规、自治区条例、部门规章或地方规章及我国参加或签署的国际条约共同构成的生态环境保护法律体系，[2]中国特色的环境法律体系已经形成。

我国现行宪法对生态环境保护及资源开发有所规定。《宪法》第9条第2款规定："国家保障自然资源的合理利用，保护珍贵的动物和植物。禁止任何组织或者个人用任何手段侵占或者破坏自然资源。"第26条规定："国家保护和改善生活环境和生态环境，防治污染和其他公害。"这两个条文从资源开发利用、生物保护、生态环境建设、防治污染公害等角度，较为全面地宣示了生态环境保护的重大使命，具有最高法律效力，成为我国生态环境保护法律体系的宪法基础。

环境保护法是1989年由全国人大常委会颁布实施，并于2014年修订的环境保护方面的专门法律（基本法），包括总则、环境监督管理、保护和改善环境、信息公开和公众参与、防治环境污染和其他公害、法律责任和附则，共7章。从总的来说，新修订的环境保护法是统领生态环境保护法律体系的基本规范，较为详尽地规定了生态环境保护相关领域的行为规范，推动了

---

[1] 蔡守秋：《生态文明建设的法律和制度》，中国法制出版社2017年版，第39页。

[2] 曹凤中、姬庆："中国环境保护法体系的现状及发展"，载《环境经济》2009年第71期。

我国生态环境保护工作的法治化进程，具有重大意义。但更为重要的是该部法律回应了环境行政执法不到位、政府责任不落实、企业违法成本低等突出问题；提出了许多新的理念和指导原则，规定了许多新的制度和管理措施，展示了很强的前瞻性和长远指导性；规定了公民个人、企业单位、社会组织、各级政府、环保部门等各方主体的基本职责、权利和义务，也规定了相应的保障、制约和处罚措施，推进各方主体积极参与，各尽其职、各负其责。此外，诸如《水污染防治法》《海洋环境保护法》《矿产资源法》《森林法》《草原法》《渔业法》《水法》等一批单行法大量出台，针对特定环境保护对象如水体、土地、大气、草原、森林等，作出特别规定，成为环境保护法的重要补充。

专门生态环境法律之外，刑法、民法、经济法、行政法等部门法，也规定了生态环境保护问题。我国现行《刑法》于第六章"妨害社会管理秩序罪"中的第六节专门用9个条文规定了破坏环境资源保护罪，2011年5月1日起施行的《刑法修正案八》对部分罪名作出补充规定，比如取消原"重大环境污染事故罪"罪名，改为"污染环境罪"，将《刑法》第338条修改为："违反国家规定，排放、倾倒或者处置有放射性的废物、含传染病病原体的废物、有毒物质或者其他有害物质，严重污染环境的，处三年以下有期徒刑或者拘役，并处或者单处罚金；后果特别严重的，处三年以上七年以下有期徒刑，并处罚金。"将于2017年1月1日起施行《最高人民法院、最高人民检察院关于办理环境污染刑事案件适用法律若干问题的解释》也为打击破坏环境资源犯罪提供了有力的规范依据。而在民法领域，民法通则、物权法、侵权责任法等法律从民事权利救济的角度对环境问题引发的权利损害予以规范。特别是2009年颁布实施的《侵权责任法》第八章"环境污染责任"规定了环境污染导致的民事权益损害赔偿制度。其他部门法中有关生态环境保护的法律规定成为环境部门法的重要补充。

另外,我国批准和参加的国际生态环境保护条约已达60多个,主要有《世界文化和自然遗产保护公约》《内罗毕宣言》《濒危物种国际贸易公约》《国际油污损害民事责任公约》《防治船舶污染国际公约》《核不扩散条约》等。这些国际条约通过转化或纳入的方式在我国适用,成为环境法的必要组成部分。

更为重要的是我国已经颁布许多与矿产资源开发直接相关的环保法律法规:《矿产资源法》(2009年修正)、《矿产资源法实施细则》(1994年实施)、《煤炭法》(2016年修订)、《环境保护法》(2014年修订)、《循环经济促进法》(2009年生效)、《清洁生产促进法》(2012年修订)、《节约能源法》(2016年修订)、《矿产资源开采登记管理办法》(2014年修订)、《防治海洋工程建设项目污染损害海洋环境管理条例》(2017年修订)、《非煤矿矿山企业安全生产许可证实施办法》(2015年修订)、《矿山地质环境保护规定》(2016年修订)、《最高人民法院、最高人民检察院关于办理危害矿山生产安全刑事案件具体应用法律若干问题的解释》(已失效)。基本形成了针对矿产资源开发行为的规范制度体系,比如矿产资源开发的权利体系(探矿权、采矿权等),矿产资源开发的行政监督管理体系(许可证制度、三同时制度等),矿产资源开发的市场激励体系(资源税、排污费等),矿产资源开发的法律责任体系(民事责任、行政责任和刑事责任)等。

二、我国矿区生态安全的法治障碍及因由

上述法律规范构成了矿区生态安全的法律及制度体系,不

可否认，这些法律规范在一定历史阶段下对矿区的环境保护发挥了重要的作用，但不能满足日益增加的矿区环境治理紧迫性和环境治理有效性需求，亟待厘清以便对症下药，找寻可行的解决路径。比较、研读现行法律制度，笔者发现貌似庞大的法律体系和制度体系中潜藏着如下缺陷。

（一）法治障碍

1. 制度理性尚未形成

我国矿产资源开发相关制度散乱、无序、冲突的特点较为明显，这恐怕也是造成资源开发区域生态环境恶化的根源之一。制度建设理论先行，如何通过系统的基础理论研究，为具体制度构建提供确实有效的参考依据，是环境法学研究的当务之急。查询《现代汉语词典》，"理"的基础意义为"物质组织的条纹或纹理，或指道理或事理"，强调尊重自然或物质的自身规律。理性，是指通过论点、具有说服力的论据及符合逻辑的推理获得结论、意见和行动的理由。而制度理性，通常作为制度设计研究的前置研究范畴，从制度经济学的角度来讲，是指制度最优化安排的实现方式或路径依赖，沿此方式或路径铺设或架构制度，会实现诸制度独立良性运作、相互兼容衔接。[1]制度理性在法学领域被界定为实体公正，从法律精神和制度目标方面，追求最大限度的公正、合理。[2]就矿产资源开发区域的生态文明建设而言，制度理性的生成必须建立在充分尊重生态规律、体现环境正义，考量风险预防与末端治理，政府管理、市场激励和民众参与两对范畴、五大因子关系基础上，形成从理念预设到制

---

[1] 王莉："农村资源开发区域法制保障的制度理性"，载《郑州大学学报（哲学社会科学版）》2013年第6期。

[2] 司汉武：《制度理性和社会秩序》，知识产权出版社2011年版，第222页。

度铺设路径的制度理性体系网。

2. 制度理性之下的制度元素不完整

制度理性提供了制度生成的基本理念和基本铺设路径，把现行立法的各种制度分门别类归入具体的铺设路径，笔者发现现行立法的制度元素并不完整。这种不完整体现为两方面，一方面是制度形式存在但制度内容不完整，比如环境影响评价制度中有关资源开发规划环评的缺失；另一方面是制度形式欠缺，如矿产资源生态补偿法律制度、排污权交易制度在我国现行立法中并无体现。

3. 基于生态系统整体性的矿产资源开发整体污染控制措施适用欠缺

资源开发区域以矿产资源为中心，该区域的水体、土壤、森林、生物等组成了一个紧密相关的整体，该整体中的任一要素发生变化都会对整个矿区生态环境产生重大的影响。另外，矿区又是人们经济、社会生活的重要场所，区域内人们的社会、经济活动也会对生态系统产生极大的影响。矿产资源开放区域生态系统的整体性特点要求对矿产资源开发行为的管理应该根据该区域的社会经济情况、自然资源和环境条件，以及物理和生态方面的作用和变化，从其余生态系统整体出发来考虑其开发、利用和保护方面的问题，这无疑是最科学、最适合资源开发区域可持续发展客观需要的一种选择。矿产资源开发区环境问题非常复杂，污染物除了影响直接排入的环境要素外，对其他环境要素也产生影响，即减小向一种环境要素的排放常常会增加向另一种环境要素的排放，也就是说，减少向大气的排放常常会增加向水体或者陆地的排放。[1]然而，目前环境治理依

---

〔1〕 陆伟强："英国的综合环境污染控制制度简介（上）"，载《中国信息报》2001年8月27日。

然秉承按环境要素分别规范治理的模式，环境行政管理存在"政出多门、分散立法、多头规制"的现象，导致环境保护效率低下、制度冲突等弊端。为此，追求环境行政一体化、环境政策统一化必然成为环境法之行政机制的改革目标。环境政策的整合和环境管理的一体化，是环境保护克服传统环境规制碎片化的发展趋势。[1]

(二) 法治实施障碍

中国的环境保护法律规定没有被很好地执行和遵守，[2]实施效果上很不理想，以至于一些人认为环境资源法是"软法"。[3]资源开发相关法律法规的实施情况也与此相似。除了上述立法存在的原因之外，现有的法律法规没有被良好地实施是造成资源开发区域环境污染事故频发的关键因素。

1. 经济优先造成的环境法治精神缺失

矿产资源开发蕴含着巨大的经济利益，在利益面前，当地政府、开发企业、矿区居民的法治精神几近沦丧。就政府而言，作为环境保护的监管机构，在追逐经济指标、GDP 的同时，很少考虑环境约束，对矿产开发企业的污染行为、不合理甚至违法的开发行为睁一只眼闭一只眼，这也就造成许多的污染事件被媒体曝光之后，当地政府和环保部门还尚不知情。矿产资源开发企业为了牟利，杀鸡取卵、急功近利、竭泽而渔，没有把生态环境保护放在与矿业经济发展同等重要的位置来考虑，忽视了环境保护的经济效益和社会效益。矿区居民知识相对匮乏，

---

[1] 孙法柏："英国环境法律政策整合的机制与实践"，载《山东科技大学学报》2012 年第 1 期。

[2] 王灿发："遏制环境污染事件频发需要环境法原则的根本转变"，载《中国法律发展评论》2010 年第 3 期。

[3] 曹明德："从工业文明到生态文明的跨越"，载《人民论坛》2010 年第 1 期。

他们的利益需求和意志在立法和政策的制定过程中未能得到很好的表达；对资源开发引发的环境污染认识不足，更多地关注企业的资源开发行为对其经济收入和就业岗位的影响，忽略开发行为对其居住区生态环境的影响。

法治，既是一种制度，也是一种精神，更确切地讲，法治是制度和精神的有机统一。宪法和法律的有效实施，既需要制度支撑，又需要精神动力。中国要全面推进依法治国，加快建设社会主义法治国家，需要培养和唤起广大民众对于法律的信仰，大力弘扬社会主义法治精神，唯其如此，法治才有可能获得人们内心道德理念的支持。当前，许多党政官员越来越迷信个人威信和政府的强力管控，内心对于民主法治建设的信仰则越来越淡漠。少数政府部门维稳怕乱的心态，也助长了用非法律手段解决问题的不良风气。这些情况说明，如果人们把法治仅仅视为一种制度安排，作为一种治理工具，而缺乏法治传统和法治精神，宪法和法律将无法获得人们发自内心的支持而得到有效实施，也无法形成真正意义上的"法治"。[1] "法律必须被信仰，否则将形同虚设"，[2] 有鉴于此，矿产资源开发区域的生态环境保护法治的实现，需要维护宪法和矿产资源开发相关法律法规的权威和尊严，在矿区营造崇尚法治、尊崇法律的浓厚氛围，矿区良好生态环境治理和保有才具备了良好的社会环境。

2. 城乡二元结构造成的体制障碍

如前所述，我国的矿产资源开发已由城市转向广大农村，

---

[1] 徐汉民："法治的核心是宪法和法律的实施"，载《中国法学》2013年第1期。

[2] [美]哈罗德·J. 伯尔曼：《法律与宗教》，梁治平译，中国政法大学出版社2003年版，第37页。

而目前我国城乡二元结构的格局仍未改变。我国由计划经济向市场经济转变的同时，城乡二元结构也由单纯的行政主导型，演变为当前的行政、市场复合型二元结构，社会格局因市场元素的介入衍生出新型二元结构。城乡二元结构产生的制度异化对我国社会协调发展产生了严重的负面影响，也导致农村生态环境保护面临巨大的制度阻碍。

在经济制度上，政府财政资金向城市集中；农村公共基础设施、公共卫生设施和环境建设落后于城市；农村金融服务欠缺，农村环保信贷支持和财政贴息政策较少；农村产权改革滞后，环境资源产权制度不健全。在行政制度层面，农村生态环境行政管理体制存在政府主导生态环境治理、环境管理机构众多等问题；行政监督机制缺失或流于形式；地方政府政绩考核主体单一、标准偏狭、程序不全。在文化建设方面，农村教育的衰败和文化的失落对农民形成了精神桎梏，生态环境保护的意识在农村于农民没有生长的物质与思想土壤。

3. 条块分割造成的机制失衡

条块关系是我国行政组织关系中基本的结构性关系，它构成了层级化、垂直化的网状行政组织格局，对我国行政管理影响巨大。我国矿产资源实行主管与协管相结合的监督管理体制，即国务院地质矿业主管部门主管全国矿产资源勘查、开采的监督管理工作，国务院有关主管部门协助国务院地质矿产部门进行矿产资源勘查、开采监督管理工作，省级及以下矿业主管部门和有关部门监督管理与此相同。矿业环境保护部门统一监管与其他部门分工负责，多部门、多层次的环境行政管理体制，行政管理体制也表现出条块分割的特点，行政监督管理部门众多，涉及国土资源、环保、农林、土地、海洋、水利等。

我国矿产资源开发的行政管理体制条块分割、分层管理、各部门独自为政。有观点认为，我国统一监督管理与各部门分工负责相结合的管理体制是我国环境问题的严重性、综合性及环境管理的高效率要求决定的。它既保证了国务院环境保护行政主管部门的主导地位，又重视了其他有关部门的分工负责作用。这种说法对我国环境问题的现状和环境管理的目标认识非常到位。但在体制作用方面恰恰相反，我国环境行政管理体制零散，管理机构设置不合理，有分工而无合作或较少合作，管理职能交叉边界不明、管理手段单一、管理力度不够、缺少环境管理综合机制体制。

三、破解我国矿区生态安全法治制度障碍的制度进路

我国已有很多学者提出生态文明建设必须走法治化之路，矿产资源开发区域的生态文明建设也不例外。法治化一方面要求保护法律体系达到"良法"的标准，另一方面要求良法必须得到良好地实施，二者兼备才能有望达致法治化的状态。有鉴于此，矿产资源开发区域生态文明建设的法治进路需"良法"和"良好实施"的共同达致。

（一）良法生成

1. 架构制度理性体系网

在制度理性上形成基本理念指导下的"一纵三横"制度架构理性体系网。

在基本理念上应凸显矿产资源开发与生态保护协调发展和环境正义的基本理念。协调发展必须要摒弃经济发展优先、先发展经济利用资源后进行环境治理的不可持续、不协调发展的老观念、老做法，强调矿产资源开发与生态环境保护同步进行、互生共赢、不可偏废。并且要把协调发展的基本理念贯穿于矿产资源开发相关环境法律法规的制定、实施、遵守当中。罗尔

斯在其《正义论》第一章开宗明义的指出："正义是社会制度的首要价值某些法律和制度，无论它们如何有效率和条理，只要他们不正义就必须加以改造和废除。"[1]环境正义是正义理念在环境法学的具体体现，涵盖了人与人之间的正义和人与自然要素之间的正义。该概念所要彰显的是代内正义、代际正义和种际正义外延是一个有机整体，缺少了其中任何一部分都会存在理论上的瑕疵。

梳理我国资源开发环境保护现行制度，制度构建的无序性和制度运行的无效性显而易见。制度理性研究的价值恰在于为制度有序构建并有效运行提供先行理论铺垫。制度理性的生成需要协调风险预防和事后补救、政府行政管制和市场手段运用、国家治理和民众互助三对范畴的关系。通过三对关系分立抑或契合的充分梳理解构，笔者以为以风险预防为统领、以政府管制和市场激励为两翼、以政府管理和市场激励下的民众互助为推手的"一纵三横"体系网是矿产资源开发区域生态文明建设制度理性的应然选择。"一纵"即风险预防应始终贯穿于政府管制、市场激励、民众互助"三横"制度设计之中，同时必须注意到在当下，民众互助的自觉性是先天不足的，需要强有力的政府引导和市场激励方能实现，因此，"三横"又是有层次性的。

2. 完备制度元素

在制度元素上应着力完善风险预防、政府治理、市场激励、民众参与和事后救济制度体系。风险预防制度落实为具体的生态功能区划制度、资源开发规划制度、资源开发规划环评制度、生态环境标准制度。其中完善资源开发规划制度应注重用生态

---

〔1〕[美]约翰·罗尔斯：《正义论》，何怀宏译，中国社会科学出版社1997年版，第5页。

系统方法指导资源开发规划，关注生态完整性；本着由单纯的污染防治转向生态环境的整体保护的思路，从生态环境质量标准、资源开发生态保护标准、生态环境基础标准和生态监测方法标准四个方面重构生态环境标准制度。政府治理可以尝试借用发端于企业管理的7S模型构建政府治理范式。麦肯锡7S思维模型从宏观的战略、理念到微观的人员、技术，全面构列了企业成功治理的7个要素，并强调各要素之间的整体联系和统筹安排，该模型契合了资源开发区域环境治理系统工程的内在要求，其为资源开发区域环境治理研究提供了从全局视角对社会经济发展进行整体安排的、具体的可操作的实施范式。市场激励制度涵盖资源开发权出让转让制度、资源开发区循环发展制度、资源一次性整体开发制度、生态补偿与排污权交易制度、产业激励援助与退出制度、资源开发的税费调节制度。其中重要的是应充分发挥市场机制在自然资源优化配置中的基础性调节作用，建立起以自然资源产权市场为依托，以合理的自然资源价格为信号，以自然资源供需均衡为目标的自然资源开发权出让与流转制度，实现自然资源产权交易的市场化。民众参与制度从发掘社会中间组织在协调发展中的作用、环境权的确立、政府企业和农民的协商疏导机制三个主要进行完善之。其中，为激励中间组织的环境保护参与度，建议拓展社团之法律界定，放松社团准入条件，增强社团之组织、活动能力，同时加强社团之监管，以充分发挥社会中间组织尤其是环境团体在农村环境保护、资源开发利用方面的积极功效。事后救济制度包括生态环保基金制度、生态重建修复制度、环境治理补偿制度、三农扶持补贴制度、多元纠纷解决制度。

3. 组合矿产资源开发整体污染控制措施

矿产资源开发整体污染控制的设想来自于英国的综合污染

控制。综合污染控制制度最重要的特点在于它用整体考察环境的方法取代了单一环境因素进行污染控制的方法，综合污染控制技术核心规则包括：经营者应当对其所经营工厂或事业可能排放污染物的种类、途径、有效减少污染物或无害化的最佳技术手段、污染物的监控措施等作出详尽描述，并向有关当局提出申请，有关当局在充分考虑之后会给予许可或不予许可的决定，许可之后有关当局会进行后续跟踪监控；通过申请和许可，经营者会确定一种科学的排污方式，这种排污方式通过运用最佳可得且无需花费过多费用（有效的治理污染的技术在市场上可以低成本购得）的技术，实现最佳的环境可行选择，即要对向排污入环境的各种污染物进行综合评估，采取对环境危害最小的污染物排放方式。

矿产资源开发区域的大气、水、土壤和森林等自然要素构成了生态系统的整体，任何自然要素的污染或破坏都会对生态系统整体带来危害，矿产资源开发造成的污染往往累及所有的环境要素。目前，矿产资源开发的污染物排放依然采取以环境要素（水污染、大气污染和土壤污染等）为单元的监管模式，种树的只管种树、养草的只管养草、治水的只管治水、护田的只管护田，相互之间难以协调配合，生态系统的有机整体被人为割裂，系统保护无从谈起。就单一要素而言，可能是在保护；但从整体而言，却可能带来对生态的系统性损害。[1]因此有必要借鉴英国的综合污染控制制度，建立矿产资源开发整体污染控制措施，把矿产资源开发区域的生态环境作为整体，选择对环境要素整体污染损害最小的排放方式，而不是仅仅考虑单一的环境要素。值得一提的是，英国的综合污染控制与有效低成

---

〔1〕 李干杰："积极推动生态环境保护管理体制机制改革促进生态文明建设水平不断提升"，载《环境保护》2014年第1期。

本可得技术紧密结合,而目前在我国环境技术成本过高是影响企业积极预防污染的主要原因。

(二)良法的良好实施

矿产资源开发区域生态文明建设必须在环保法律体系生态化改造后,积极推进法律体系向法治体系的转变,即由法制走向法治。而法治是一个实践性的命题,其所关心的是相关领域法律法规的有效实施。

1. 培育法治精神

法不只是靠国家来加以维持的,没有使法成为作为法主体的个人的法的秩序维持活动,这是不可能的。——大凡市民社会的法秩序没有作为法主体的个人守法精神是不能维持的。[1] 应当多途径营造崇尚自然、尊崇法律的社会氛围。对非人生命体、对法律敬仰的生成,需要绝大多数社会公众心灵的内发回应,需要社会文化的积淀,需要政府行政激励的推动,更需要一个有良知的公众亲力亲为自我塑形。在当下的中国普通民众的环保参与并非是无条件或是不计代价的,出于自身经济状况、社会环境以及自身对环境利益回报及周期的认识的影响,一个普通的民众一般会理性决策选择一个合适的标准作为自己为环保事业进行偿付的成本。[2]

考察国外环境法治精神的培育途径,通过立法的方式对国民进行环境教育不失为一种优先选择的方式。1990年11月6日时任美国总统布什签署了美国国家环境教育法,其立法的宗旨就是使受教育者形成良好的环境保护意识,学习环保知识与技

---

〔1〕 [日]川岛武宜:《现代化与法》,申政武、渠涛译,中国政法大学出版社1994年版,第19页。

〔2〕 吕忠梅等:"农村面源污染控制的体制机制创新研究",载《中国政法大学学报》2011年第5期。

能。在经历了几次公害事件后,日本政府与民众更加意识到公民环境认识的重要性,据此日本政府制定了《增进环境热情及推进环境教育法》,成为在环境教育问题上第一个觉醒的亚洲国家。2008年底,《菲律宾国家环境意识与环境教育法》制定生效,这部环境教育法将可持续发展作为环境教育的终极目标。我国的环境教育总是在固定而相对较少的时间内,例如某一环境问题爆发之后,催生出毫无系统性可言的、短时间内的"填鸭式"教育。[1]可以借鉴国外对公民环境意识政府强制教育的方法,制定《公民环境教育法》,通过各种途径包括大学教育对公民进行环境保护意识的教育,最终形成全民公民环境意识的社会氛围,催生环境法治精神的从无到有,从少有到多有。

2. 加强制度措施在矿产资源开发区域的实施力度

如前所述,矿产资源开发上山下乡,在偏远的农村落地生花是资源开发的新特点。而长期的城乡二元体制造成了许多的制度措施在农村无法落实或无法有效落实,环境资源保护法律政策也不例外。加强制度措施在农村矿产资源开发区域的实施力度,必须坚决地依靠矿区的广大居民,在现代社会中,国民(包括社会团体)对自然或文化环境破坏及其对公害之产生、直接间接不无关系,故国民对环境保全之遵守及努力之意愿,可谓最普遍、最广大之防线。

然而,中国现阶段矿产资源开发区域农村的民众处于弱势群体的地位。除了立法的原因之外,政府对农村环境问题缺乏应有的重视,农村环境管制主体缺位,相关的环境基础设施和环境管理人员投入配备不足是主要的原因之一。此外,农民知识相对匮乏,他们的利益需求和意志在立法和政策的制定过程

---

[1] 赵培吉:"环境教育立法的国际比较与借鉴",载《黑龙江生态工程职业学院学报》2014年第1期。

中未能得到很好的表达；农民对资源开发引发的环境污染认识不足，更多地关注企业的资源开发行为对其经济收入和就业的影响，忽略开发行为对其居住区生态环境的影响。[1]再加之农民的相对经济弱势，导致了农民在我国一般处于环境弱势地位。农村矿产资源开发区域民众由弱势走向强势是实现环境治理主体的多元化的关键。但难点是如何通过制度创新使资源开发企业主动地治理环境，在消除农民知识、信息、依赖弱性基础上使其广泛地参与环境治理。笔者以为，先行的政府引导及市场激励是解决这一问题的关键。政府的引导包括政府对严重污染者的惩治、对农民环境权益损害的保障、对环境保护重要性的宣传等，政府的引导可以消除农村民众对破坏环境污染行为举报或诉讼的担忧，逐步培育农村居民的生态环境保护责任感。市场激励的手段多样化，比如设置举报污染行为的奖励基金、清洁生产或达标排放的奖励办法等，通过合理的激励手段的设置，不仅可以辅助政府行政部分提高政府环境行政的效率，而且还可以引导资源开发企业主动减少污染，使农村民众对环境污染进行主动监督。值得一提的是，由于现阶段我国农村民众的环境弱势地位难以在短时间改善，因此民众互助作用的发挥需要完善的政府引导及市场激励制度，唯有如此，才能逐步培育民众参与环境管理的惯性，进而形成民众互助的自觉氛围。

3. 形成矿产资源开发统一监管格局

一般认为，管理系统的专门化和管理体制的单一权力机构，有助于减少决策和办事过程中的消耗，可以提高效率，克服无责任性和混乱性。将矿产资源开发监督管理这一权力分散于多个政府部门，不只是简单的权力分工，实质上使机构之间具有

---

[1] 李挚萍、陈春生：《农村环境管制与农民环境权保护》，北京大学出版社2009年版，第5~10页。

竞争性。这种竞争性既有正面效应，如可以调动各部门的积极性，形成保护环境的共同努力；也有负面效应，如可能为各部门利用一切机会去追求短期利益提供便利。世界多数国家选择了通过加强权力者或者通过增加政府的大部门的决策能力，增加对专门化系统的组建。效率已经成为污染控制和资源管理的选择和决定因素。根据效率原则而建立起来的充分发达的有效管理体制取决于统一领导和协调。

我国的矿产资源开发监督管理体制实行主管与协管相结合的管理体制，[1]该体制以国土资源部门为主管，国家环境保护主管部门、国家安全生产监督管理部门、国家煤矿安监部门、农林主管部门、海洋主管部门、水利主管部门等相关部门协调管理。以煤炭资源开发为例，监督机构就可能涉及国土资源部门、国家环境保护主管部门、国家安全生产监督管理部门、国家煤矿安监部门、水利部门等诸多机构。矿产资源开发监督管理机构分散、庞杂已经成为制约监督效率的症结。

生态环境保护监督管理改革的第一步，是应当按照同一件事由一个部门负责的原则，统筹生态保护和污染防治，避免多头管理带来的相互推诿和效率低下，理顺关系，提高效能，加强环境保护部门统一监管环境污染、生态保护和资源开发中生态环境问题的作用。[2]因此，矿产资源开发的监督管理机构必须改变目前多机构共治的局面，将矿产资源开发区域的矿藏、大气、水、海洋、森林等作为完整的生态系统看待，由一个监督管理机构对该生态系统实行统一的监督管理，摒弃目前按环

---

[1] 蔡守秋：《环境资源保护法教程》，高等教育出版社2010年版，第297页。

[2] 李干杰："积极推动生态环境保护管理体制机制改革促进生态文明建设水平不断提升"，载《环境保护》2014年第1期。

境要素分门别类由不同的监管机构共同管理的模式,唯有如此,监督管理机构的行政效率才能提高,资源开发环境保护的法律政策才能有效或高效率地实施。

第四章
资源开发生态安全法治的考察和借鉴

一、国外资源开发生态安全的立法考察

很多国家在进行自然资源开发利用和工农业发展过程中都会不同程度带来农村生态环境问题。除了城市工业化发展所转移的环境污染和造成的生态破坏以外，还有大规模、不合理的开发和农业生产过程中所导致的生态破坏和环境污染问题，为缩小地区间差异，实现经济社会综合协调发展而对不发达地区进行开发的过程中更会涉及移民和农村生态环境问题。近代以来，美国、俄罗斯、加拿大、澳大利亚、日本、意大利等国家先后对欠发达地区进行了大规模开发，从而带动了本国经济的发展，但也不同程度造成当地农村生态环境的破坏。如何通过立法实现资源开发与农村生态环境的协调发展也是这些国家在对欠发达地区开发时需要考虑和解决的问题。本章将从美、日、以色列等典型国家对欠发达地区的资源开发和农村生态环境保护立法的角度对其在开发过程中的经验和教训进行梳理，以期对我国中原经济区建设有所借鉴和启示。

（一）美国西部矿区生态安全立法

西部开发在美国历史上有重要的地位，没有西部开发就没有今天的美国。美国西部开发分为两个阶段，即19世纪早期的"西进运动"和20世纪以来的地区援助。

美国西部开发的历史首先是其西部扩张史，自1776年独立以来，在长达100多年的移民拓荒时代，美国的边疆移民们随着西部边疆的不断扩张，先后开发了密西西比河流域地区、落基山以西的远西部地区以及落基山以东、密西西比河流域以西的西部大草原（或称"西部大平原"）地区。战后，又继续对这些地区进行了深层次的开发。美国独立以后，废除了英国政府颁布的禁止移民向西进的敕令，许多来自东部沿海地区和欧洲的移民纷纷越过阿巴拉契亚山脉涌向西部。据统计，阿巴拉契亚以西的人口在1810年只占美国总人口的1/7，10年以后增长为1/4。西进运动有过三次高潮。第一次是18世纪末到19世纪初，当时美国从法国手里购得路易斯安那，大批移民纷纷涌向西部，开拓俄亥俄、肯塔基和田纳西等地区，为后来日益扩大的中西部产粮区奠定了基础；第二次是1815年以后，移民们在大湖区开拓，建立了美国谷物生产和畜牧业的基地，同时在南方的濒临墨西哥湾介于佐治亚南部与路易斯安那之间的平原地区，建立棉花种植园，扩大了南部的奴隶制种植园经济；第三次高潮是19世纪中期，开拓了俄勒冈、加利福尼亚等地。到1890年，西进运动正式结束。

美国的地区援助主要包括田纳西河流域和阿巴拉契亚区域的开发。田纳西河位于美国东南部，是密西西比河的二级支流，长1050公里，流域面积10.5万平方公里，地跨弗吉尼亚、北卡罗来纳、佐治亚、亚拉巴马、密西西比、田纳西和肯塔基7个州。田纳西流域的开发始于20世纪30年代。由于美国的东北部地区集中了全国大部分的工商业，而南部仍是一个落后的农业区。在开发之前，田纳西流域生产力十分低下，土地贫瘠，是美国最贫穷落后的地区之一，人均收入不足全国的一半。为应对正在发生的严重的经济危机，时任美国总统罗斯福决定实施

"新政"。作为"新政"的一部分，1933年，美国国会通过了田纳西河流域法案，批准了关于建立田纳西流域管理委员会的总统咨文，该管委会被授予规划、开发、利用、保护流域内各种资源的权力。经过多年的实践，田纳西流域的开发和管理取得了辉煌的成就，从根本上改变了田纳西流域落后的面貌，使其变成了土地肥沃、经济繁荣、风景优美的地区，人均收入也接近全国平均水平，区域开发取得了显著成效。

阿巴拉契亚地区沿着阿巴拉契亚山脉从纽约州的南部一直延伸到密西西比州的北部，其范围包括美国13个州的399个县，面积大体为50.5万平方公里，总人口达2100万人。二战后，阿巴拉契亚仍然是美国最贫困的地区之一，自20世纪60年代起，美国政府对该地区进行了卓有成效的开发，也是继田纳西流域之后美国第二个经济开发、整治试验区。1963年，美国成立总统阿巴拉契亚区域委员会，负责制定该地区综合开发规划。委员会的主要任务是制定地区发展总体规划，确定其优先发展领域，并通过财政援助和技术服务等途径，促进地区经济的增长。1965年，美国通过了《阿巴拉契亚区域开发法》，依法对该地区进行综合开发。从1965年到1992年，美国联邦、州和地方政府共为阿巴拉契亚区域开发计划投入资金140亿美元，其中公路建设为80亿美元，非公路项目为60亿美元。这些资金大约有60%来源于联邦政府，40%来源于州和地方政府。[1]经过40多年的开发，阿巴拉契亚区域自然环境逐步恢复，投资环境显著改善，经济结构调整步伐加快，人口实现了净增长，人均收入显著提高，区域开发实现了预期的目标。

总体来看，美国的西进运动是成功的，但在美国早期的西

---

〔1〕 魏后凯："阿巴拉契亚地区开发的启示（专家放言）"，载《人民日报（海外版）》2000年11月16日。

进运动过程中，却始终伴随着对资源的掠夺性开发和对生态环境的破坏。美国的西部开发建立在大规模人口迁移的基础上，政府通过一系列法令先将西部土地收归国有，然后再以廉价出售给自由移民。由于当时西部的自然资源非常丰富和廉价，形成当时以自然资源代替人力和资本资源进行开发的不合理开发政策，从而形成掠夺式开发和经营，对生态环境造成了极大的破坏。如乱砍滥伐森林和过度垦殖导致水土流失严重；西部矿产劫掠式的开采，使矿区自然生态严重失衡；过度放牧导致有着"畜牧王国"之称的德克萨斯州几近崩溃；生态环境的总体退化导致沙尘暴肆虐；大规模捕杀珍贵野生动物导致生物多样性减少；西部工业发展带来的严重环境污染。以土地资源为例，19世纪60年代以前，美国中西部的经济发展和土地的开发利用还处于初级阶段，社会经济的发展对土地生态系统没有大的影响。但是1862年《宅地法》颁布之后，由于大批移民涌入并对西部草原进行了迅速的开发，在视土地为取之不尽、用之不竭的自然资源的情况下，整个北美大陆的土地资源在经历了滥砍滥伐和掠夺式经营之后遭到了严重的破坏，19世纪后半期的一系列土地政策的弊端又加深了对土地资源的破坏并由此导致历史上震惊世界的美国"黑风暴"事件。"黑风暴"波及美国本土27个以上的州，占整个国家75%的面积，弥漫的风沙遮蔽天日，受到不同程度风蚀的土地到处可见，美国土地资源遭到有史以来最严重的破坏。

为了解决早期西进运动带来的生态环境问题，美国在后来的区域资源开发过程中开始注意对生态环境特别是农村生态环境的保护和关注。在田纳西流域的开发过程中，美国时任总统富兰克林·罗斯福亲自考察田纳西流域，决心把其作为解决水土流失和农村贫困的实验场。1933年4月10日，罗斯福请求美

第四章　资源开发生态安全法治的考察和借鉴

国国会通过《田纳西流域管理局法案》，依法设立田纳西流域管理局（TVA），对田纳西流域实施综合治理。首先，保护生态环境，改善农业生产条件。由于田纳西河落差较大，容易发生洪涝灾害，TVA 就把防洪排涝作为首要任务并对水力资源实行梯级综合开发。1933 年以来，田纳西流域相继建成 49 座大坝，并形成了联接各水坝和河道的巨大航运网，使长期以来危害该地区的洪水灾害得到控制的同时为区域经济发展修筑了通往域外的交通网络。其次，积极疏通田纳西河河道，改善内河航运条件。TVA 利用田纳西河上的水坝系统，通过设置 9 级提升船闸，对河道上的浅滩进行整治，有效疏通了田纳西河的航运系统，极大地改善了该流域的交通运输条件。再次，开发水电资源，加快农村电气化建设。在兴修水利的同时，田纳西大规模兴建水电站，电力成为该地区最显著的比较优势，不仅有效地吸引了包括炼铝业、原子能工业、化学工业等大量高能耗工业的积聚发展，大量的廉价电力资源也为田纳西流域普及电气化奠定了基础，到 1950 年，已有 90% 以上的农场通上了电。最后，因地制宜，区划开发，积极推动旅游业发展。根据纳西河流域的区域特点实行因地制宜的区划开发政策，如在平原种植粮食，在坡地种植果蔬，在发电厂附近搞温室蔬菜，在水库发展渔业，在森林地区推进森林工业产品，各地区经济逐步恢复和发展。此外，TVA 在早期生态环境治理和恢复初见成效以后又开始致力于旅游业的发展，如在山区兴建公园和野生动物管理区，在水库沿岸兴建风景区、宿营地、俱乐部和教育中心，使田纳西河流域生态环境大大改善的同时还建成了美国东部的优美风景区。美国在对阿巴拉契亚地区的开发过程中，也注意对农村生态环境的关注与保护。1937 年，美国开始建立土壤保护区，在保护区建立了防止土地侵蚀的几种强迫性的土地利用法规，规范土地开发利用的活动。同时，国家加强投资，对土地保护采取有效的经济鼓励政策。为了加强土地利用管理和规划，1946年7月在内政部成立了土地管理局，对联邦土地进行宏观管理，要求资源开发和环境保护并重，对土地的用途实行管制。20世纪60年代，美国先后成立了地区再开发署和经济开发署等专门机构，负责落后地区的开发工作，并相继颁布了一系列重要法令，其中最主要的有1961年的《地区再开发法》、1965年的《公共工程与经济开发法》（EDA）和《阿巴拉契亚区域开发法》等。[1]总之，建立在大规模移民基础上的美国西部开发，在相对完善的法律、适宜的土地政策、大力度的财政支持和经济增长中心战略等综合要素推动下取得了很大的成功，也成为典型的开发模式并为其他国家所借鉴。

  在注重地区开发的同时，美国也注意加强对农业生态环境的保护及立法。1953年，美国首次颁布了《水土保持法》，对土地开垦、耕作、工矿建设等带来的农业生态环境问题作了相应的规定。此外，其他法律法规如1936年的《防洪法》、1937年的《标准土壤保持地区法》、1939年的《农业拨款法》、1954年的《农业保护和防洪法》、1956年的《水土保持与国内分配法》、1962年的《食物与农业法》、1969年的《自然资源保护法》、《露天采矿植被恢复法》、1977年的《水土资源保护法》、《清洁水法》等都对农业生态环境保护作出了相应规定。除联邦立法以外，各州县还根据当代实际情况进行了相应地方立法。近年来，面对农业生产、资源开发所带来的农村生态环境影响，美国联邦政府制定了一系列旨在推动农业可持续发展的保护耕地、水等自然资源及生态环境的法律法规和长期计划尤其是农

---

[1] 严金明："美国西部开发与土地利用保护的教训暨启示"，载《北京大学学报（哲社版）》2001年第2期。

地保护计划，取得了较好的成效。美国联邦政府于1985年修订了农业法，修订后的农业法的主要内容是：①为提高农产品在国际市场上的竞争力和出口，政府对农民支付农产品出口补助金；②为减少农产品库存积压，扩大农户对农产品市场的选择权（交易条件、方式等）；③通过实施农地保护计划（CRP），贯彻对农地进行保护的方针。此外，该法还包含了有关资源、环境保护的条款、草地保护、沼泽地保护等条款，制定这些条款的目标是：持续地提高农业生产的劳动生产率，保护土地和水等自然资源与生态环境。为实现该目标，政府制定了长期性资源和生态环境保护计划，即与该法相辅相成。1990年美国联邦政府再次修订了农业法，增加了对资源（特别是农地、水资源）和生态环境保护的内容。为防止水质污染，美国于1987年颁布并实施了《水质法》和《水质净化法》，根据该法的规定，各地方（州）政府有义务每年向联邦政府报告关于缓解农业水源水质污染问题的对策及成果。1988年美国联邦农业部公布了"土壤、水资源保护全国计划"及"区域水资源水质净化计划"，并通过该计划的落实，管理着全国22个区域性水资源水质净化计划的实施。目前，上述各项法律和计划均收到了良好的效果。为保护农业和农村生态环境，美国还加强了对农业投入品的立法和管理。根据环保法、劳工法等法律法规，美国联邦政府相关部门制定了一系列农业投入品使用和管理的具体办法。为了加强对农药使用的管理，1947年美国联邦政府颁布了《联邦杀虫剂、杀菌剂和杀鼠剂法》（简称《农药法》），此后又经过几次修订并于1988年经里根签字颁布。此外，美国《联邦食品、药品和化妆品法》中的有关规定也涉及农业管理的部分内容。根据以上法律，美国环保局颁布了《农药登记和分类程序》《农药登记程序》《农药和农药器具标志条例》《农产品农药残留量条例》等一系列农药管理法规。目前美国农药使用和管理的具体办法主要包括农药的登记注册、发放农药使用证、对农药使用情况的监督检查以及加强基础研究与监测等。美国联邦和州政府通过制定相关法规和加强对农药等农业投入品的管理，来确保使用者和农产品安全，最终把农药的投入对农业生态环境的影响降到最低的程度。在农村污水处理方面，美国国家环保局于2002年发布了《污水就地处理系统手册》，2005年发布了《分散式污水处理系统管理手册》，引导地方政府和群众在适当的地方安装分散型污水处理系统并负责安装、维护。分散型污水处理系统的建立、多级别的管理系统和多渠道的融资手段使美国农村的污水处理收效显著。美国农村的垃圾处理，一般由规模不大的家庭公司来承担，由专车带走分类垃圾。为了防治养殖业带来的农村环境污染，美国通过立法将养殖业划分为点源性污染和面源性污染进行分类管理，专门设有面源性污染的管理部门，点源性污染的防治是经过收集和处理技术使污染物达到国家污染物排放标准。[1]美国1977年的《清洁水法》明确规定，超过一定规模的畜禽养殖场建场必须报批，获得环境许可，并严格执行国家环境政策法案。美国1987年修改的水法对面源性污染进行了规定并制定了非点源性污染防治规划。在立法管理以外，美国还注重通过农牧结合化来化解养殖业的污染问题。

（二）日本北海道地区资源开发与生态环境保护立法

1. 日本北海道资源开发概况

北海道地区位于日本列岛最北部，是日本的四大岛屿之一，面积约为8.3万平方公里，约占日本国土面积的22.1%，人口

---

[1] 曾鸣、谢淑娟：《中国农村环境问题研究——制度透析与路径选择》，经济管理出版社2007年版，第141页。

数约为 570 万，约占日本总人口数的 4.5%。100 多年前，北海道还只是一个仅有 5 万人的荒岛，由于地理位置和自然资源的制约，经济发展相对落后。

日本对北海道的开发始于明治维新时期，迄今已有 140 多年的历史，以二战为界限，主要分为两个阶段：第一个阶段是从 1869 年到 1945 年。这是北海道的初期开发阶段，主要是鼓励移民、资源开发和开垦农田，开发速度缓慢。第二阶段是 1945 年后的半个多世纪。二战后日本为恢复经济，加大了对北海道的开发力度，把北海道作为重要的能源（主要是煤炭）和粮食基地来建设，随着煤炭等资源的大量的开采和沿太平洋海岸工业的发展，这种"先污染，后治理"的道路给北海道的环境带来了一定的压力。之后日本及时调整了产业结构，缓解了对环境的压力，使北海道避免了走重度污染、高难度治理的老路。为进一步开发北海道，日本先后实施了 6 期综合开发计划，经过二战后大规模的开发，如今北海道在经济增长、基础设施、产业开发、环境保护等方面均取得了很好的成绩。2008 年日本政府又面向新世纪做出了北海道综合开发新计划，提出了三大战略目标：即光耀亚洲的北方明珠——建设开放而又有竞争力的北海道；山清水秀的北国大地——建设美丽而又可持续发展的北海道；有地方特色的北方广域分散型社会——建设多样化而又有地域个性的北海道。

2. 日本北海道地区资源开发与生态环境保护立法

在早期开发阶段，日本政府走的是一条"先污染，后治理"的道路。由于在发展过程中没有考虑到对生态环境的破坏，导致其公害问题日益严重。20 世纪 50 年代和 60 年代发生的水俣病、痛痛病、米糠油等公害事件引起了日本政府的高度重视并对此采取了对策。当时，解决公害问题成为日本政府在经济发展中的一个重要课题，其环境保护的重点是通过立法对污染企业进行排污限制，1967年，日本制定了《公害对策对策基本法》，1968年制定了《大气污染防止法》和《噪音规则法》，1970年日本国会又全面修改了《公害对策基本法》并制定了《海洋污染防止法》等有关环境保护的14项法律。1971年日本创建了环境厅，1972年制定了保护自然基本法。20世纪90年代以后，日本逐渐步入可持续发展时代，开始向"环境协调型社会"转变并相继制定、实施了有关再生资源利用的法律，如《容器包装循环法》和《环境基本法》等。进入21世纪以后，日本提出"环境立国"的新战略和"环境革命"的概念，强调应改变以牺牲环境为代价追求便利和舒适的观念，改变盲目消费把大量资源变为垃圾的社会现状。至此，日本的环境保护上升到了一个新的战略高度。以环境保护的法律法规为指导，日本在推进北海道开发的同时采取一系列措施推进生态环境保护工作，做到资源开发与生态环境保护的协调发展。

北海道的区域开发立法有全国区域立法和北海道区域开发立法两个系统。其中《国土综合开发法》是第一部日本关于国土开发的基本法，该法于1950年5月26日颁布，同年6月1日正式生效，此后经多次修改。该法规定了四级（全国综合开发计划、都道府县综合开发计划、地方综合开发计划和特定区域综合开发计划）国土开发计划的具体规划范围；国土审议会等的职责范围；国土开发计划的编制程序；国土开发计划的实施等。此外还有《土地利用计划法》（1949年）、《国土利用计划法》（1974年）和《土地基本法》（1989年）等全国性法规，这些都是针对国土综合开发而制定的法律。为使北海道的开发有法可依，1950年4月，日本制定了《北海道开发法》，并在东京设置了北海道开发厅。此后该法于1951年和1952年进行了部分修改，其是北海道地区开发的基本法，也是日本战后第一部地区性的区域开发法。其规定了"关于综合开发北海道资源的基本事项"，即对北海道的土地、水面、矿产等资源进行综合开发。此后日本相继于1961年分别制定了《促进低开发地区工业开发法》和《振兴产炭地区临时措施法》，1962年制定了《暴风雪地带对策特别措施法》，1988年制定了《促进多极分散型国土结构形成法》等特殊地区的法规，这些法规都明确规定了北海道开发厅的有关业务和权限。自北海道开发厅设置以来，日本共制定了六次综合开发计划，其中大多涉及对国土资源开发和农村生态环境的保护。第一次是1952年至1962年以"资源的开发与产业的振兴"为主题的综合开发计划，其中，前五年集中开发以电力为中心的资源，扩大耕地面积，加强人口移居。后五年以产业振兴为主题，其中包括完善农业基础设施，建设国土保护设施，提高农林水产业的生产率等。第二个计划（1963~1967年）主要政策集中在促进农林水产业的现代化和综合推进国土保护和水利建设等。第六个计划（1998~2007年）的主要目标有五项：把北海道建设成为粮食基地，扶持成长型产业，形成北方交流圈，建设自然环境保护基地，建设全国观光和休养基地，创造安全和富裕的生活场所。在北海道开发过程中，与农村生态环境保护相关的比较著名的重大项目主要有石狩川流域的综合开发工程和根钏实验农场的建设。1949年北海道综合开发审议会报告提出了石狩川流域的综合开发构想，其目的在于充分利用土地和水资源，以建造多功能大坝为中心，综合进行各类项目的开发。同时，在泥炭地等特殊土壤地区进行农业开发，增加粮食生产。在第一期北海道综合开发计划中，就把建坝治水、开发电力作为重要实施对策。并利用世界银行贷款，大规模进行土壤改良。同时，新建水利设施，确保灌溉用水。根钏实验农场从 1955 年开始实施，这一工程首先由北海道开发局建设道路、明渠防风林等基础设施，并在住宅、畜舍等基本建成后，垦荒者才开始进入，由此为垦荒农户顺利定居创造了条件。

同时，日本在北海道综合开发过程中注意对国土资源和农村生态环境的保护，并制定了一系列法律法规进行保障。如日本政府从 1961 年开始，就颁布了《农业基本法》《农业现代化资金筹措法》等，并修订了《农地法》和《农振法》等法律，主要内容是推行农业现代化以提高农业生产力，缩小城乡差距。20 世纪 70 年代，日本提出发展循环型农业的概念并相继出台了《废弃物处理法》《环境基本法》《资源有效利用促进法》《推进循环型社会形成基本法》《农药取缔法》《土壤污染防止法》等法律、法规，以解决农业发展过程中的资源开发与农村生态环境保护的问题。为解决养殖业造成的环境污染问题，日本制定了《防止水污染法》《恶臭防止法》等。其中，《防止水污染法》规定了畜禽场的污水排放标准；《恶臭防止法》规定，畜禽粪便产生的腐臭气中 8 种污染物的浓度不得超过工业废气浓度。1992 年 6 月 10 日，日本政府在颁布的《新的食品、农业、农村政策的方向》中提出发展环境保护型农业，并把它作为农业政策的新目标。1993 年日本制定了《都道府县环境保全型农业推进基本方针》，1994 年农林水产省设立了环保型农业推进本部，并制定了《环境保全型农业推进基本方案》。1999 年又颁布了通称为农业环境三法的《持续农业法》《家畜排泄物法》和《肥料管理法》（后来修订）。自 1999 年起，日本又出台了《食品、农业、农村基本法》《可持续农业法》《堆肥品质管理法》《食品废弃物循环利用法》以及《山区振兴法》等配套法律，并制定了具体的实施计划。其中《食物、农业、农村基本法》可以说是 21 世纪日本发展环保型农业的基本方针。2004 年食品、农业、农村政策审议会对农业新基本法的基本计划进行修改，将农业环境、资源保全政策与经营安定对策、核心经营者与农地制度改革问题作为主要议题。2005 年颁布了新的《食物、农业、农村基本计划》和《农业环境规范》，提出了全面实施环保型农业的政策，并将此作为享受政府补贴、政策性贷款等各项支持措施的必要条件。目前日本推进环保型农业发展的主要法规还有：《有机农业法》《有机 JAS 标准》《特别栽培农产品的表示》《生态农户的表示》等。

目前日本的环保型农业主要有以下几种类型：①有机农业型。即在农业生产过程中，不使用化学合成的农药、化肥、饲料添加剂等外来物质，而是完全遵循自然规律和生态学原理，实现种植业和养殖业的平衡，并采用一系列可持续发展的农业技术，使农业和环境协调发展。日本把有机农业作为环保型农业的一种形式，提出有机农业建设。为此，日本于 1992 年制定了《有机农产品蔬菜、水果特别标志准则》和《有机农产品生产管理要点》，1994 年颁布了《推进环保型农业的基本见解》，1998 年公布了《有机食品基本标准》，1999 年出台了《有机农业法》和《新肥料管理法》，2001 年实施了有机食品国家标准及检查认证制度。为了加大有机农产品的监管力度，制定了《有机食品生产标准》《有机农产品及特别栽培农产品标准》《有机农产品生产管理要领》等。2006 年，日本颁布了《关于推进有机农业的法律》，要求国家、都道府县及市町村等各地方公共团体对有机农业生产者给予支持。[1] ②减化肥、减农药型，即通过减少化肥和农药的使用量，以减轻对环境的污染及食品有

---

〔1〕 张术环：“从生态消费看日本的环保型农业政策”，载《世界农业》2010 年第 4 期。

毒物质含量。③再生利用型。即充分利用土地的有机资源，对农业废弃物进行再生利用，以减轻环境负荷。主要是构筑畜禽粪便的再生利用体系，通过对有机资源和废弃物的再生利用，预防水体、土壤、空气污染；④其他。其他的环保农业类型还有稻作-畜产-水产三位一体型和畜禽-稻作-沼气型等。稻作-畜产-水产三位一体是指在水田种植稻米、养鸭、养鱼和繁殖固氮蓝藻的同时，形成稻作、畜产和水产的水田生态循环可持续发展模式。畜禽-稻作-沼气型是指农民在养鸭、牛等家畜过程中，将动物的粪便作为供制造沼气的原料。日本环保型农业政策关注的不仅仅是农业发展，而是食品、农业、农村的整体发展，包括农村生态环境问题的解决。其有关环保型农业的立法对于农业发展过程中的资源开发和农村生态环境保护具有重要意义，也值得我国借鉴。

（三）以色列对荒漠地区的开发与生态环境保护立法

1. 以色列南部沙漠治理概况

以色列位于亚洲西部，是亚、非、欧三大洲的结合部。国土面积约2.1万平方公里，人口数约710万。地势北高南低，海拔为500米~1200米。北部和中部为加利和马利亚山地和高原，南部为内盖夫荒漠，东、西部为约旦河谷和地中海沿岸平原。气候属地中海型气候，11月至翌年3月为冬季雨季，温和湿润；4月至11月为旱季，炎热干燥。降水分布不均，北部达700多毫米，南部不足50毫米。以色列60%以上的国土属于干旱和半干旱荒漠地区，淡水资源严重缺乏。以色列的建国史其实就是一部治理、开发和利用荒漠化土地的奋斗史。1948年建国后，以色列高度重视荒漠治理工作，经过不懈地努力，取得了明显的成效，耕地面积由建国初的16.5万公顷发展到现在的38万公顷，增长了1倍多，其中水浇地由3万公顷发展到22.5万公顷。

50%的农产品用于出口，2005年的出口额达16.8亿美元。森林资源有了明显增长，现有森林面积16多万公顷，森林覆盖率达7%；人工林9万公顷，占森林面积56%。[1]

2. 以色列开发荒漠措施与生态环境保护立法

以色列在20世纪50~80年代之间开发戈兰高地的时候，由于一味开垦而没有注意环境保护，因此出现了严重的生态环境问题，如水土流失，化肥、农药对土壤的污染，植被破坏，土地荒漠化严重，耕地减少，水资源短缺等。随后，以色列政府及时调整发展思路，迅速改变种植业结构，大力发展林果业，推行免耕制度，发展节水灌溉，采用土壤覆盖保护，使得这一地区的植被很快恢复，生态条件得到迅速改善。由于充分认识到了资源科学开发与生态保护的重要性，以色列在南部沙漠开发过程中十分重视资源开发与生态环境保护的协调。建国后，以色列陆续出台了自然资源保护、规划建筑、水源、水井控制等方面的法规，对珍贵的水资源实行严格的配额和奖惩制度，在保护生态的前提下开发沙漠，在保护植被的同时，植树种草以防止土地沙漠化。以色列1986年制订了全面绿化沙漠规划，在继续探索在保护生态前提下，根据降雨、地表水、地下水与动植物的生态联系建设绿洲。现在，内格夫沙漠开发区已营造出新的生态系统，在尽量保持地貌的前提下，因地制宜实现沙漠绿化。下面就其部分资源开发与保护重点予以介绍。

第一，合理开发利用水资源。以色列水资源很匮乏，全国可利用的淡水资源总量约20亿立方米，而实际可利用的有效水资源为15亿立方米~17亿立方米，人均年占有量不到300立方

---

[1] 中国林业赴以色列考察代表团："以色列荒漠化防治启示录"，载《中国绿色时报》2007年8月2日。

米，仅占世界人均水资源量的1/33。[1]由于极度缺水，为合理开发利用水资源，以色列政府对水资源进行了严格保护和统一管理。1959年，以色列颁布了《水法》等有关水的法律，规定水资源属国家所有，国家对地上、地下水资源实行统一管理，用水由政府统一分配。以色列设立专门的水资源管理机构，负责制定水政策、发展规划、用水计划、供水配额、水土保护、污染防治、废水净化、海水淡化等工作。此外，以色列对水资源实行有偿使用，费用视水量和水质情况收取，生活用水、农业用水和工业用水实行不同的收费标准。为鼓励节水，实行累进的水价制度。对于荒漠治理、农业开发以及出口农产品等的用水，实行低价的优惠政策。严格控制开采地下水，除了生活用水外，一般不允许开采地下水。即使农业用水短缺，也只能在雨季才允许使用地下水。

第二，加强对荒漠土地资源开发的管理。为有效开发南方荒漠地区，以色列加强了对其土地资源利用的管理，对土地开发有严格的限制。根据以色列《规划与建筑法》的规定，土地的开发权属于国家，公共单位和私人土地拥有者或开发商在没有得到国家许可的情况下，不能占用土地进行建筑和开发活动，从而确保全国土地的开发利用置于国家的宏观控制之下，有效地制止了各种盲目、无序的垦荒行为，防止了土地的退化。以色列的土地利用效率也很高，一方面提高对有限宜耕土地的利用效率，另一方面通过对沙漠的改造来扩大土地面积。自20世纪中后期实施"沙漠绿洲"计划以来，以色列在沙漠地区开发的耕地已经超过了15万hm^2，随着技术的进步，沙漠绿洲面积将会越来越大。

---

[1] 中国林业赴以色列考察代表团："以色列荒漠化防治启示录"，载《中国绿色时报》2007年8月2日。

第三,大力开发现代沙漠农业。以色列虽然水资源匮乏,却是世界上农业最发达的国家之一,其在沙漠上建立的农业奇迹已经成了世界上资源节约型农业的典范。以色列沙漠农业发展的主要因素在于政策、法律和技术的支持以及全民发展农业的先进理念。为开发高精尖的沙漠农业技术,以色列政府建立了很多沙漠研究所,以最大努力投入农业研究与开发,用高新技术武装农业,促进农业现代化,发明了诸如化学剂喷洒器、自动播种机、喷滴和灌滴、封闭输配水灌溉系统、自动调温暖房等先进技术。政府从1953年开始,用11年时间建造了145公里长的"北水南调"输水管线。其中,封闭输配水灌溉系统极大减少渗漏和蒸发,水、肥的利用率高达80%~90%,节省用水比例达1/3。目前,以色列农业水的利用率越来越高,目前已经达到90%以上,是世界平均水平的3倍多。

美国、日本、以色列这些典型国家在区域资源开发中对农村生态环境保护的立法和政策保障措施有利于资源开发中农村生态环境保护的协调发展,这些保障措施对中原经济区建设的健康发展具有重要的借鉴意义。

二、我国西部大开发中的生态环境保护立法

(一)西部大开发战略的提出及发展

西部地区包括陕西、甘肃、青海、宁夏、新疆、四川、重庆、云南、贵州、西藏、广西、内蒙古在内的12个省市,幅员辽阔,自然资源丰富,少数民族众多。由于东西部地区发展差距的历史存在和过分扩大,为支持西部地区开发建设,实现东西部地区协调发展,国家提出西部大开发战略,统筹协调我国经济与社会的整体发展。2000年10月,中共十五届五中全会通过的《中共中央关于制定国民经济和社会发展第十个五年计划

的建议》，把实施西部大开发、促进地区协调发展作为一项战略任务，强调："实施西部大开发战略、加快中西部地区发展，关系经济发展、民族团结、社会稳定，关系地区协调发展和最终实现共同富裕，是实现第三步战略目标的重大举措。"2001年3月，九届全国人大第四次会议通过的《中华人民共和国国民经济和社会发展第十个五年计划纲要》对实施西部大开发战略再次进行了具体部署。实施西部大开发，就是要依托亚欧大陆桥、长江水道、西南出海通道等交通干线，发挥中心城市作用，以线串点，以点带面，逐步形成我国西部有特色的西陇海兰新线、长江上游、南（宁）贵、成昆（明）等跨行政区域的经济带，带动其他地区发展，有步骤、有重点地推进西部大开发。党的十六大以来，党中央多次强调要积极推进西部大开发，促进区域协调发展。2004年3月，国务院印发了《关于进一步推进西部大开发的若干意见》。2006年12月8日，国务院常务会议审议并原则上通过了《西部大开发"十一五"规划》。目标是努力实现西部地区经济又好又快发展，人民生活水平持续稳定提高，基础设施和生态环境建设取得新突破，重点区域和重点产业的发展达到新水平，教育、卫生等基本公共服务均等化取得新成效，构建社会主义和谐社会迈出扎实步伐。温家宝多次强调，中央实施西部大开发的战略绝不会动摇，国家对西部大开发的支持力度不会减弱，西部地区经济社会发展步伐不会减慢。党的十七大重申要继续实施区域发展总体战略，深入推进西部大开发。"十二五"规划明确指出，实施区域发展总体战略和主体功能区战略，把实施西部大开发战略放在区域发展总体战略优先位置，充分发挥各地区比较优势，促进区域间生产要素合理流动和产业有序转移，在中西部地区培育新的区域经济增长极，增强区域发展的协调性。

第四章 资源开发生态安全法治的考察和借鉴

西部大开发的总体规划包括三个阶段：第一个阶段从2001年到2010年，是奠定基础阶段。重点是调整结构，搞好基础设施、生态环境、科技教育等基础建设，建立和完善市场体制，培育特色产业增长点，使西部地区投资环境初步改善，生态和环境恶化得到初步遏制，经济运行步入良性循环，增长速度达到全国平均增长水平。第二个阶段从2010年到2030年，是加速发展阶段。即在前段基础设施改善、结构战略性调整和制度建设成就的基础上，进入西部开发的冲刺阶段，巩固提高基础，培育特色产业，实施经济产业化、市场化、生态化和专业区域布局的全面升级，实现经济增长的跃进。第三个阶段从2031年到2050年，是全面推进现代化阶段。即在一部分率先发展地区增强实力，融入国内国际现代化经济体系自我发展的基础上，着力加快边远山区、落后农牧区开发，普遍提高西部人民的生产、生活水平，全面缩小差距。西部大开发总的战略目标是：经过几代人的艰苦奋斗，到21世纪中叶全国基本实现现代化时，从根本上改变西部地区相对落后的面貌，建成一个经济繁荣、社会进步、生活安定、民族团结、山川秀美、人民富裕的新西部。

西部大开发战略的实施已走过了将近20个年头，经过10余年的开发建设，西部地区的各项事业都取得显著成就。近年来，国家通过规划指导、政策扶持、项目安排等加大对西部地区的支持力度。仅2000年~2007年间，中央对西部地区的各类财政转移支付累计近15 000亿元，国债、预算内建设资金和部门建设资金累计安排西部地区7300多亿元。2000年到2012年间，西部地区生产总值从16 655亿元增加到47 455亿元，年均增长达到11.6%，超过全国同期经济增长水平。2000~2008年，西部人均地区生产总值由4624元增加到16 000元；中央财政安排扶贫资金598.1亿元,西部地区农村贫困人口减少了3000多万人,375个国家扶贫开发工作重点县农民人均纯收入从2001年的1197.6元增加到2008年的2482.4元。[1]

(二)西部大开发中生态环境保护反思

1. 西部大开发中有关生态环境保护立法状况

目前,西北大开发中农村生态环境保护的主要法律依据有四个方面:一是我国有关生态环境保护及污染防治的法律法规、行政规章。如《环境保护法》《水污染防治法》《大气污染防治法》《噪声污染环境防治法》《全国生态环境建设规划》《全国生态环境保护纲要》等;二是有关自然资源管理方面的法律法规、行政规章。比如《土地管理法》《矿产资源法》《森林法》《草原法》《水法》等;三是有关农业及农村管理的法律法规、行政规章。如《农业法》《农业技术推广法》《基本农田保护条例》《村民委员会组织法》《农村土地承包法》《秸秆禁烧和综合利用管理办法》《畜禽养殖污染防治管理办法》《农村小康环保行动计划》等;四是国务院专门针对西部大开发制定的有关行政规章。如《关于实施西部大开发若干政策措施》《关于进一步做好退耕还林还草试点工作的若干意见》《关于进一步完善退耕还林政策措施的若干意见》等。整体而言,目前西北大开发中有关农村环境保护的法律法规体系还很不完善,如缺乏立法层次较高的、针对西部大开发的法律规范,虽然早在2004年《西部开发促进法》就已列入十届全国人大立法规划,但至今没有出台;农村循环经济法、农村污染防治法等针对农村生态环境保护的立法规范还付之阙如;同时,现行法之间法律规范欠缺统一和协调,可操作性不强。

---

[1] 左娅、朱剑红:"十年崛起新西部(西部大开发十周年)——西部大开发10年成就综述之一",载《人民日报》2010年1月5日。

2. 西部大开发中生态环境保护取得的成绩

10余年来,随着政策法律和财政支持的加强,西部大开发中农村生态环境得到了极大改善。退耕还林还草工程、三北防护林带、京津风沙源治理等生态工程使西部的植被和生态环境得到了很大修复,水土流失减少,风沙危害减轻,长江上游、黄河上中游等重点流域生态环境明显改善,国家西部生态安全屏障得到了巩固。截至2008年底,累计营造林4.03亿亩,退牧还草工程累计安排草原围栏建设任务5.97亿亩,其中退耕地造林1.39亿亩,占同期全国造林总面积的52%,工程区森林覆盖率提高3个百分点。[1]天然林保护、四川重庆三峡库区国土整治及水污染治理、青海境内江河源头生态保护、岩溶地区石漠化综合治理等重点区域生态治理与保护重点工程全面展开,并取得明显成效,环境污染也同时得到了治理。具体如下:

第一,生态保护工作取得长足发展。首先,西部生态环境得到改善,森林覆盖率提高,防沙治沙工作取得局部进展,污染得到初步控制。为加强西部农村生态环境保护,中央财政专门设立农村环保专项资金,重点向西部地区倾斜。2008年,中央财政对西部地区安排资金1.67亿元,资金总量占农村环保专项资金的33.4%,支持226个村庄开展农村环境综合整治,受益人口56万人;2009年,安排资金3.82亿元,支持500个村庄开展农村环境综合整治,受益人口107万人。[2]其次,区域生态保护和建设得到加强。在过去十余年里,有关西部开发的环境规划制定和实施有了很大进展。2004年环保部组织编制了

---

[1] 于今:"中国西部大开发十周年的回顾与展望",载人民网:http://theory.people.com.cn/GB/12344463.html,2016年10月23日访问。

[2] "西部大开发10周年:生态环境恶化得到一定遏制",载中国网:http://www.china.com.cn/news/txt/2009-11/26/content_ 18960810.htm,2016年8月20日访问。

《国家重点生态功能保护区规划》，划出的50个国家重点生态功能保护区中，西部地区占25个，保护面积达145万平方公里。2005年，国务院批准实施了《青海三江源自然保护区生态保护和建设总体规划（2005~2010年）》，2007年国家发改委批准实施《青海湖流域生态环境保护与综合治理规划（2008~2020年）》《甘南黄河重要水源补给生态功能区生态保护与建设规划（2006~2020年）》。2008年2月21日，国家发改委发布《广西北部湾经济区发展规划》，将广西北部湾经济区正式纳入国家战略。2009年，国务院审议通过《西藏生态安全屏障保护与建设规划》，为构筑稳固的西藏高原国家生态安全屏障打下坚实基础。2009年6月25日，国务院新闻办举行发布会，正式发布《关中—天水经济区发展规划》。2009年12月24日，国务院正式批复《甘肃省循环经济总体规划》（国函［2009］150号），这是我国第一个由国家批复的区域循环经济发展规划，实现了循环经济由理论到实践的重大突破。最后，西部自然保护区建设与管护水平进一步提高。期间在西部地区新建了一批国家级自然保护区，初步形成分布广泛、类型多样的保护区网络体系。

第二，污染防治工作取得初步进展。首先，重点流域区域的污染防治工作取得了明显效果。2000年以来，环保部会同有关部门，先后报请国务院批复了《三峡库区及上游水污染防治规划》《丹江口库区及上游水污染防治和水土保持规划》《黄河中上游流域水污染防治规划》《滇池流域水污染防治规划》等一系列规划，西部地区重点流域水污染状况得到遏制，部分流域水质得到显著改善。其次，在源头控制污染方面，国家环保部门相继出台了《关于加强水电建设环境保护工作的通知》《关于有序开发小水电加强生态保护的通知》《关于加强资源开发生态环境保护监管工作的意见》等一系列规范文件和导则规范，为从开发、建设源头控制生态破坏，实现西部地区工程建设与生态建设协调发展提供制度保障。同时，加强对青藏铁路、西气东输等国家重点工程的监理与环保验收工作力度，最大限度地降低建设项目对生态环境的负面影响。另外，节能减排工作取得进展。国家环保部门综合考虑西部各省区环境容量、排放基数、工程削减能力及社会经济发展需求等因素，对西部地区实行总量控制政策的倾斜，统筹解决了西部地区由国家审批环评项目所增加的二氧化硫总量指标。随着节能减排目标责任制的实施，西部地区加大了结构调整力度，淘汰落后生产能力，对重点行业、重点企业和重点领域进行调整，节能减排取得了初步进展。2003~2007年，未达标废水排放量5年净减少30 287.5786万吨，占全国排放总量的比例由41.41%下降为31.49%；工业固体废物排放量5年净减少4 298 495.8吨。在总排放量下降的同时，"三废"综合利用率占GDP的比重呈逐步提高之势。[1]

3. 西部大开发中生态环境保护的不足

尽管近20年来，西部生态环境建设取得了巨大成就，但总体形势仍不容乐观，甚至在原有环境问题没有解决的基础上又产生了新的环境问题。

第一，水土流失、土地沙漠化依然严重。目前，水土流失仍然是西部地区头号生态环境问题。由于西部地区缺乏市场要素，目前经济发展仍然依赖自然资源尤其能源矿产资源开发，再加上缺乏对祁连山地区的生态环境与社会经济的统筹治理，长期延续资源型的经济结构和传统粗放的发展方式，大规模发展传统农业，开垦绿洲，大量开发地下水，导致地下水位下降，

---

〔1〕 西北大学中国西部经济发展研究中心："西部经济十年发展报告及2009年经济形势预测（上）"，载中国网：http://www.china.com.cn/economic/txt/2009-09/17/content_ 18543810.htm，2016年9月23日访问。

天然绿洲植被死亡，土地沙化，生态恶化，导致资源和生态环境的约束日益严重。目前，西部地区生态环境局部改善但整体恶化的趋势还没有完全扭转，我国水土流失面积的80%在西部，每年新增荒漠化面积的90%以上在西部。西部水土流失面积达104.7万平方公里，占全国水土流失面积的80%以上，水土流失率达15.15%。全国第二次水土流失遥感调查结果显示，新疆水土流失面积占全区国土总面积的62.4%，在对水土流失进行治理的同时，水土流失面积仍在增加。[1]此外，西部地区土地荒漠化现象依然很严重。目前，全国荒漠化土地262.2万平方公里，占国土面积的27.3%，超过全国现有耕地面积。全国每年新增荒漠化面积的90%以上在西部。西部地区沙化耕地和沙化草地的面积呈持续增长的趋势，并且面积大、分布广，治理难度大。河西走廊绿洲北部阿拉善地区的腾格里、巴丹吉林和乌兰布和三大沙漠已经开始合拢，沙进人退，绿洲缩减，绿洲文明和西北交通大动脉面临被沙漠淹没的危机。

第二，草场退化，森林生态系统存在失衡危机。由于过度放牧、掠夺式开发，西部草原植被和生态环境被严重破坏，突出表现为草原的退化、沙化、盐渍化、荒漠化以及草地涵养水分功能降低等。以甘肃省为例，目前全省退化草地面积达10 693万亩，占年利用草地面积的39%，其中：重度退化草地33万亩，中度退化草地面积3956万亩；沙化面积达4587万亩；盐渍化和沙漠化面积达6.8万亩。草场植被覆盖率由过去的95%减少为75%，优良牧草密度降低了25%，牧草高度由75cm降为15cm，不可食草和毒害草增加了15%；草原鼠虫害面积1930万亩，占天然可利用草地面积的47%，每年因鼠虫害而损失牧草

---

[1] 姚慧琴、任宗行：《中国西部经济发展报告》，社会科学文献出版社2009年版，第475页。

达4.8亿多公斤；草原沙化、裸露问题愈加突出，仅黄河玛曲段沿岸沙化面积达80万亩。[1]另外，西部地区森林生态系统存在着失衡危机。近10年来，虽然西部地区森林面积和森林覆盖率均有增幅，但森林活立木总蓄积量和单位面积活立木蓄积量却有明显降幅，经济林面积大幅度增长的同时天然林、防护林的面积却分别下降了。此外，林龄结构也不够合理，西部地区以幼龄林和中龄林分布面积最多，过熟林、近熟林和成熟林面积占比并不高。

第三，环境污染仍很严重。西部大开发战略的实施为西部地区的经济社会发展带来了很大机遇，掀起了新一轮经济建设的热潮。但是，在这轮经济建设热潮中，由于西部工业是主要以能源和原材料为主的结构模式，长期以来在粗放经营经济增长方式的主导下，西部经济在快速发展的同时，也导致了新的环境污染问题。西部地区工业主要集中在煤炭、电力、石油化工、天然气、有色金属、盐化工和磷化工等行业，这些行业大都是高耗能、高污染型产业，再加上长期追求经济增长，给西北地区造成严重的大气污染、水体污染和固体废弃物污染。据有关资料显示，近年来，西部重化工产业在高速增长的同时，其单位附加值的污染排放也大大高于东部地区。以重庆为例，该市以煤为主的能源产业在直接二氧化碳排放中的比重高于55%，而2009年全市化工行业终端能源消费引起的二氧化碳排放占工业的10.9%。据2009年9月重庆市政协《关于三峡重庆库区后续工作有关问题的调研报告》中称，2008年库区排放工业废水44 665万吨，工业COD7.25万吨，分别占全市总量的66.6%、71.7%。对水质污染较重的医药、化工、食品等行业仍为

---

[1] "西部大开发：部分地区毁坏生态饮鸩止渴"，载腾讯新闻：http://2010.qq.com/a/20100811/000215.htm，2016年10月11日访问。

主导产业。单位产值污染物排放高于全国平均水平1倍左右。[1]

总之，西部开发应以保护环境为主，要围绕如何更好地保护生态环境展开以达到社会经济发展与自然生态保护的协调，这不仅是科学发展观的内在要求，也是由西部生态环境的脆弱性决定的。如果在西部大开发中忽视生态环境建设，则不仅会影响到本地区的可持续发展，也会给全国经济社会的整体发展带来深远影响。因此，在发展西部经济的同时，必须把生态环境保护放在突出位置。要根据西部地区的经济、社会和自然资源特点，制定相应的政策和措施。应加大资源就地转化力度，处理好资源开发、利用与保护三者的关系。避免对能源资源的过度开采，实施适度的能源开发策略，强调自然生态环境的生息，更多地支持恢复和保护当地的生态环境。在能源开发利用方面，应研究有利于生态环境保护的资源能源开发方式，优化西部地区的能源消费结构，提高能源效率，减少污染物排放，提高排污费收费标准，大力发展新能源、新材料、节能环保、生物医药、信息网络、新能源汽车、航空航天等战略性新兴产业。此外，应推进重点生态区综合治理，加快重点生态工程建设，加强环境保护和地质灾害防治。建立有利于生态环境保护的一系列制度如财政转移支付制度、生态补偿制度等，解决西部地区生态保护与区域发展的矛盾，真正建立生态保护与建设的良性运行机制。

三、资源开发与生态环境保护立法比较借鉴

纵观以上国内外区域资源开发与生态环境保护的历程，开发早期大多没有意识到资源开发与生态环境保护的协调，造成

---

[1] 吴红缨：“重庆三大化工基地扎堆库区：警惕西部走东部重化工老路”，载《21世纪经济报道》2011年9月24日。

当地生态环境尤其是农村生态环境的破坏；后期开发中注意加强生态环境保护立法，区域资源开发获得显著成效。通过归纳比较，以上区域资源开发与农村生态环境保护协调发展的经验如下：

（一）立法先行

纵观典型国家对欠发达地区的开发，无不把立法放在首要位置，以完善的立法作为先导。如美国在开发西部过程中就制定了相关的土地法、区域开发法和灵活的土地政策。1933年美国国会通过的《田纳西河流域开发法》、1961年美国政府颁布的《地区再开发法》、1965年的《公共工程与经济发展法》和《阿巴拉契亚区域开发法》等为美国西部开发过程中资源开发与生态环境保护的协调提供了重要法律依据。在日本北海道开发过程中，立法保障始终处于重要地位。日本政府在1950年推出了《北海道开发法》，使北海道开发的实施有强有力的法律保障。以色列在南部沙漠开发过程中也有大量的资源保护、水源控制等方面的法规。

（二）重视规划的龙头作用

规划、计划在地区开发中有着非常重要的战略地位，以上几个国家区域开发中都非常重视规划的龙头作用。如美国《阿巴拉契亚区域开发法》中明确提出阿巴拉契亚区域委员会的职责之一就是制定阿巴拉契亚区域社会经济综合发展规划。日本在北海道的开发过程中也非常重视规划，并专门采取措施保障规划的实施。北海道开发中不仅有专门的综合开发计划，而且每一期综合开发计划都有一个重点，如第一个计划是"资源的开发与产业的振兴"；第二个计划是"产业的高级化"；第三个计划是"建设高生产和高福利社会"；第四个计划是"形成安全性的综合环境"；第五个计划是"建成为日本作出贡献的北海道";第六个计划是"独立的开放式北海道的实现"等。值得注意的是,这些区域开发规划中均注重资源开发过程中与农村生态环境保护的协调。

(三)建立强有力的专门开发管理机构

美国在《田纳西流域开发法》中,专门成立田纳西流域管理局负责田纳西流域的开发管理工作;在《地区再开发法》和《公共工程与经济发展法》中则分别成立了地区再开发署和经济开发署;《阿巴拉契亚区域开发法》成立了阿巴拉契亚区域委员会来负责法案实施。日本在开发北海道之初就成立了北海道开发厅,主要负责制定计划,调整各省厅计划,制定综合性计划,以此指导落后地区的开发。

(四)有关法律政策相配套协调

如美国《阿巴拉契亚区域开发法》是一个区域开发的综合性法案,其内容涉及交通、教育、医疗、劳工、农业等多个领域的专业法案。为了保证法律体系的完整性、系统性以及内容的相容性,该法案对任何可能与其它相关法案引起联系的地方都明确说明,或提出增补和修订意见,或提出本法案执行的限制条件,从而促进和保证了国家法律体系的相容性。

第五章
我国矿区生态安全法治的理论分析

梳理我国农村资源开发环境保护的现行制度，制度构建的无序性和制度运行的无效性是显而易见的。理论研究的价值恰在于为制度有序构建并有效运行提供先行的理性铺垫。通过对矿区生态安全哲学基础、经济根源和制度动因的深度剖析，充分分析末端治理与风险预防、市场激励与政府管制、国家治理和民众互助三对基础范畴的分立与契合，提出以风险预防为统领、以政府管制和市场激励为两翼、以政府管理和市场激励下的民众互助为推手的"一纵三横"制度架构理性体系网。

一、矿区生态安全法治的理论渊源

（一）哲学基础：生态主义伦理观

环境伦理的历史演变显示，每一次环境运动都是对旧伦理价值观的更新，作为其成果的表现，人类伦理共同体的范围不断发展。这种伦理变革为环境与资源保护立法提供了深厚的哲学基础，并势必会反映在法律制度中（法律反映价值观念），引发环境与资源保护法律的变革。

1. 狭隘的人类中心主义伦理观是当今生态危机的根源

关于什么是人类中心主义，理论界并没有得出一致的结论。不同学者有不同的观点，亚里士多德认为："大自然不可能毫无目、毫无用处地创造任何事物，因此，所有的动物肯定都是大自然为了人类而创造的。"笛卡尔提出人要"借助实践使自己成为自然的统治者",康德把人类中心主义从朴素的价值观念提升为完整的理论形态。他主张"人是目的""是自然界的最高立法者"。康德明确宣称:"就动物而言,我们不负有任何直接的义务。动物不具有自我意识,仅仅是实现一个目的的工具。这个目的就是人。""我们对动物的义务,只是我们对人的一种间接义务。"[1]

从历史上看,人类中心主义并不是一种独立完整的理论体系,也不存在人类中心主义学派。它是一种伴随着人类对自身在宇宙中的地位的思考而产生并不断变化着的文化观念。随着人类生存与社会发展状况的跃迁,它也经历了由古代人类中心主义到现代人类中心主义的历史演变过程。尽管人类中心主义的表述各不相同,但是其基本观点是相同的。

第一,"人类中心主义"是一种价值论,是人类为了寻找和确立自己在自然界的优越地位、维护自身利益而提出的理论假设。这是人类中心主义者的立论基础。

第二,人类的整体利益和长远利益是促进人类保护自然环境的行为依据,也是评价人与自然关系的根本尺度。这是人类中心主义者的行为准则。

第三,在人与自然关系上,人是主体,自然是客体。人处于主导地位,不仅对自然有开发和利用的权利,也有对自然进行管理和维护的责任和义务。这是人类中心主义者社会实践的基本原则。

第四,人的主体地位,意味着人类拥有运用理性的力量和科学技术的手段改造自然和保护自然以实现自己的目的和理想

---

[1] 何怀宏:《生态伦理———一种精神资源与哲学基础》,河北大学出版社2002年版,第343页。

的能力,意味着人类对自己力量的无比自信,这是人类中心主义者的基本信念。

2. 生态中心主义全新的环境伦理观

20世纪70年代,非人类中心主义即生态中心主义的环境思想开始萌芽,并以美国为中心在国际范围内得到了发展。生态中心论把人类道德关怀和权利主体的范围从所有存在物扩展到了整个生态系统。生态中心论认为,生态伦理学必须把道德客体的范围扩展至生态系统、自然过程以及其他自然存在物。生态中心主义虽然也属于非人类中心主义或自然中心主义,但与以往的生态伦理观不同,生态中心论更加关注生态共同体而非有机个体,是一种整体主义的而非个体主义的伦理学。

进入20世纪以后,特别是伴随着全球性问题的出现和生态伦理学的发展,人类中心主义改变了传统的理论范式,发生了历史性的转向。以W. H. 墨迪、J. 帕斯莫尔和H. J. 麦克洛斯基等人为代表的现代西方著名人类中心主义生态伦理学者,明确反对"人类统治主义""人类征服主义""人类沙文主义",断言造成人类生存困境的根源不在于人类利益本身,而在于人类对自然认识上的误区;为了人类的"共同利益"(当代人和后代人的利益)必须尊重自然规律。至此,人类中心主义已经演变为一种立足于人的利益需要及其满足来看待人与自然之间关系的价值观念。[1]学界一般把现代的人类中心主义叫作弱势人类中心主义,也称其为人类-生态中心主义的形成。人类利益中心主义和生态利益中心主义伦理观的关系方面,学者们普遍认为,人类利益仍然应当在现行法律理念中占统治地位,只不过必须以环境伦理的价值观对传统法价值观的缺陷予以补充和完善,

---

[1] 李旭萍:"走出对人类中心主义认识的误区——对当代生态环境问题的反思",载《山西高等学校社会科学学报》2001年第12期。

也即人类利益中心主义和生态利益中心主义应当实现一定程度的融合、兼顾和协调。人类-生态中心主义的核心观点为：

人与自然是同一的，对自然的理解应当包括对人自身的认识。这样，控制自然观念便具有双重内涵，即对外部自然的控制和对内在自我的控制。早期人类控制自然的能力很弱，人的作用不至于破坏自然生态系统的自我调节功能，因而控制自然主要表现为对外部自然的控制。随着支配自然能力的迅速增强，人类对自然的破坏力也相应扩大。这时，控制自然也应当包括对人类干预自然造成的负面效应的控制。只有对人自身能力发展方向和行为后果进行合理的社会控制，以约束人类自身的行为活动方式，才能保证对人的创造力的强化和对人的破坏力的弱化，把人与自然关系中的负面效应降到最低限度。

对自然的控制转向对自我的控制，表明传统的价值观的合理性在当代的失效。人类需要一种人与自然的新型关系，即人类-生态价值观下的人与自然协调发展关系。[1]与传统价值观那种把自然视为"聚宝盆"和"垃圾场"的观念相反，人类-生态价值观把地球看作是人类赖以生存的家园。它以人与自然的协同进化为出发点和归宿，主张以适度消费观取代过度消费观。以尊重和爱护自然代替对自然的占有欲和征服行为。在肯定人类对自然的权力和利益的同时，要求人类对自然承担相应的责任和义务。

人类-生态价值观把人与自然看成高度相关的统一整体，强调人与自然相互作用的整体性，代表了人对自然更为深刻的理解方式。现代生态学理论揭示出，整体性是生态系统最重要的特征。自然界是由物质循环、能量流动、信息交换多样性构成

---

[1] 曹明德："从人类中心主义到生态中心主义伦理观的转变——兼论道德共同体范围的扩展"，载《中国人民大学学报》2002年第3期。

的巨大有机整体,每一物种都占据着特定的生态位,都离不开与其他物种的联系和对环境的依赖。系统依靠复杂的反馈机制,实现自我调节和自我维持功能,保持系统在一定时空中的相对稳定。当代生态危机正是人类从系统中取走过多的生物产品,向系统输入超出系统净化能力的污染物,引起系统退化所至。这是人类在尚未充分认识和能动把握生态规律情况下盲目活动的结果。

(二) 经济根源:公共物品理论和资源价值理论

1. 公共物品理论的突破

所谓公共产品,是指具有共同消费性质的产品和服务。诺贝尔经济学奖获得者萨缪尔森1955年的《图解公共支出理论》给"公共产品"下了定义。他认为,公共产品是一个人的消费不会影响其他人消费的产品。萨缪尔森将纯公共产品定义为同时具有非竞争性和非排斥性的产品,私人提供纯公共产品是无效率的,因为人们可以"免费搭车",也就是说,使用该产品而不用为其支付费用。

纯粹的公共产品应具有两个基本特征:①非排斥性(Non-excludability)。对于私人产品来说,购买者支付了价格就取得了该产品的所有权并可轻易地排斥他人消费这种产品,这就是排斥性;而对公共产品的消费是集体进行的,只要有人提供了公共产品,则该产品消费者人数的多寡,与该产品的数量和成本变化无关。经济学对此的严格界定是,新增消费者所引起该产品的边际成本为零。②非竞争性(Non-rival ness)。对一般私人产品来说,一个人消费了这一产品,别人就无法再消费;而公共产品则不同,公共产品一旦提供出来,任何消费者对公共产品的消费都不影响其他消费者的利益,也不影响整个社会的利益。

自然资源公共物品理论的主要存在如下困境：其一是"搭便车"问题。"搭便车"问题首先由奥尔森提出，它是指由于参与者不需要支付任何成本而可以享到与支付者完全等价的物品效用。该问题影响着公共物品供给成本分担的公平性，以及公共物供给能否持续和永久。"搭便车"包含两种情形：一是享受到组织提供的种种权利后，丝毫不尽人对组织的义务；二是在此时此处享受到组织提供的权利后，没有在此次此处尽义务，而是在其它时间或地点尽了义务。有关"搭便车"问题的研究主要集中在解决方案的探讨上。虽然在"选性激励"的条件下，多数集团不能向自己提供最优数量的集体物品，但是小集团成员间具有相互价还价的激励因素，最小的集团一定能够通过其成员的讨价还价来实现集体物品的最优供给。其二是公地悲剧问题。哈丁最早提出公地悲剧问题："这是一个悲剧。每个人都被锁定进一个系统。这个系统迫使他在一个有限的世界上无节制地增加他自己的牲畜。在一个信奉公地自由使用的社会里，每个人追求他自己的最佳利益，毁灭是所有的人趋之若鹜的目的地。"公地悲剧常被形式化为囚徒困境的博弈。在囚徒困境的博弈中，每一个参与者都有一个占优策略，博弈双方的占优策略构成成了博弈的均衡结局，然而博弈均衡结果并不一定是帕累托最优结局。相反，个人理性的博弈过程与战略选择却导致了集体行动的悖论。奥斯特罗姆认为，公地悲剧、囚徒困境和合成谬误是公共事物治理所面临的三大难题，而且这些问题都是"搭便车"问题。如果所有人都参与"搭便车"，那就不会产生集体利益；如果有些人提供集体物品，而另一些人"搭便车"，就会导致集体物品的供给达不到最优水平。其三是市场失灵问题。公共物品或公共资源是相对于私人物品或私人资源而言的概念，通常认为私人物品或资源具有消费的排他性和竞争性,这种排他性和竞争性决定了每个人只有通过购买才能消费某些物品。有市场交易行为就有价格,自发的价格来调节私人物品可以实现供求平衡,因此,在配置私人物品生产资源时,市场机制是有效率的。公共物品和公共资源在消费中既无排他性又无竞争性,这一特点决定了人们不用购买仍可以消费。因为人们不购买公共物品,公共物品就不会进入市场交易。而公共物品没有价格,考虑到企业追求利润的本质,生产者就不愿意向社会提供公共物品,最终导致自由市场调控公共物品和资源失灵。其四是负外部性问题。外部性是指一个行为人的生产或消费对其他行为人的生产或消费产生的影响,但这种影响不是通过市场交换发生的。其中正面的影响称为外部经济(正外部性),负面的影响称为外部不经济(负外部性)。就环境问题而言,外部性主要体现在生产或消费的外部不经济性上,例如某工厂(生产铝、钢材等产品的企业)在生产的过程中耗费了大量的能源、排放了大量的二氧化碳和其他污染物。由于这些污染物可能损害那些呼吸空气的人的身体健康或引起全球变暖,因此它就产生了负外部性。英国经济学家阿瑟·庇古在他的《福利经济学》中详尽地分析了消除此种负外部性的解决方法,他认为当出现一种行为表现为外部不经济性,其边际私人净产值与边际社会净产值就会背离,即排污的存在使厂商获利,但却给社会带来不利影响,由此而形成"边际社会成本"。这种背离或差异难以在市场上通过自行调节而消除,原因在于这一差额或成本与形成污染的产品的生产者或消费者并没有直接的关系。

自然资源公共物品理论困境的突破的着力点主要有:其一,制度或规则的有效制定。具有竞争性和非排他性的公共自然资源往往存在"拥挤效应"和"过度使用"问题,非正式制度安排下的无偿占有和"搭便车"激励下的无人供给使得公地悲剧在局部地区频繁出现。但是美国学者奥斯特罗姆发现并非所有的公地都出现了过度开发的问题。经案例研究发现，每一个案例都对应着一套规则，比如高山草场的伐木与保护规则，韦尔塔的用水规则，地下水的开采规则，渔场的作业规则。在这些规则背后，还有一系列的保障措施、惩罚措施、部落规则等。虽然此类规则非常脆弱，但这些小组织内的成员还是努力推动着制度变迁，重构当地区域的制度供给体系，形成公共池塘资源高效、合理、可持续的发展格局。对于自主组织与自主治理案例的分析而言，奥斯特罗姆主张从共有资源的占用和供给现状入手，多层次地分析区域的制度结构，在正式和非正式的集体选择中明确共有资源的操作细则。[1]其二，政府宏观经济调控。在17~18世纪资本主义自由竞争阶段，受重视理性和个人自由思想的支配，在经济方面，强调放任。[2]亚当·斯密的经济自由主义学说成为当时各国经济政策的支柱，经济活动通过市场这只"看不见的手"自发进行调节，政府并不积极、主动地干预经济管理，而是凌驾于社会之上，充当民事纠纷的"仲裁人""公断人"，其消极地位和角色如同"午夜巡逻的更夫"或"守夜人"。[3]人们也普遍认为"'干预最少的政府，是最好的政府'，国家以不干预私法关系的形成为最高原则"，因此近代国家素有"夜警国家"之称。在上述思想的影响下，出现了一系列严重的社会问题。如工业事故、交通事故、产品质量事故、环境污染和生态破坏事故等。为此，第二次世界大战以后，以主张扩大政府经济职能、加强政府对经济生活的干预为主要

---

〔1〕 [美]埃莉诺·奥斯特罗姆：《公共事物的治理之道——集体行动制度的演进》，余逊达、陈旭东译，上海三联书店2000年版，第152页。

〔2〕 王泽鉴：《民法学说与判例研究》（第2册），中国政法大学出版社1998年版，第144页。

〔3〕 梁慧星：《中国民法经济法诸问题》，法律出版社1991年版，第364页。

内容的凯恩斯经济学说取代了亚当·斯密的经济自由主义学说。各国政府均把凯恩斯的理论作为制定经济政策的依据，从自由放任转到国家干预经济的轨道上来，[1]通过政府这只"看得见的手"矫正市场自身固有的缺陷。在国家和行政方面，福利国家、积极行政的理论相继出现，要求国家发挥积极功能，主动推行社会安全制度，解决各种社会问题，保障公民的平等、自由、安全、发展，促进公共福利和人们生活的改善。如在环境责任制度中，保险公司之所以愿意对几乎无利可图的污染事故进行承保，就是政府为了社会稳定不得不运用公权力干预保险公司的保险业务的结果。于是，近代"夜警国家"、消极行政演变发展为"福利国家"和积极行政，人们观念上都普遍认为服务最多的政府便是最好的政府。因此，福利国家、积极行政的兴起，从社会氛围或外部原因上表明政府对污染排放行为管理或干预的趋势。其三，区域性公共物品交易理论的市场培育。生态资源属于广义公共物品范畴，具有公共物品的典型特征，诸如山河湖泊、水权、排污权等均是生态公共物品。对于此类物品的研究或可基于哈德森（Hudson）和琼斯（Jones）[2]以及克雷格（Craig）[3]的公共性判定系数模型，对不同的公有生态资源的公共性进行区分研究，对生态资源的可交易性进行深入探讨，于是便构成了生态公共物品研究的新领域。与此同时，把可交易公共物品理论应用于生态公共物品的交易将是生态经济学与福利经济学交叉性研究的重要方向。碳交易、排污权交易和生态补偿等实践的理论渊源之一便是区域性公共物品的交

---

[1] 孙桂娟等：《低碳经济概论》，山东人民出版社 2010 年版，第 86~97 页。

[2] J. Hudson, P. Jones, "Public Goods: An Exercise in Calibration", *Public Choice*, Vol. 124, No. 3-4 (2005), pp. 267~282.

[3] S. G. Craig, "The Impact of Congestion on Local Public Good Production", *Journal of Public Economics*, Vol. 32, No. 3 (1987), pp. 331~353.

易理论。

2. 资源价值论的形成

资源价值理论是资源有偿使用的基础,树立环境资源的价值观念,对环境资源实行有偿使用,能够增加使用者的成本观念和效益观念,有利于资源的优化利用,促进资源的保护和再生增值。

在传统的经济价值观中,一般认为没有劳动参与的东西没有价值,或者认为不能交易的东西没有价值,因此都认为天然的自然资源是没有价值的。资源无价值论的产生,既有思想观念、经济体制和历史传统的因素,也与自然资源本身的性质有关。资源无价值的观念及其在理论、政策上的表现,导致了资源的无偿占有、掠夺性开发和浪费,以至造成资源损毁、生态破坏和环境恶化,成为经济社会持续发展的制约因素。现在,资源紧缺已成为经济和社会持续、稳定、健康发展的主要制约因素,资源的不合理开发利用又是造成生态破坏和环境污染等一切问题的主要根源,而人们也日益感到清洁、优美、安静的环境的可贵,感到稳定、充实的资源基础的保障作用。自然资源的价值和生态环境的价值,随着经济社会发展水平和人们生活水平的提高,随着人口的增加和资源环境限制的日益明显而逐渐显现和加大起来。解决自然资源问题、生态环境问题,应该从体制、政策、法规、技术措施等多方面入手,而确立自然资源价值观则是一项根本性的对策。

价值是物对人的有用性,环境资源的价值包括经济价值和生态价值。按照马克思的价值学理论,价值是凝结在商品中的无差别的人类劳动,[1]产品的有用性即使用价值决定了产品的

---

[1] 环境资源不是一般意义上的商品,能否用分析商品价值的理论和方法来分析解决环境资源的价值问题,在此不作深入讨论。此处所说的价值,主要是从对人的效用的角度所作的判断,所以将价值区分为经济价值和生态价值。

可交换性，产品变为商品，即产生了交换价值或价格，价值通过交换价值来表现，但现实的交换与补偿方法未能全部解决环境资源的产出和补偿问题。因为环境资源是一种具有某种特殊性的产品或商品，交换所表现出的价格往往只是环境资源经济价值的表现，环境资源的生态价值很少被计入交换价格。以森林资源为例，森林除了能向人类提供木材、野生动物等的实体物质外，还有一种特殊的功能，就是森林的存在和功能的作用对社会和自然起到的调节、平衡、美化的综合效用。如果人类失去了森林，人类的生存环境和自然生态将遭到极大的破坏，洪涝干旱、土壤沙化、荒漠化、水土流失、疫病流行等将给人类带来深重的灾难，这是人类生存环境变化过程中已经被证明的事实。森林存续这种既得收益和丧失的损失的价值简直无法精确计算，所以国外发达国家评价森林价值时，认为森林的木材价值（经济价值）只占全部森林价值的10%左右，而公益价值（生态价值）则在90%以上。印度加尔各答农业大学德斯教授对一棵树的生态价值进行了计算：一棵50年树龄的树，累计可以产生氧气的价值约为31 200美元；吸收有毒气体防止大气污染价值累计约为62 500美元；增加土壤肥力的价值约31 200为美元；涵养水源的价值约为37 500美元；为鸟类及其他动物提供繁衍场所价值约为31 250美元；产生蛋白质价值约为2500美元。除去花、果实和木材价值，总价值约为196 000美元。资源的生态价值远远大于其经济价值，经济价值的损失时可见的、容易度量的，但生态价值的损失往往是人们所忽略的。

基于上述分析，环境资源具有经济价值和生态价值的双重属性，环境保护的目的是提升环境资源的生态价值以便跟进其经济价值，然而，目前的现实状况是生态价值的重视程度大大落后于经济价值。原因之一是经济学理论的诱导。从经济学关于物品分类的角度，环境资源的经济价值显现出"私人品"效应，企业或消费者可以通过市场，等价、有偿地获得其全部的经济价值；环境资源的生态价值显现出"公共品"效应，企业或消费者无需通过市场就可无偿获得其全部的生态价值。因此，在市场经济活动中，我们对环境资源的经济价值具有"精打细算""适度消费"的市场理性，但对于环境资源的生态价值却具有"坐享其成""过度消费"的自利理性。原因之二是现有立法环境资源权利的配置。从我国法律法规的具体条文规定可以看出，我国现有环境资源权利配置是建立在对资源经济价值最大化利用的基础上，是将环境资源作为一种私人品而进行的财产权利配置，资源生态价值的权利配置处于真空状态。[1]这种权利配置必然引发对环境资源经济价值的最大化追求，而非对资源生态价值的最大化追求。此两种原因导致我们的经济发展往往以破坏环境为代价，并呈现出不可持续性。然而人类是需要持续发展的，这就需要寻求一种经济效益和环境那个效益共同增进的发展模式，即协调发展模式。这一发展模式不仅要求经济发展对环境无害的方式进行，更要求在此基础上谋求经济利益和环境利益的适度共同提升。

资源价值论对环境安全法治意义重大：首先，合理的资源价值评估体系促进经济环境持续发展的经济理论基础。在当前资源约束矛盾突显的背景下，合理的资源价格评估体系不仅可以促进经济的持续发展，而且可以保护生态环境。以矿产资源价值评估为例，处于自然状态下的矿产资源是由天体、地壳的运动及其他地质作用形成的，但矿产资源与普通自然赋存物不同。一方面，矿产资源的物质性能和存在形式是自然界赋予的，直接来源于自然界；另一方面，矿产资源是经过人类认识自然

---

[1] 王蓉：《资源循环与共享的立法研究》，法律出版社2006年版，第28页。

和改造自然的历史过程逐步形成的,而且大部分是经过地质勘查劳动后才发现和确定的。实践证明,地质勘查工作既包含了简单的体力劳动又包含了复杂的脑力劳动,最终确定了矿产资源的具体空间位置、矿产资源数量以及品质。总之,矿产资源是经过人的努力而被认识的,在进入社会、被开发利用前经过了一系列的劳动,可以说,矿产资源在人类认识其使用价值、开采、加工利用的过程中已经凝结了人类的"附加劳动";为了了解其使用价值、开采矿产资源及创造加工利用矿产资源的条件而付出的劳动就形成了矿产资源的资产价值。在此合理的矿产资源的评估基础之上,经济环境持续发展的经济理论得以形成。其次,资源价值理论的形成是矿区资源开发诸多制度赖以存在的基础。资源开发的诸多制度无不与资源价值论密切相关,如生态补偿制度、税费调节制度、资源开发权的出让转让制度、生态环境保护基金制度、绿色国民经济核算体系等。资源价值理论的形成并日趋丰富,是上述制度赖以生存的基础。最后,环境资源价值理论的有效运行是破解矿区生态环境恶化的良方。受传统资源无价观念的影响,在现实生活中出现了"产品高价、原料低价、资源无价"的不合理现象。"正是这种资源无价的观念及其在理论和政策上的表现,导致了资源的无偿占有、掠夺性开发和浪费使用,造成资源损毁、生态环境恶化,极大地削弱了经济发展的基础。"[1]资源价值论的形成和有效运行,势必会影响并改变传统的错误观念,并最终成为破解资源浪费、环境恶化的良方之一。

---

[1] 李金昌:"关于自然资源的几个问题",载《自然资源学报》1992年第3期。

（三）制度动因：环境正义和公共利益保护理论

1. 生态文明背景下环境正义的合理内涵

《辞海》对"正义"的解释为："对政治、法律、道德等领域中的是非、善恶作出的肯定判断。作为道德范畴，与公正同义，主要指符合一定社会道德规范的行为。人们的行为是否符合历史发展规律和最大多数人民的根本利益，是判断人们行为是否符合正义的客观标准。"正义的英文为 justice，公正的、正当的道理。美国学者罗尔斯认为："所有社会价值——自由和机会、收入和财富、自尊和基础——都要平等的分配，除非对其中一种价值或所有价值的一种不平等分配合乎每一个人的利益。"[1]笔者赞同罗尔斯关于正义的解释，即正义是对社会产品或价值平等的分配，并以此作为界定环境正义的基础。同时，不可否认，正义与法律关系密切，作为法律追求的最高目标和归宿，正义始终是法律进化的精神驱动力，并作为区别良法与恶法的标准。同时，法律也是实现正义的重要和主要手段，法律运用国家强制性，依据特定程序保护社会主体的合法权益，通过对纠纷的裁判，惩治不符合正义要求的违法行为，以实现社会正义。

"环境"是一个多意性的概念。通常认为，"环境"是相对于某一中心来说的，是指围绕着某一中心，并对该中心产生影响的所有外部事物。即"环境"指某个中心周围的情况和条件，中心不同，环境的大小和内容等也就不同。《中华人民共和国环境保护法》则从法学的角度对"环境概念"进行了逐一列举："本法所称环境是指影响人类生存和发展的各种天然的和经过人工改造的自然因素的总体，包括大气、水、海洋、土地、矿藏、

---

[1] [美]约翰·罗尔斯：《正义论》，何怀宏译，中国社会科学出版社1988年版，第121~122页。

森林、草原、野生生物、自然遗迹、人文遗迹、风景名胜区、自然保护区、城市和乡村等。"对此界定，笔者赞同王灿发教授和李耀芳所做的评价："是一个比较好的定义方式"[1]"符合法律意义上之环境概念所要求的完整性、具体性和准确性"。[2]因此，前引我国《环境保护法》对"环境"的界定，应当作为界定环境正义的基础。

从20世纪70年代开始，环境伦理观念开始逐渐渗透到法律领域，并对现代法律理论及实践产生了巨大的影响。当时，以"人类中心主义"为主流的伦理观在西方社会已经延续了好几个世纪，该伦理观认为，法的伦理学主体只有人，只有地球上的人类才是自然万物的中心，世界上的一切存在都是围绕人类这个唯一的中心而存在的。受此伦理观的影响，传统法对价值的定位来源于人类自身利益判断的标准，表现在法的理论及实践上，认为或规定法律权利和义务的主体都只是人（自然人），即便是公司、企业，也被视为法律上"拟制"的人。当然人类中心主义也有其合理性的内涵，比如将环境要素中对人类具有经济价值的要素称之为"自然资源"就是一个明显的例证。20世纪后期，"生态中心主义"伦理观渐入人类的视野。其产生的背景是，由于现代工业和经济的迅猛发展，环境问题层出不穷，并出现愈演愈烈的趋势，日益严重的环境危机促使人类开始反思甚至是怀疑自己的行为模式，并试图开始改善自己的生产、生活及消费方式，至此，哲学伦理学界开始了对"人类中心主义"伦理观检讨。"生态中心主义"伦理观主张必须认真对待环境等自然要素的价值，尤其是生态价值，谋求经济价值和生态价值的适度共同提升。在"生态中心主义"看来，"人类中心主

---

[1] 王灿发：《环境法学教程》，中国政法大学出版社1997年版，第2页。
[2] 李耀芳：《国际环境法缘起》，中山大学出版社2002年版，第3页。

义"是人类基于自身生存发展需求的一种狭隘、自私的观念，在过去几个世纪里，尽管这种观念虽然对人类社会的发展起了积极的推动作用，但随着经济的发展及地球上人口的不断增多，人类将不可避免地迎来与自然的争斗，其结果是有限的环境资源损失殆尽，人类最终可能走上灭亡的不归路。从"人类中心主义"到"生态中心主义"伦理观的嬗变影响了现代法律理论及政策体系。[1]在西方国家，有关环境立法目的、自然物的权利、公益诉讼等理论探讨和立法实践的展开，恰契合了这一伦理观念的转变。在我国，目前尽管法理学还未全面接受"生态中心主义"环境观的基本观念，但对自然物等的非人类利用价值已经予以了肯定，在"人类中心主义"和"生态中心主义"法律观的关系方面，尽管认为人类利益仍然应当在现行法律理念中占统治地位，但也注重以生态伦理的价值观对现行法的缺陷予以补充和完善。产生于20世纪七八十年代的美国环境正义运动，深受"人类中心主义"到"生态中心主义"伦理观嬗变的影响，甚至是在其推动下进行的，考察环境正义的内涵应立足对这种嬗变的深度剖析。

就法律功能的内涵界定而言，通常认为法律功能是法律内在所具有的、在调整社会关系过程中，对人的行为及社会关系发生影响的、有益的功用与效能，这些功用和效能主要通过利益的调整控制来实现。例如，丹麦的乔根森指出，"法总是有不同的功能的，其中一些是原来就有的，另外一些是因社会变得越来越复杂化后加的。"并将法律功能划分为内部功能和外部功能。[2]德国的魏德士在其《法理学》中也论证了法律的作用与功能，将法律功能分为创建和调整功能、保持功能、保障功能、

---

[1] 汪劲：《环境法学》，北京大学出版社2006年版，第36页。
[2] 付子堂：《法律功能论》，中国政法大学出版社1999年版，第28页。

裁判纠纷功能、满足功能等。[1]综合而言，法律功能具有以下特征：法律功能是客观的、法律功能是内在与外在的结合、法律功能只能是有益的。法律功能是指法律之主体将一定价值观及立法目的的预设于法律中，期望通过法律运行与实施，获得一种满足其需求的积极的客观社会后果。故环境法的功能是指环境法内在所具有的，在调整环境社会关系过程中，对人的行为及社会关系发生影响的有益的功用和效能。一方面，法律通过展现其强制力和监督力来发挥法律的功能，以弥补道德规范之"软约束力"的不足；另一方面，法律的运行更是为彰显"文明增进功能"，以实现法律功能的进化。[2]调整利益关系是社会赋予法律的基本功能，也是法律调整的基础和对象。对环境法而言，生态文明演进的历史背景及人类社会面临生态危机的现状更对彰显环境法之利益调整功能提出需求。环境正义概念起源于世界性的环境运动的发展，环境运动的根本目的在于通过运动促进立法者改善现有环境立法，以便维护生态平衡。而立法者对现有缺陷立法的完善过程正是法律功能进化的过程。有鉴于此，界定环境正义应联系法律功能之进化特别是环境法功能之进化。

法律理念的重要意义有二个：一个在于弥补法律的不足，另一个在于以超越的目光审视实然的法律，以其所追求的价值理念，使恶法由污浊变为清澈，使有缺陷的法变得比较完善，使良法变得更加美好。[3]通常，法的理念是追求公平和正义，而公平和正义是综合判断对社会诸方面的因素的认识而形成的，

---

[1] [德] 魏德士：《法理学》，丁晓春译，法律出版社 2005 年版，第 38~44 页。

[2] 钭晓东：《论环境法功能之进化》，科学出版社 2008 年版，第 19 页。

[3] 宁金城："法律理念基本意义的一点思考"，载《河南省政法管理干部学院学报》2006 年第 2 期。

这些因素如伦理道德、宗教习惯、条理规范、民主政治等等对价值形成的判断是形成法的理念的基础。就环境法而言，它除了应当具备一般法的共同理念之外，还包括一些属于传统法共同理念以外的思想观念。笔者以为环境法的基本理念是确立环境法指导思想和基本原则的理论基础，与环境立法目的相比，后者一般比较直接和具体，会在环境立法中明确规定，前者比较间接和抽象，有时可能在立法上目的性规范相重合，有时则隐含地表现在法的基本原则中。环境的公平、正义作为法的基本理念的一般特征，应当成为确立环境法指导思想和基本原则的基本理念。

对环境要素及其价值分配的主体是人，因为只有人才具有完整的权利能力和行为能力，才有可能成为环境要素和价值分配的不二选择，任何的自然体包括动物和植物只能成为被分配的对象，而不能成为分配的主体。[1]这里所谓的人，包括自然人和法人，其中自然人包括当代人和后代人，即环境正义不仅仅指代内正义，也包括代际正义。代内正义是指同一代人，不论国籍、种族、性别、经济水平和文化差异，在要求良好生活环境和利用自然资源方面，都享有平等的权利。代内正义强调当代人在利用自然资源、满足自身利益上机会均等；在谋求生存与发展上权利均等；在"只有一个"的地球上，不同国家和地区享有权利和义务的公正和平等。实际上代内正义包括国家内部的代内正义、国家间的代内正义即国际上的代内正义和不同种族间的代内正义。在这里，我们要讨论的是国家间的代内正义问题，尤其指发达国家与发展中国家之间的代内正义问题。既包括发达国家与发展中国家之间分配利用自然资源的公平、

---

[1] 人是环境要素及其价值的唯一分配主体并不意味着对环境要素价值的漠视，也不意味着和环境保护的主流观点背道而驰。

发展自身经济的机会公平、还包括所有的国家对于环境污染、生态系统遭到破坏等方面所承担的责任与义务的公平。代际正义，代际正义主要关注的是当代人与后代人之间在环境方面的正义性问题。它要求我们当代人在享受环境给我们带来的利益和福祉的同时，要保持环境的完整性和可持续性，不能剥夺了后代人生活在安全、干净和生物多样性的自然环境之权利，以及享用环境资源的权利。

环境法律及其规范所要解决的是日益严重的环境污染和破坏问题，环境正义的研究也不例外，而所有环境问题产生的根源在于对环境要素及其价值的分配不适度。通过考证环境问题形成的历史，全球性的环境问题是在 20 世纪 80 年代以后出现的，而 20 世纪 80 年代正是全球性（发展中国家和发达国家）工业生产进行的最为轰轰烈烈的时间，大规模工业生产的进行离不开资源大规模的开发和使用，正是这种高强度密集性的自然资源的消耗才最终造成了全球变暖、臭氧层枯竭、生物多样性减少、海洋环境和生态破坏等大规模的危害人类安全的环境问题。国内和国际性的资源枯竭性消耗实质是自然要素或价值分配的不适度，即在国内层面的过度分配和在国际层面的过度分配。

在"人类中心主义"和"生态中心主义"法律观的关系方面，学者们普遍认为，人类利益仍然应当在现行法律理念中占统治地位，只不过必须以环境伦理的价值观对传统法价值观的缺陷予以补充和完善，也即人类利益中心主义和生态利益中心主义应当实现一定程度的融合、兼顾和协调。体现在环境正义方面，笔者以为环境公平正义应当包括对人的公平正义和对环境要素的公平正义。以 1991 年第一次全美有色人种环境峰会所提出的 17 条"环境正义原则"为例，总结发现其所谓的"环境公平正义"无外乎涵盖对人（人类）权益的维护和对环境要素的保护。值得一提的是，这里强调环境公平正义包含环境要素正义的一面，只意味着环境要素的保护和人权益的保护同等重要，并不意味着保护环境要素的具体措施和保护人权益的措施配置相同。比如，对人环境权益的保护通过设立相关的人身权、财产权或环境权等权利的方式实现，但对环境要素的保护却无法采用配置权利的相同方式实现；反之，不承认环境要素是权利的主体也并不意味着不对其进行保护。目前很多国家已经制定或正在制定的《动物福利法》就表明，动物福利的基本出发点是让动物在康乐的状态下生存，也就是为了使动物能够健康、快乐、舒适而采取的一系列的行为和给动物提供的相应的外部条件，并未见有哪个国家或地区制定动物权利法，通过权利配置给动物等自然体的方式实现对动物的保护。

综合以上所证，作为环境法的基本法律理念，环境正义是指人类对环境要素或其价值的平等适度的分配，包含人的正义和环境要素的正义两个方面。该概念所要彰显的是代内正义、代际正义和种际正义外延是一个有机整体，缺少了其中任何一部分都会存在理论上的瑕疵。环境正义要求人类要以一种理性自觉的心态实践自身的行为，这种理性自觉必须以一个递增的顺序展开，即从自觉走向自律，再逐步走向自由。[1]

2. 生态文明背景下公共利益保护理论的拓展

公共利益保护理论即政府管制的公共利益保护理论，经济学界普遍认同的传统观点是，政府管制是为了抑制市场的不完全性缺陷，以维护公众的利益，即在存在公共物品、外部性、自然垄断、不完全竞争、不确定性、信息不对称等市场失灵的

---

[1] 杨盛军、莫香："环境正义实现的主体维度"，载《吉首大学学报（社会科学版）》2009年第4期。

行业中，为了纠正市场失灵的缺陷，保护社会公众利益，由政府对这些行业中的微观经济主体行为进行直接干预，从而达到保护社会公众利益的目的。公共利益理论基本观念是法律应当反映公意益，具体到行政立法领域，官员被假设成了公共利益、公共秩序和行政效率而行使立法权的利他主义者。

公共利益抽象、不确定的特点使得人们很难给其下一个科学确切的定义。但通常认为，公共利益具有两大特点：客观性和社会共享性。所谓客观性是指公共利益时客观存在的，不以人的意志为转移的。社会共享性是指社会公益为相对普遍性或非特定性的社会成员所拥有的共同利益。公共利益理论的发展分成两个阶段，第一阶段重视的是生产者本身的利益，第二阶段则开始重视消费者的利益。第一阶段又称为反独占的农业社会运动，学者从研究美国的农夫，认为农夫被下游厂商剥削，下游厂商独占之下形成差别定价，而让独占厂商享有过度集中的经济力量，经济力量形成之后又继续在社会以及政治上造成影响力，而政治力量应该立法来阻止独占造成的垄断力。由于对于企业本身的不信任，所以希望立法来限制厂商的权利以及控制企业在市场上的活动。公共利益理论的发展分成两个阶段，第一阶段重视的是生产者本身的利益，第二阶段则开始重视消费者的利益。第一阶段又称为反独占的农业社会运动，学者从研究美国的农夫，认为农夫被下游厂商剥削，下游厂商独占之下形成差别定价，而让独占厂商享有过度集中的经济力量，经济力量形成之后又继续在社会以及政治上造成影响力，而政治力量应该立法来阻止独占造成的垄断力。由于对于企业本身的不信任，所以希望立法来限制厂商的权利以及控制企业在市场上的活动。

与上述公共利益保护理论发展过程中的生产者或消费者的

利益保护相似的是环境污染或破坏中的相关当事人利益的保护问题。随着环境问题的日益严重，温室效应、臭氧层破坏、土地沙化、森林植被的大面积破坏、核燃料和有毒有害废物的污染以及其它各种全球性危机正在引起人们的广泛关注，环境保护和可持续发展成为国际流行话语，世界各国都积极出台相应的对策，人类社会开始大力倡导生态环境保护，一系列的法律法规政策纷纷出台。无独有偶，立法者或政策的制定者在制定相关规范的时候，发现相对于环境污染的致害人而言，受害人及环境要素处于相对弱势或非常弱势的地位，侵权行为人多为经国家注册许可的具有特殊经济、科技、信息实力和法律地位的工商集团或企业集团，这些集团在规模上大型化，甚至巨型化，在工艺技术上高科技化，因而危险性显著增强，出现了核辐射、环境污染和生态破坏等严重侵权事件，致使现代社会权益侵害现象之重心发生转移，由传统个人之间的侵害转移到危险活动之损害。然而，作为侵权受害人则多为欠缺规避能力和抵抗能力的普通农民、渔民和市民。这一特点为环境污染案件政府干预提供了强有力的理论支撑。而且，随着环境问题的日益普遍性，环境保护也自然成为各个国家政府的一项常规工作。1972年的联合国人类环境会议以来，环境保护因其具有强烈的公益性，逐渐成了民主制国家的一项基本职能，并逐渐演变成法治国家中国家机关、国家机关与利益团体之间相互制衡的工具。[1]至此，环境保护成为公共利益保护理论的拓展的崭新对象。

环境保护之所以能够成为公共利益保护的对象或范围，有其深刻的原因。环境是人类共同的物质生存基础，保护环境首

---

[1] 常纪文、杨朝霞：《环境法的新发展》，中国社会科学出版社2008年版，第5页。

先是就是保护人类的生存权和发展权,所以环境保护是全社会的责任和义务,涉及每个人的切身利益。因此,从利益层面讲,环境负载着社会的公共利益,是公益的表现。"社会公共利益理论"认为,国家作为社会公共利益的天然代表,管理环境是其形式社会经济管理职能,维护公共利益的具体体现,是国家公共管理的重要组成部分。政府的任何活动或行为,都可以从公共利益的层面来寻求合理性与正当性的支撑。[1]国家对环境进行管理,从本质上来讲,就是为了在社会各主体之间以更公平的方式分配环境所体现的利益,以维护社会公平和正义。生态环境公共利益保护理论的出现,为环境保护的政府管制法律制度的生成提供了理论铺垫,为解决生态环境问题找寻到了可以依赖的有效路径。

二、法治在矿区治理中的地位

矿区是人类经济利益和环境利益高度耦合的区域,如何协调矿产资源开发的经济利益和人类生存的环境利益之间关系,走协调发展之路才是问题解决的进路。

(一) 法治是矿区环境治理的必然选择

法治是社会的产物,又是社会的规范。任何社会都离不开法治,资源的开发与环境协调发展更离不开法治保障,特别是法律制度。

自然生态环境的秉性决定了以其为基础建立的人类社会不可能自发形成经济与环境协调发展的良性状态。只有国家与政府主导,形成公众参与、市场规范的社会机制才能达成此最终的目标,这就决定了法律制度是协调发展的制度基础和保障。

---

[1] [美] 约翰·罗尔斯:《正义论》,何怀宏等译,中国社会科学出版社1988年版,第238页。

经济环境的协调发展需要体现生态规律、具有强制性、权威性、体现国家意志性的法律制度，而法律制度也只有不断体现生态规律，完善规范制度，适应生态文明社会建设的要求，形成协调型经济社会建设的制度空间，才能推进社会经济朝着可持续的方向发展。

生态安全实现有不同的路径选择，但是法律规则是各种模式的归一性选择也是首先的必备条件。主要发达国家发展促进环境保护的法治实践证明，良好的制度环境和完善的法律规范以及良好的法律实施是一国经济、社会、环境良性运行的必然选择。

（二）法治是矿区生态安全的根本保障

人类是在由社会制度所赋予的制约条件中活动的。人们的任何社会经济活动都离不开制度，什么事情能做，什么事情不能做，什么事情可以在什么范围内做以及做到什么程度等，实际上就是一个制度（即规则）问题。制度好像地心引力，无时无刻不在起作用，强烈地影响着人们的行为，人类离开它就无法存在与发展，社会离开它就会陷入无序和混乱。经济环境协调发展作为一种社会发展模式，必须以制度为其基本生存空间和运行保障。因而，制度就成为经济社会协调发展建设的先决条件。

然而在整个制度体系中，法律制度具有其它制度无法比拟的优越性。首先，法律制度是制度中最强硬的制度，具有强制性和国家意志性，可以有力保障法律规范的实施；其次，它往往是利益集团冲突的一种均衡选择，具有一定的公共选择性和权威性。依法形成的各种社会制度"能够达到有效地重新组织各种社会关系的效果……直接影响社会变迁的性质与速度"[1]。法律制度较其它制度除了有国家组织设立并保证实施，自上而

---

[1] [英] 罗杰·科特威尔：《法律社会学导论》，潘大松等译，华夏出版社1989年版，第65~66页。

下的制度传承，系统庞大的实施机制与能力等强制力属性外，还具有组合生产要素等社会资本的功能，能协调一国制度结构中强制性制度与诱致性制度的协同动作，因为"法律既是从整个社会的结构和习惯自下而上发展而来，又是从社会中的统治者们的政策和价值中自上而下移动。法律有助于对这两者的结合"[1]。从规范内容看，法律制度是规范个人行为和集体行为的同一性规则。个体追求利益最大化无疑对于任何企业都具有第一位的意义，也正是因为此，个人的牟利行为在大多数场合成为推动或拉动一个社会福利的源泉。然而，作为社会的组成部分，个人行为的实施首先要符合社会组织体的要求。一方面，社会组织体可以为个人行为提供空间和方向，确保个人行为符合社会发展需求；另一方面，社会组织体可以采取集体行动，消除一些外部成本，使个人利益和集体利益同时得到增加。因而，法律制度要在符合社会组织体发展要求的前提下推进个体成员的发展和进步。从构成条件看，法律制度是关于生态保护与恢复的规则。经济环境协调发展社会法律制度首先是一种规则。规则是制度的具体化，规则体现着制度的灵魂和精神。没有规则，社会要素无法结合也无法从事经济社会活动，制度所追求的目的也就不可能达到。经济环境协调发展法律制度是体现生态规律，注重实现生态保护与恢复的规则。法律的作用是通过对社会要素的重新组合来实现的。法律制度需要不断体现生态规律，完善相关规范制度，以适应生态文明社会建设的需要。所以，协调发展法律制度作用的发挥，不在于对它投入了多大的建设成本，而在于其规则的设计能否规制和诱导人们的行为朝着推动和促进环境保护与恢复的方向演进。从作用发挥

---

[1] [美] 戴维·L. 韦默：《制度设计》，费方域等译，上海财经大学出版社2004年版，第118页。

看，法律制度可以推进社会变革的进程。社会发展模式的变革必然伴随制度的变革和重新界定。作为过程，制度变革具有路径依赖的特性。也就是说，制度变革必然受到既存制度的某种惯性影响。因而，面对既有的社会发展路径，人类只有引入作为外生变量的强制性法律制度予以根本变革，重构一种新的制度体系，才能将社会导入符合社会发展规律的轨道。法律要推动人类社会可持续发展，就必须顺应人类社会制度变革的规律与规则，综合各种制度的优势，设计并安排出符合协调发展要求的保障制度是协调发展的基础和根本保障。

（三）法治化是矿区生态安全保障的终极目标

经济环境的协调发展必须具备完备和可操作的机制，完备和可操作的机制包括教育、管理、法律、行政、技术、宣传等方面。这些机制的性质可以是人治的，也可以是法治的。实践证明，法治是现代文明国家管理国家和社会事务最有效和最公平的措施。实践证明，法治是现代文明国家管理国家和社会事务最有效和最公平的措施，国家和国际层面上的环境保护工作都是如此。

1978年改革开放以来，我国在环境法治的各个环节：环境立法、环境执法环境司法环境守法环境参与和环境法律监督等都取得了巨大的成就，我国环境法治的架构已经基本形成。但是，我国环境法治在取得一定成就的同时，也存在一些问题，比如，目前我国的环境污染总体上仍在继续恶化，生态环境退化加剧，物种面临威胁，外来入侵物种危害严重，遗传资源保护和管理没有得到足够重视，西部地区生物多样性需要抢救性保护，野生动植物资源的生产、销售、加工等环节监督检疫不够等。这些问题如果得不到及时的解决，在不久的将来，中华民族将失去赖以生存和发展的物质和生态基础。

第五章　我国矿区生态安全法治的理论分析

环境保护的法治是一个多样化、多层次和不断发展的事业，其模式和过程可能会因国而异，因时期而异。但不论怎样变化，环境法治的两项特征不变，一是环境民主，二是通过权力、权利和利益的相互制衡实现环境保护的目的。[1]1972年的联合国人类环境会议以来，环境保护因其具有强烈的公益性，逐渐成了民主制国家的一项基本职能，并逐渐演变成法治国家中国家机关、国家机关与利益团体之间相互制衡的工具。

矿区是经济社会持续协调发展的基本物质基础，也是整个国家经济社会发展的重要生态保障。没有广大矿区的可持续发展，就没有全国的可持续发展。矿区的可持续发展需要深入贯彻中共中央建设生态文明的科学发展观，并举经济、社会和生态环境的协调发展。随着我国现代化进程的加快，矿区的环境问题特别是由于资源开发造成的矿区环境污染问题日益显现，并成为矿区生态法制建设的瓶颈。矿区生态法治建设瓶颈的解除，一方面需要借鉴中国的法治建设的实践。另一方面，需要结合自身特点及我国环境法治建设的不足，探索更为有益的途径。实践表明：中国长期的环境法治实践对于中国的保护环境，完善环境立法，促进我国环境执法、环境监察和环境纠纷解决的规范化，拓宽公众参与的渠道，进一步加强环境保护合作，建设环境友好型和资源节约型社会，促进社会的和谐，均起到了非常积极的作用。但这并不意味着我国的环境保护工作胜利在望，未来的挑战会越来越大。我们只有巩固已有的成果，不断探索新机制，并加强执法，中国的环境法治的可持续性时代才能真正地到来。

---

[1] 常纪文、杨朝霞：《环境法的新发展》，中国社会科学出版社2008年版，第4页。

三、矿区生态安全法治的逻辑基点

一般把资源分为两大类型，储存性或不可更新资源以及流动性或可更新资源。前者主要指所有的矿藏和土地，后者限定为在充分短暂的、与人类相关的时间内可自然更新者，如水、大气、动物和植物、太阳能、风能等。

农村远离现代工业文明，自身强大的环境承载能力使得农村成为秀美环境的天堂，原本的农村天蓝蓝，水清清。然而，随着工业化、城镇化步伐的加快和人民生活水平的提高，我国资源能源需求增长持续强劲，资源能源刚性需求导致很多城市的资源开发殆尽以后，资源开发的主战场便转移到了广大偏远的农村。我国目前农村的资源开发主要是对储存性资源的开发，而部分地区农村的生态环境不容乐观甚至是恶化集中变现为储存性资源开发对流动性能源或环境要素：水、大气、动物和植物等的污染或破坏。

（一）矿区资源开发环境保护制度的无序构建与无效运行

梳理我国的矿区资源开发环境保护现行制度，可以总结为制度构建的无序和制度运行的无效。所谓制度构建的无序主要体现为矿区资源开发环境保护制度的数量稀少散乱，而且对其重视程度远远低于资源开发带来的经济效益。我国专门针对矿区生态文明建设的法规政策并不多见，主要有《矿产资源法》（2009年修正）、《矿产资源法实施细则》（1994年实施）、《煤炭法》（2011年修正）、《非煤矿矿山企业安全生产许可证实施办法》（2009年实施）、《矿山地质环境保护规定》（2009年实施）、《最高人民法院、最高人民检察院关于办理危害矿山生产安全刑事案件具体应用法律若干问题的解释》（2007年实施）等。从万方数字化期刊全文数据库和硕士、博士论文数据库及当当网上书店的检索结果看,专门研究矿区生态安全的论著总体数量也不多。而且,当资源开发的经济效益和环境保护相冲突的时候,无论是当地政府或地方民众都倾向于选择经济效益而牺牲环境保护。所谓制度运行的无效,是指现行有限的矿区生态环境保护制度在矿区实施的不理想或低效率状态。以环境影响评价制度为例,很多资源开发企业都是在开工建设甚至是投产以后,采用补办的方式获得的环境影响评价通过的。

我国在资源开发基础上形成的城市走过的"先污染后治理、牺牲环境换取经济增长"环保老路,已被历史所诟病,在农村资源开发过程中本应推陈出新,独辟蹊径,探索走环境与经济融合的环保新道路。但遗憾的是,一起又一起由于资源开发导致的恶性环境污染或破坏事件频频在农村发生:福建紫金矿业的屡次事故、福建屏南县的"癌症村"、陕西凤翔儿童血铅超标事件……引起了立法者和学者们对我国资源开发和矿区生态环境建设协调发展的关注,并开始积极探究资源开发过程中矿区生态文明建设的若干法治保障机制。

(二)保障制度有序构建并有效运行是制度理性研究的价值

制度建设理论先行,目前我国矿区环境形势十分严峻,如何通过系统的基础理论研究,为具体制度构建提供确实有效的参考依据,是环境法学研究者的当务之急。

查询《现代汉语词典》,"理"的基础意义为"物质组织的条纹或纹理,或指道理或事理",强调尊重自然或物质的自身规律。理性,是指通过论点、具有说服力的论据及符合逻辑的推理获得结论,意见和行动的理由。而制度理性,通常作为制度设计研究的前置研究范畴,从制度经济学的角度来讲,是指制度最优化安排的实现方式或路径依赖,沿此方式或路径铺设或架构制度,会实现诸制度独立良性运作、相互兼容衔接。就生态文明建设而言,为达此目的,制度理性的生成必须建立在充分尊重生态规律、总结环境治理经验和衡平各利益主体关系的基础上,唯有如此,矿区环境保护制度才能有序构建并有效运行。

(三)影响制度理性三对因子的关系梳理

1. 末端治理与风险预防

末端治理是世界各国早期应对环境问题时的做法。末端治理注重环境污染的事后补救性,简单地认为被污染物污染后的环境通过科学技术的介入就完全可以恢复。不可否认,以污染物达标排放后的管理和控制为核心的末端治理,曾经对污染物的消除和生态环境的恢复发挥了重要作用。然而,由于环境问题的潜伏性、缓发性、流动性、复合性等时空异变特点,末端治理的实践最终也表明该种方法对于环境问题治理的不科学性、不经济性和无能为力性,末端治理的替代或更迭在所难免。

德国学者贝克在其《世界风险社会》中指出,当今世界风险无处不在,人类正生活在文明的火山上。[1]环境风险当属其中之一,人类有责任自己管理这种风险的。[2]由于上述事后的末端治理对环境污染的诸多缺陷,而且"防患于未然"更符合经济学中成本与效益的要求,世界范围内一种新的理论——风险预防——便应运而生。风险预防是指如果预见到某种活动存在对环境有损害的可能性,最好在该可能性变成不容置疑的现实之前采取行动,阻断损害后果的出现。风险预防是以科学的不确定为前提的,是针对环境恶化结果发生的滞后性和不可逆

---

[1] [德]乌尔里希·贝克:《世界风险社会》,吴英姿、孙淑敏译,南京大学出版社2004年版,第2页。

[2] S. Boutillon, "The Precautionary Principle: Development of an International Standard", 23 Mich. J. Int'l L. 42, Winter, 2002, p.14.

转性的特点提出来的。1987年的《蒙特利尔议定书》首次规定了该原则。该原则的基本精神在于,当遇到有严重或不可逆转的危险时,不得以缺乏科学上的证据为由,推迟或拒绝采取保护环境的行动。《里约环境与发展宣言》也规定,为了保护生态环境,各个国家应根据其能力积极推行风险预防的方法。在有严重或不可挽回的损害危害的威胁时,缺乏充分的科学确定性不应被用来作为迟延采取防止环境恶化的有效措施的理由。[1] 该规定构成了标准的风险预防原则的国际定义。[2]

2. 市场激励与政府管制

采用市场激励手段应对环境污染问题是世界各国的惯常和广泛做法。我国在《中国21世纪议程》中也明确要求"将环境成本纳入各项经济分析和决策过程,改变过去无偿使用环境并将环境成本转嫁给社会的做法";并"有效地利用经济手段和其他面向市场的方法来促进可持续发展"。与行政管制相比,市场激励对当事人的行为调节不是依赖行政命令与制裁,而主要是通过对其收益的影响引导其进入法律调整预期的行为模式,当事人通常因对其自身利益的关注自觉接受法律的调整,整个法律机制的运行不是对抗的过程,而是基于资源而作出的合作选择。[3]

然而,自然资源与环境一向被视为公共财产,具有公共物品的性质,市场调节极易出现"哈丁的合成谬误"——"共有地悲剧",从而使"每一个牧民破了产"。同时,环境问题具有

---

[1] D. In D. freestone, E. Hey, "the Precautionary Principle and International Law-the Challenge of Implementation", *Kluwer International Law*, 1996, p.5.

[2] J. Moms, *Rethinking Risk and the Precautionary Principle*, Butterworth-Heinemann, 2000, p.39.

[3] 鄢斌:《社会变迁中的环境法》,华中科技大学出版社2008年版,第231页。

典型的外部不经济性特点,其边际私人净产值与边际社会净产值相背离,即污染的存在使厂商获利,却给社会带来不利影响,由此而形成"边际社会成本"。这种背离或差异难以在市场上通过自行调节而消除,原因在于这一差额或成本与形成污染的产品的生产者或消费者并没有直接的关系。所以,就有学者认为,与过去工业文明时代政府的辅助角色不同的是,在当今生态文明背景下,政府的领导、指导与引导者的角色将更为突出和重要。[1]根本的原因在于,环境污染所引起的损害行为是与人们利用环境、开发资源、改进技术、提高生产力以推进人类社会经济发展和社会进步相伴而生的,是在发展经济的同时,给人类环境和生态造成的可控或不可控、可避免或不可避免的负面影响。因而,从某种程度上讲环境污染所引起的损害行为也是人类社会持续发展的必然产物,其原因行为具有社会妥当性。在这种社会妥当性的托词下,人们肆无忌惮地高消费、高排放、高污染来满足自己的欲望和富足,从而导致环境恶化。作为国家社会的集权者、引领者,政府应该积极正确的调控和引导。

3. 国家治理和民众互助

治理是现代国家管理理念更新的产物,与统治的含义交叉,通常是国家及其公共管理部门管理公共事务的行为,更强调工具的多样性、方式的柔和性和结果的成效性。与经济、社会发展一样,环境保护也是政府治理的重要事务之一。而且,实践证明政府治理对环境维护是不可或缺并富有成效的。然而,与别的国家环境保护的民间推动不同,我国的环境保护是在政府的治理或推动下进行的。政府兼有环境保护与经济、社会发展的多重任务,而且在一定程度上,政府也是一个经济人。因此,

---

[1] [英]安东尼·吉登斯:《气候变化的政治》,曹荣湘译,社会科学文献出版社2009年版,第5页。

如若立法没有非常明确的生态环境优先保护要求时,政府通常选择把经济利益和经济增长指数置为优先事项,先行考虑和保障。在很多政府部门看来,与经济发展相比生态环境保护总是次要的,或者说是从属性的,环境利益常常沦为经济发展的牺牲对象。在实践中,每届政府任期的短期性与环境保护效果显现的远期性之间的矛盾,常常会影响处于一定任期限制的政府的各项举措:如果政府出于追求短期利益考虑,可能不顾及生态环境的可持续保护。而且,由于自然环境的负载总量难以估量,政府制定的排污标准常常不切实际,会使政府治理出现迟延甚至谬误,影响政府环境利益维护能力的发挥。因此,上述原因的存在,使得政府在环境治理的过程中,是否能够成为生态利益的坚定捍卫者,是否能够忠实维护环境利益,存有疑问。

现代法治和现代民主是相辅相成的:现代法治需要以现代民主为基础,而现代民主更强调公众的参与,包括参与国家的立法、执法、司法以及法律监督等诸多领域,最终达到现代法治的目的,即以公民权利抗衡政府权力。[1]由于环境问题本身具有广泛性和解决的艰难性,决定了仅仅依靠政府单一行政命令手段,是无法完成生态文明建设目标的,必须完成从单兵应对到联合作战的转变。即必须依靠政府治理和广大民众(包括污染企业和普通民众)的互助,基于这种考虑,在政府治理之外引入非权力行政方式,建立政府、资源开发企业和矿区居民三者的协调疏导机制,实现环境治理主体的多元化,以降低执法成本并提升执法效果,加强社会监督,从而提高环保效益。正如国家环境保护部副部长潘岳所讲,公众参与是解决中国环境问题的重要途径,公众参与环境保护的程度,直接体现了一

---

[1] 常继文、杨朝霞:《环境法的新发展》,中国社会科学出版社 2008 年版,第410页。

个国家可持续发展的水平。

（四）矿区生态安全制度理性的应然选择

1. 以风险预防为统领

矿区生态安全法治应以风险预防为首要原则。从国际环境条约和国外立法的成功经验来看，规定风险预防原则，对于预防今后可能发生的重大环境损害，促进经济社会的可持续发展具有重要意义。只有把风险预防原则上升为基本准则，才能使其发挥协调环境立法、指导环境司法和环境执法的作用，才能使我国的环境法律体系全面构筑起一道道预防重大环境风险的制度防线。[1]但遗憾的是，我国国内法中尚未确立风险预防的基本原则。如作为我国环境基本法的1989年《环境保护法》仅规定了适用于环境损害的"预防为主、防治结合"的原则，没有规定和体现风险预防原则。其他与农村资源开发和环境保护有关的法律政策，如《矿产资源法》《关于加强农村环境保护工作的意见》也尚未把风险预防上升为基本原则。

应保障风险预防原则的真正落实。风险预防原则需要与具体的法律机制和法律制度相配合。目前，我国环境法律法规中清洁生产、许可证、标签和风险活动实施者严格责任等制度是风险预防原则的具体体现，但现有制度体系还需要在深度和广度上进一步的完善和拓展。在现有制度的完善方面，笔者建议针对农村资源开发的特殊性，应改清洁生产为强制推行制度、增加监测法律责任的规定、完善环境影响评价制度和三同时制度等。在新制度的拓展方面，建议建立资源开发的环境风险评价制度，制定资源开发规划、建立环境风险预防保证金制度等。

---

[1] 张志勋、郑小波："论风险预防原则在我国环境法中的适用及完善"，载《江西社会科学》2010年第10期。

风险预防原则预防损害的范围应是生态环境,而非单一的一个或几个环境要素。因此,在资源开发过程中充分体现对相关环境要素如农地、林地、水环境等的整体保护。如在决定通过规划许可将农业用地用于矿产开发和其他影响农业的用途时,一定要充分考虑相关的农业的价值、环境影响、高标准复垦的可行性等方面的问题,加强地表水和地下水的保护,保证资源开发引起的水资源变化不会造成不可承受的水环境变化。

应严厉资源开发过程中违反风险预防原则的行为惩治力度。资源开发对矿区生态环境造成的污染破坏一旦形成,通过事后的救治损害后果通常是难以逆转的,因此,无论从立法原则还是具体制度的构建,风险预防的贯彻都是必不可少的。问题的关键是,如何提高风险预防原则贯彻实施的成效,使其真正起到防患于未然的作用。可采取的途径之一便是,大大提高未来可能事故责任人的行为惩治力度,以便引起对该原则及其相关制度的重视并积极遵守。行为惩治力度强化的具体方式多样,如增加环境刑事责任的行为比例,提高环境行政处罚的力度,建立污染企业的黑名单制度等。

2. 以政府管制和市场激励为两翼

从制度性的原因分析,环境污染产生的原因可归结为双重失灵,即政府失灵和市场失灵。而污染问题解决的最终途径又不得不依赖政府和市场,因此,如何协调和定位政府和市场两者的关系,避免双重失灵,是有效解决环境问题的关键。

通过对政府和市场在社会发展中的彼此关系的梳理发现,市场和政府的关系不是冲突对立和非此即彼的关系,而是彼此间的协调统一和功能互补的关系,是理论的依次更替,不是否定性的替代,而是包容性的共进漂移。[1]基于这种市场和政府

---

[1] 杨冠琼:《政府管理体系创新》,经济管理出版社2010年版,第7页。

的非排斥性的互补、互助关系,在矿区环境问题的法律规制上,即不能完全脱离市场,也不能不要政府控制,而应是政府和市场的有机结合和互助,共同成为农村资源开发法律规制设定的两翼。

政府管制与市场激励的互助,建立在政府管制制度与市场激励制度分别相对的完善的基础上。在矿区生态文明建设过程中,在政府管制领域需要完善农村基层环境行政监管体制、基层政府生态环境责任指标考核机制、部分企业的强制清洁生产和循环经济制度等,同时加强基层农村的环境行政执法能力培育。在市场激励领域需要完善农村资源开发生态补偿制度、资源开发区域农民生活补贴制度、资源开发企业清洁生产激励机制和衰退产业的援助与退出机制、与资源开发有关的环境税费制度及公众参与的激励机制等。

在现代社会,对政府管制与市场激励的互助提出了更高的要求。在政府管制方面,要求环境行政机关积极转变政府职能,变"消极管理型政府"为"积极服务型政府",与此相适应,就法律制度的运行机制而言,如建议引入政府、资源开发企业和农民三者的协调疏导机制,[1]即在权力行政方式之外,强调非权力行政方式和经济激励行政方式,这种转变,就使得环境行政权力的运用既有强制的硬性干预,也有激励的软性指引,既有行政权威的运用,也有市场作用的发挥。在市场激励方面,应当充分以市场为导向,彰显市场机制的功能,引入促进性规则,培育环境资源要素市场,促进以环境产业为载体的环境资源的市场化运作,提高环境行政效率。同时,由于不同的激励手段也存在不足,如补贴导致社会资源配置的低效,可交易的

---

[1] Salter J R, "Corporate environmental responsibility: Law and Practice", *Butterworth*, 1992, p.105.

污染许可证市场脆弱，通过税收对环境物品定价的次优性等，因此，应根据不同的境况与背景，科学合理地运用不同的激励手段，才能科学地衡平不同利益主体的利益需求，最大程度上发挥激励手段的效用和功能。

3. 以政府管理和市场激励下的民众互助为推手

资源开发过程中，仅依靠资源开发致害人单线防止，政府单一行政命令手段，是无法完成生态文明建设目标的，必须完成从单兵应对到联合作战的转变。基于这种考虑，必须借助民众互助的方式实现环境治理主体的多元化。政府并非环境治理的唯一合适的主体，因此就环境治理的主体构成而言，除了政府作为环境公益的重要维护者之外，作为市民社会的重要组成部分的非政府组织、环保企业、民间团体、公民个人等都可以作为环境治理的主体。因为，在现代社会中，国民（包括社会团体）乃社会消费大众，对自然或文化环境破坏及其对公害之产生、直接间接不无关系，故国民对环境保全之遵守及努力之意愿，可谓最普遍、最广大之第一防线。

然而，中国现阶段中国矿区的民众处于弱势群体的地位。外在原因有二。一是立法方面，目前矿区大多在农村，立法对有别于城市的农村环境问题缺乏必要的关注，对有别于城市市民的农民环境权益缺乏必要的关怀。二是政府管制方面，政府对农村环境问题缺乏应有的重视，相对于城市而言，农村环境管制主体缺位，相关的环境基础设施和环境管理人员投入配备不足。内在原因主要是矿区居民自身原因的影响。农民知识相对缺乏，它们的利益需求和意志在立法和政策的制定过程中未能得到很好的表达；矿区居民对资源开发引发的环境污染认识不足，更多地关注企业的资源开发行为对其经济收入和就业的影响,忽略开发行为对其居住区生态环境的影响。[1]这几个方面原因的存在,再加之矿区居民的相对经济弱势,导致了矿区居民在我国一般处于环境弱势地位。

矿区民众由弱势走向强势是实现环境治理主体的多元化的关键。但难点是如何通过制度创新使资源开发企业主动地治理环境,在消除农民知识、信息、依赖弱性基础上使其广泛地参与环境治理。笔者以为,先行的政府引导及市场激励是解决这一问题的关键。政府的引导包括政府对严重污染者的惩治、对农民环境权益损害的保障、对环境保护重要性的宣传等,政府的引导可以消除农村民众对破坏环境污染行为举报或诉讼的担忧,逐步培育矿区居民的生态环境保护责任感。市场激励的手段多样化,比如设置举报污染行为的奖励基金、清洁生产或达标排放的奖励办法等,通过合理的激励手段的设置,不仅可以辅助政府行政部分提高政府环境行政的效率,而且还可以引导资源开发企业主动减少污染,极大提高农村民众对环境污染主动监督。值得一提的是,由于现阶段我国农村民众的环境弱势地位难以在短时间改善,因此民众互助作用的发挥需要前置的完善的政府引导及市场激励制度的给予,唯有如此,才能逐步培育民众参与环境管理的惯性,进而形成民众互助的自觉氛围。

在我国,无数次惨痛的集体污染事故表明:矿区才是环境污染事故的重灾区,矿区生态环境是不安全的。梳理我国矿区资源开发环境保护现行制度,制度构建的无序性和制度运行的无效性显而易见。制度理性研究的价值恰在于为制度有序构建并有效运行提供先行理论铺垫。通过对末端治理与风险预防、市场激励与政府管制、国家治理和民众互助三对关系分立抑或

---

[1] 李挚萍、陈春生:《农村环境管制与农民环境权保护》,北京大学出版社2009年版,第5~10页。

契合的充分剖析，提出以风险预防为统领、以政府管制和市场激励为两翼、以政府管理和市场激励下的民众互助为推手的"一纵三横"制度架构理性体系网。"一纵"即风险预防应始终贯穿于政府管制、市场激励、民众互助的"三横"制度设计，同时必须注意到在当下农村，民众互助的自觉性是先天不足的，需要强有力的政府引导和市场激励方能实现，因此，"三横"又是有层次性的。

四、矿区生态安全的法治选择

（一）法治理念的确立

通常认为，法治理念是一个与立法目的相关联的概念，是指环境立法思想或观念的出发点，是确立环境立法指导思想和基本原则的理论基础。与基本理念相比，立法目的比较直接和具体，一般会在环境立法中明确规定；立法理念则较为间接和抽象，有时可能在立法上与目的性规范相重合，有时则隐含地表现在法的基本原则之中。有关环境法治理念的基本表述，常见为：促进人类与环境和谐、努力提倡防止或者减少对环境与自然生命物的伤害、增进国民健康和福祉、提升环境品质、构建减少环境负荷的可持续发展的社会等。而学者通常又将这些基本理念的规定，按照学科来源分为环境伦理理念、环境经济理念和环境权利理念三大类。资源开发与农村环境协调发展的法治理念与此雷同。

1. 资源开发与农村环境协调发展的环境伦理理念

环境伦理的提倡从西方到中国，从古到今生生不息。我国古代有天人相应、天人合一、天人和谐、万物含生等生态科学思想，西方社会有敬畏生命、土地伦理等观念。

从 20 世纪 70 年代开始，环境伦理观念逐渐渗透到法律领域,对现代法律理论和实践产生了巨大的影响。以人类利益为中心的基本伦理观在西方社会延续了好几个世纪,其认为法的伦理学主体只有人,认为地球上的人类才是自然万物的中心,世界上的一切都是围绕人类而存在的。因此在传统法的理论和实践上,法律权利和义务的主体只包括人(自然人),即使是公司、企业,也仅仅被视为法律上"拟制"的人(如法人)。在人类利益与生态利益尚未产生矛盾冲突的时期,基于人类中心主义的合理性内涵,传统法对价值的定位来源于人类自身利益的判断。将环境中对人类具有经济价值的自然要素称为"自然资源"就是一个明显的例证。到20世纪后期,层出不穷的环境问题及其导致的人类社会的困境和危机促使人类对自己的行为模式以及生产、生活和消费方式产生怀疑。在人类对自然物的外在价值及内在价值的认识上,传统的以人类利益为中心的思想开始发生转变,即哲学伦理学界开始了对"人类利益中心主义"的反思和对"生态利益中心主义"理念的探讨。[1]在"生态利益中心主义"看来,"人类利益中心主义"是一种狭隘、自私的观念,尽管这种观念在过去几个世纪对人类的发展壮大起了积极的推动作用,但是随着地球上人口的不断增多,人类将不可避免地与自然进行争斗,最终人类可能会走上灭亡的不归路。

这种转变也影响到现代法律,它突出表现在西方国家环境保护的立法方面,具体而言就是对有关环境立法不和目的性的反思和对自然权利理论的讨论及其社会实践的开展方面。目前,法理学还未全面接受环境伦理理念的基本观念,但对自然的非人类利用价值已经予以了肯定。就环境法的基本理念而言,在"人类利益中心主义"和"生态利益中心主义"两者法律观的

---

[1] 汪劲:《环境法学》,北京大学出版社2006年版,136页。

关系方面,人类利益仍然应当在现行法律理念中占统治地位,但是必须运用环境伦理的价值观对传统法价值观进行补充和完善。此种关系在环境立法理念方面,集中表现为在很多国家的环境立法当中确认了诸如促进人类与环境和谐、提倡防止或者减少对环境与自然生命物的伤害、保持健全丰富的环境恩惠等基本法治理念。

2. 资源开发与环境协调发展的环境经济理念

经济与法的关系,是法学的重要范畴之一,因为用经济学的理论和方法可以解决法律领域中的许多问题,在这一点上与社会、经济发展休戚相关的环境立法也不例外。就资源开发与农村环境协调发展的法治建设而言,环境经济理念的影响主要表现在三个方面:一是从理论上对现行法律制度进行实证分析并指出制度的内在缺陷和改革方向;二是从方法上通过立法直接将环境经济学研究成果运用于法律规范的确立之中;三是将可持续发展作为经济与环境协调发展的重要立法目标。很多国家的环境立法当中确认了可持续发展是环境立法的基本理念,资源开发与农村生态环境协调发展的法治理念理应包含可持续发展。

可持续发展是20世纪80年代产生的一个新概念,1987年世界环境与发展委员会在《我们共同的未来》的报告中第一次阐述了可持续发展的概念,得到了国际社会的广泛认可。可持续发展是指既能满足当代人的需要,又不对后代人满足其需要的能力构成危害的发展。换句话说,就是指经济、社会、资源和环境保护协调发展,它们是一个密不可分的系统,既要达到发展经济的目的,又要保护好人类赖以生存的大气、淡水、海洋、土地和森林等自然资源和环境,使子孙后代能够永续发展和安居乐业。可持续发展的核心是发展,但要求在严格控制人口、提高人口素质和保护环境、资源永续利用的前提下进行经济和社会的发展。可持续发展是一个涉及经济、社会、文化、技术及自然环境的综合概念,是一种立足于环境和自然资源提出的关于人类长期发展的战略和模式。可见,可持续发展的基本价值理念体现在两方面,一方面,可持续发展是一种既满足当代人的需要又要满足后代人需要的发展状态,是一种长久、稳定的发展,是从纵向的历史进程对发展提出的要求。另一方面,可持续发展要求环境保护和经济、社会发展必须相互协调,是一种既能满足经济社会的需要又能满足环境保护需要的发展,是一种多头并行的发展,是从横向关系上对环境保护和经济、社会发展提出的要求。实质上,可持续发展就是"对环境无害或少害的发展",是环境保护与经济、社会的协调发展,是保护人与自然之间和谐、平衡的稳定发展。[1]与此相适应,资源开发与农村生态环境协调发展的价值追求也正是实现经济、社会、环境等社会发展要素的横向和纵向持续、永续发展,保证经济、社会发展在对环境无害或少害的状态下进行。

3. 资源开发与环境协调发展的环境权利理念

不同历史时期国家的重心不同,并且在是否存在环境权益方面各国看法不一致,而且在对环境采取的法律保护措施方面各国的做法也不一样。早期的国家,环境问题被当作民法上的相邻关系或法律中的不法行为来处理。经济自由发展时期,出现了早期的环境污染控制法,其救济的法益主要包括财产权和人身权。20世纪60年代起,经济增长促进了各类经济计划及资源的综合开发计划的产生。这一时期出现了产业发展污染环境的情况,各国相继制定了对环境污染予以控制的法律,这些法律保护的是国民的健康和生活环境。由此可见,随着国家经济

---

〔1〕 蔡守秋:《环境资源法学教程》,武汉大学出版社2000年版,第386页。

第五章　我国矿区生态安全法治的理论分析

和社会的发展，各国通过立法所保护的法益范围也在不断扩大。

在产业政策时期，有人提倡将环境权作为一种受宪法保护的权利，在日本还出现了将环境权作为私权的观点，并且有公民运用此种私权于政府相对抗，但是未能在判决中得到认可。1972年的《人类环境会议宣言》将环境权作为自然人的基本人权，1992年的《里约宣言》将环境权定性为兼具自益权和人类共益权的双重属性的权利。美国1980年前后开始提倡"自然的权利"，并展开了以自然物为共同原告的诉讼。在经济全球化的进程中，环境也在迅速恶化，环境保护成为全球关注的重点。1992年的地球高峰会议等国际会议上制定了环境条约、联合国宣言以及其他软法，确立了"可持续发展""世代间公平""共同但有差别的责任"等原则。在这种背景下，很多国家和地区也相继修改和制定了环境基本法。欧洲国家现已达成了环境立法的共识，以保护生态系统、人类健康及生活环境为目的。[1]日本学者山村恒年认为，这时环境法的理念已经出现了将人类利益、将来世代利益一并予以考虑的趋势，而不仅仅考虑国家利益。再进一步发展的话，其目的或许还会扩大到保护自然生态系统。[2]山村恒年在总结各国环境法所保护的法益的基础上提出，环境法所保护的法益目前正在如下几个方面扩大：第一是个人利益，第二是地方利益，第三是国家利益，第四是人类利益，第五是地球利益。他认为，从传统法律所保护的利益来看，人类利益是环境行政保护法益，自从伦理哲学、环境伦理学研究提出了将地球作为整体予以保护的理念，1992年里约

---

[1] [日]山村恒年："现代环境法的法理学"，载日本法哲学会编：《1995年法哲学年报》（日文版），日本有斐阁1996年版，第35页。

[2] [日]山村恒年："现代环境法的法理学"，载日本法哲学会编：《1995年法哲学年报》（日文版），日本有斐阁1996年版，第35页。

NGO"地球研讨会"提出的《地球宪章》已采纳了该理念。[1]

4. 树立矿区生态环境整体治理的理念

理念是一种观念,是人们对事物表象或客观事物内在规律的高度理性概括。十八大报告提出了"五位一体"的治国方略,把生态文明建设放在突出地位,并且要求在经济建设、政治建设、文化建设、社会建设各方面考虑并尊重生态规律。生态文明作为我国治国方略的基本表征,其实质是要求尊重人类之外的生命个体,坚持人与生态系统的一体化、整体协同发展。矿区生态安全应当遵循系统论和整体控制论的哲学和方法论,其体现着一体化、整体治理的内在逻辑。

整体性环境治理理念来源于生态学,是生态系基本规律的延展。生态系统指自然界由生物群体和一定的空间环境共同组成的具有一定结构和功能的综合体系。人类是生态系统的一部分,正如美国生态协会主席华尔特·泰勒(W. P. Taylor)所说,生态系统是由动物和植物组成的、密切联系相互合作的联邦。在一个正常的生态系统中,它的结构和功能包括生物种类的组成、各种种群的比例以及不断进行的物质循环和能量流动都处于相对稳定的状态,即所谓的生态平衡。生态平衡的第一规律是多效应原理,我们的任何行动都不是孤立的,对自然界的任何侵犯都具有无数效应,其中的许多效应都是不可逆的。第二规律是相互联系规律:每一种事物无不与其他事物相互联系和交融。生态学的基本规律可以衍生出生态系统的整体性原则,正如习主席所说的山、水、林、田、湖是生命共同体:人的命脉在田、田的命脉在水、水的命脉在山、山的命脉在土、土的命脉在树,这是生态整体性的恰当诠释。美国气象学家爱德华·罗伦兹

---

[1] 该宪章在原则一中作出了如下规定:"为了保护地球生物和文化的多样性,一致同意要尊重、促进、保护和修复地球生态系统。"

(Edward N. Lorentz) 1963年提出了著名的蝴蝶效应:"一只南美洲亚马孙河流域热带雨林中的蝴蝶,偶尔扇动几下翅膀,可以在两周以后引起美国德克萨斯州的一场龙卷风。"这也表达了相同的意义。

中国矿区环境治理必须符合生态文明建设对环境治理的整体性基本要求。我国矿区环境治理的理念是维护生态系统的整体性,尊重人类之外生命个体的生态价值并保障生态系统的良性循环。生态理性及生态系统的整体理论告诉我们,包括人在内的整个生物圈是个复杂的系统,系统内部的非人组成要素既是独立的、兼具经济与生态价值的公共资源,又是不可分割的、需要发挥各组成要素的合力才能发挥生态系统功能的整体。任何单位和个人开发利用环境的行为都将影响生态要素的生存空间与序列、影响资源要素生态功能的持续发挥,甚至影响未来人类对环境的利用和依赖。这就要求我国矿区环境治理秉承整体主义的治理观念,重视各非人生命体的生态理性,坚持包括人在内的整个生态系统协调可持续发展的基本观点;同时也要求我国矿区环境治理应当在充分尊重生态伦理,充分体现生态文明价值诉求的基础之上,对现行的环境法律体系,比如宪法、环境刑法、环境民法、环境保护基本法和单行法等进行生态化的变革,其中最重要的是将生态文明及生态系统整体发展的理念纳入法治改革,形成良法与良好设施有效运行的生态法治秩序。打破传统"头疼治头、脚痛医脚"的环境治理模式,通过制定指引性的整体战略,将生态理性纳入法律体系。资源利用及开发行为必须受到生态系统整体主义理论和公平正义价值观的约束或限制,用生态系统的整体法律观拓展并改造我国的环境法律体系,建立符合生态文明整体主义要求的法律体系。我国的环境治理应当充分考虑生态理性与经济理性之间的关系,运用生态理性纠偏经济理性的合理限度，并通过立法协调两者之间的关系，进而对现行法律系统进行系统的生态性改造，达成协调可持续发展的目标。

因此，在生态文明建设的背景下，我国未来矿区环境治理的立法应当充分考虑生态系统的基本规律及生态系统的承载能力，确立生态理性及整体保护的理念，合理配置地方立法资源并且完善相应的环境保护法律制度。也就是说在生态文明下，地方环境治理也必须尊重生态规律，地方性法律规范的制定、执行都应当坚持人与自然和谐共处的客观要求，贯彻整体治理的理念。同时，从长远来说应当将生态理性及整体保护的理念融入我国的法治文化建设。文化属于意识形态的范畴，文化的形成是一个由外而内逐步内化的过程，不仅需要实践沉淀，更需要时间考验。科学、持续、长效地推进生态理性和整体保护治理理念，必将使其成为我国法治文化的核心内容。

（二）法治价值的选择

在不可持续观念的影响和支配下，传统的资源开发形成了以人尤其以当代人利益为重的价值观念。在经济与环境协调发展观念已渗入社会各个方面，以及自然等非人生命体的内在价值备受关注的今天，在选择资源开发与农村生态环境协调发展法制价值的时候，应在考虑到自然体等非生命体价值的基础上，对传统法治价值的内涵进行适当调整，这种调整包括对原有价值在横向上的延伸和新的价值在纵向上的扩展。

1. 传统价值的检视及重整

第一，对公平价值的检视及延展。在经济与环境协调发展观念的影响下，我们除了应关注代内人与人之间的平等外，还应把目光投向更加深远的未来和更宽广的自然界，更多地关注当代人与后代人、人与自然界之间的公平问题。当代人与后代人之间的公平,即代际公平。代际公平理论认为,人类各代都要在地球上生存和发展,对地球上所有自然资源拥有均等的享有权。前代人的发展不能靠牺牲后代人的利益来维持。代际公平是协调发展的根本所在,它要求人们必须转变价值观念,形成对自然界新的责任感和道德观,同时保护生物物种的多样性,维持生态系统的完整性,为后代人谋福利,并形成与后代人休戚与共的意识。在关注代际公平的同时,我们不应当漠视人类与生物界、自然界之间的公平。传统的非持续发展模式造成了严重的环境污染和生态破坏,究其深层次的原因,就是把人与生物界、自然界看成了两种不平等的存在。

第二,对自由价值的检视及矫正。法学所指的自由应当是在社会生活中的自由,包括社会政治生活、经济生活和文化生活中可以按照自己的意志进行活动的一种状态。自由是相对的,世界上不存在绝对的自由,资本主义自由经济时期,为了实现等价交换原则指导下的自由买卖、自由竞争、自由贸易、自由经营的目的而设置的社会制度保障、鼓励甚至是放纵私人自由、无限制地从事各类创造财富的活动。这些活动大多是以疯狂掠夺资源和严重破坏环境为代价来获取其高额利润的。在我国资源开发过程中,作为法治价值取向之一的自由,应当是资源开发的相对自由,是能够保障人类永续存在、持续发展的自由。为了限制资源开发的绝对自由,改善目前我国环境污染严重的局面,学者与立法机关应当不懈努力,通过各种方式和渠道对高污染、高投入的资源开发模式进行规制。

第三,对秩序价值的检视及扩展。秩序是法的基本价值之一,它的存在是一切活动的必要前提。秩序的观念寻求的是一种宏观的顺畅和有序性,要求法律调整的对象规整划一。良好秩序的形成有赖于法的指引与规范。秩序有自然秩序与社会秩序之分，两者同等重要，不可偏废。农村资源开发与生态环境协调发展的秩序价值观要求把秩序的范围由人与人之间的有序性扩展至人与自然合作之间的有序性；要求人类关注自然的有序性，并尽人类之所能，保护和恢复自然界的有序性；要求人类在促进整个生物圈的稳定与繁荣的基础上改造和利用自然，在尊重和维护自然的前提下谋求人类的幸福和安宁。秩序价值内容的充实和更新，在国内立法和国际文件中被确认，如许多国家的环境法律和国际环境法律已经明确规定应当同时保护人与环境、社会秩序和自然秩序。

2. 和谐价值的添加及影响

和谐作为法治的价值，具备了法的价值所要求的要素，具有其他价值所不具备的内涵，因而它与法的其他价值相互补充、相互印证，共同构成了法律规则和法治社会的目标。首先，秩序的观念要求一种宏观的顺畅和有序性，要求法律调整的对象规整划一，但这只是表面现象而非实质要求；和谐价值是一种团结的、积极的状态，是一种由表及里的有序，是秩序价值所不可及的。其次，公平或正义的基础是个体之间的相互独立、相互比较的关系，其只是在个体的权利义务达成一种形式的、表面的平等，很难是深度的和在实质上达成的共识，而和谐不仅要求个体之间分配的合理性，更要求主体之间相互配合和合作，这毫无疑问比公平或正义更进一步。同时，传统的自由观念仅指向个体或群体的行为，而不涉及社会的、人类的行为，现代社会的进步已经超越了单纯的个体中心主义，转而推演出了全球系统和谐发展的、新型的自由与和谐，这更加体现了自由的相对性含义，即自由是有限的、有条件的，同时，和谐为自由提供了一个量度，即不能伤害整个人类的发展潜力。

和谐价值观给整个法学领域带来了新的理念和思维，它有助于确立新的法律制度。[1] 各国的国内法已经对环境问题给予了高度重视，除了制定专门的环境资源的法律规范之外，还在宪法、民法、刑法、行政法、经济法中规定了环境保护方面的内容，引起了整个法学界的绿色革命。在国际法领域，不仅有环境条约和公约，也有涉及环境的其他规范，环保与和谐的观念使战争法、国家责任法、海洋法与人权法都得到了发展。和谐有利于建立法律原则、创设法律概念，原因在于原有的原则不能适应可持续发展时期的社会关系以及和谐气氛的维护和发展，原有的概念也不能充分表述一些新的事物和思想，于是就出现了诸如民法和环境法中的无过错原则、国际经济法中的公平原则以及环境权、代际公平、人类公共财产信托等一些新的原则和术语。当然，和谐价值带给法学领域的新思维或理念远不止上述列举的这些，现在对和谐和协调发展的研究还处在初始阶段，随着研究的进一步深入，和谐与协调发展的其他层面的新思想将不断出现，它必将影响法律规制与司法的运作，从而推动法律整体的革新与发展。

（三）法治原则的构建

法治原则是法的基本理念在立法上的具体体现，又是环境法的本质、技术原理与国家环境政策在立法上的具体反映。矿区生态安全的法治原则应包含一般原则和特有原则。其中一般原则应涵盖环境立法的基本原则，诸如预防原则、受益者负担原则、公众参与原则、协同合作原则等。特有原则是针对矿区资源开发过程中环境保护的实践总结的特殊原则，笔者认为特有原则应包含市场调节宏观调控和行政管理相协调原则、权益的平衡协调与制约原则、环境有效与经济可行原则、实施可行

---

[1] 何志鹏："法的和谐价值：可持续发展时期的新要求"，载《安徽大学法律评论》2002年第1期。

与成本可接受原则。

1. 市场调节、宏观调控和行政管理相协调原则

市场调节、宏观调控和行政管理相协调原则是指国家宏观调控法律制度、行政管理法律制度和市场的自我调节机制在手段和作用方面能够相互协调、相互衔接，以实现经济效益、环境效益和政府效益三者的最优化。

由于市场本身存在自发性、盲目性及无法解决环境污染和生态破坏等问题的外部不经济性等特点，难以长期保持动态的供求平衡，难以维护环境安全，难以实现环境法律关系领域的正义价值目标。[1]因此，在市场经济时代，资源开发过程中的农村环境保护在需要市场机制的同时，也迫切需要国家进行适当和合理的宏观调控。与资源开发有关的环境保护领域存在一定的私法领域供求关系和一些可以转化为私法领域供求关系的公法法律关系，对于这些不涉及政治和意识形态的法律关系，为了促进其自我健康发展，保证资源配置的高效率，减少政府管理的成本和资源浪费，防止政府腐败和利益扭曲，[2]应尽量压缩政府干预的范围和程度。鉴于市场调节的局限性和政府宏观调控的有限性，资源开发过程中的环境保护迫切需要国家进行监督管理，即环境行政管理。环境行政管理是现代国家管理的重要组成部分，[3]是对涉及环境保护公共利益的行为进行日常管理和监督的机制，现代行政管理的理念要求环境行政管理实行法治化。

2. 权益的平衡、协调与制约原则

一个文明的法治社会应该是权力与权力、权力与权利、权

---

〔1〕 [美]波内特：《环境保护的公共政策》，穆贤清、方志伟译，上海三联书店1993年版，第166页。

〔2〕 原国家环境保护总局科技标准司、中国环境科学学会：《市场经济与环境法》，中国环境科学出版社2000年版，第8页。

〔3〕 马骧聪：《环境保护的基本问题》，中国社会科学出版社1983年版，第67页。

利和权利相互平衡、协调和制约的社会。体现在环境法律制度的发展领域，就是要求平衡和制约不同的环境公权，利用环境公权对其他公权进行合理的限制，还要平衡环境公权与环境私权的关系，保障环境私法权益之间以及环境私法权益与其他私法权益之间的平衡和制约。

环境公权之间的平衡、制约和协调，一方面强调环境公权之间的监督和制约，因为协调和制约可以防止环境公权过分集中于某一或某些部分，进而可以提高环境行政监督的效率，在一定程度上也可以预防和遏制官僚主义甚至腐败现象的发生和蔓延；另一方面也要强调环境公权的统一监督管理或统一协调，防止环境行政权力过分分散，防止环境行政监管成本过高和相互扯皮的现象出现。环境私权之间的平衡、制约和协调，应以减少行政执法成本以及减少救济途径的空白为目的，应当在法律中规定比较完善的私益诉讼制度，同时可以规定环境私权具有独立的宪法价值，可以构成对其他基本私权的限制，该限制必须是合理的，即要在基本环境私法权利、其他基本私法权利和宪法价值取向之间进行权衡。[1]环境公权对环境私权的限制或制约主要体现为用环境公权干预私权的行驶，协调和平衡个人利益与公共环境利益。以农村的资源开发为例，利用经批准的自然资源的行为属于公民的环境私权，但利用资源不当，如超批、超限滥开、滥采油气井，会引发严重的环境污染或生态破坏事故，因此必须强调私法自治和公法限制相结合的原则。

3. 环境有效与经济可行原则

环境有效原则是指资源开发的相关法律制度必须能够有效地起到保护和改善环境的作用。如果相关法律制度不利于环境的可持续发展和改善，或没有产生任何实际的效果，就有必要

---

[1] 高家伟：《欧洲环境法》，工商出版社 2000 年版，第 126 页。

对其进行完善。如在资源开发领域，我国曾经要求资源开发企业实行的"三同时"保证金制度，因为收效甚微甚至被广泛抵制而被舍弃。经济可行原则是指资源开发的相关法律制度不能给实施主体带来额外的或不必要的或难以接受的经济负担，该原则在一定情况下还能促进经济效益的提高。如在经济和科技发展落后的情况下，资源开发相关的立法规定资源开发企业必须采取国际最佳可行的技术和工艺来防止环境污染，这显然是不可行的。因此，资源开发的制度必须在环境保护效果和企业的实施成本之间找到一个平衡点，既要保护环境，达到一定的环境污染和生态破坏防治的效果，又不能致使企业承担过多的经济成本。该原则已经得到了一些国家或国际集团的认可，如1987年欧共体部长理事会指出，环境政策必须和经济、社会、技术发展齐头并进。[1]

4. 实施可行与成本可接受原则

实施可行原则是指资源开发法律制度具有可操作性和可适用性，即在现实生活中能够得到遵守，能够得到适用。遵守该原则，必须要做到制度系统化、制度具体化、制度明确化、制度连续化四个方面。同时，资源开发的法律制度尤其是行政管理的制度涉及政治权力的再分配问题、企业的经济利益的重新调整问题，有时还涉及国家环境主权的维护和保持社会稳定的问题，因此，资源开发法律制度的构建必须遵循成本可接受原则。即在制度的可操作性和管理成本可行性两个方面找到一个平衡点，[2]既要使环境法律制度具有相当的完善性和可操作性，还要不消耗国家过多的人力和财力资源。

---

〔1〕 章谦凡：《市场经济的调整》，中国法制出版社1998年版，第179页。

〔2〕 Allan Greenbaum, Alex Wellington, Ron Pushchak, *Environmental Law in Social Context*, Captus Press, Ontario, 2002, p. 234.

第六章
我国矿区生态安全法治的制度体系建构

一、形成矿区多元共治的生态环境治理格局

我国政府从20世纪80年代就开始通过制定法律规范和宏观政策应对中国的环境污染问题,一批旨在提高违法成本和对污染从源头进行防控的法律规范陆续出台或修订。国家的宏观指导文件也围绕科学发展、生态文明建设等方略,系统规划了未来中国经济社会可持续发展的宏观蓝图,构建了适应中国环境治理需求的现代环境治理体系。然而,我国早期的规范性文件始终无法摆脱经济发展和环境保护矛盾的桎梏,这些文件更多关注的是政府在环境管理中的核心和支配地位,强调政府环境管理中职权的配置,市场手段使用和公众参与度不足,且制度之间的有效协调性不足,制度割裂、割据现象普生。在此类规范指引之下,现行环境治理体系存在治理战略不清、定位不明;管理分散、治理主体孤立;手段单一;整体性治理制度供给不足,制度间缺乏有效衔接与组合等弊端,无法完成将各种体制内外、新旧治理要素协调重塑于生态文明美丽中国建设的历史使命,致使环境治理的有效性无法保障,中国的环境治理体系转型的需求无法满足。

国外环境治理研究随着时间不断变迁,从早期的政府管制理论、所有权控制理论、自主治理理论发展到目前的多中心治

理理论、整体治理理论、网络化治理理论、协同治理理论、生态系统管理理论等,具体的环境治理模式也从政府管制-命令型模式、市场化模式、公民治理模式逐渐向多元治理模式发展。目前,国内学界对环境治理的研究重点是将国外环境治理理论和模式引入中国,并尝试探讨其在中国的扩展性和适用性,如整体治理模式[1]、协同治理模式[2]、多中心治理模式[3]、转型管理模式[4]等。统观国内外环境治理模式和制度建构的研究,不难发现,国内外环境治理研究虽然创设的模式众多,但大多强调的是治理主体从单一到多元的合作共治,欠缺宏观视域的全局框架安排和全面系统的法律制度设计。

2015年国务院发布的《生态文明体制改革总体方案》,要求到2020年要建立包括环境治理体系在内的系统完整的生态文明制度体系,构建以改善环境质量为导向,监管统一、执法严明、多方参与的环境治理体系,着力解决污染防治能力弱、监管职能交叉、权责不一致、违法成本过低等问题。2016年国务院印发的《"十三五"生态环境保护规划》要求加快制度创新,积极推进治理体系和治理能力现代化,形成政府、企业、公众共治的治理体系。并且,2015年1月1日生效的《环境保护法》也在推动多元共治的现代环境治理体系上实现了重要突破。[5]这些纲领性文件和法律规范彰显了中国政府优化和重构现行环

---

[1] 黄莉培:"整体性治理理论对我国环境治理的启示——基于英美德三国环境治理模式",载《中国青年政治学院学报》2012年第5期。

[2] 杨华锋:《论环境协同治理》,南京农业大学2011年博士学位论文。

[3] 李雪梅:《环境治理多中心合作模式研究——基于环境群体性事件》,人民出版社2015年版,第17页。

[4] 洪进等:"转型管理:环境治理的新模式",载《中国人口·资源与环境》2010年第9期。

[5] 冯永锋:"看新《环保法》三大突破——访环保部副部长潘岳",载《光明日报》2014年4月28日。

境治理体系的决心,并且将会指引中国的环境治理体系日臻完善,然而我国环境治理体系的建构和完善是一个复杂的系统工程,不仅需要多元主体的共同参与,[1]更需要架构全局性的、从宏观到微观的、全面系统的制度体系以及类型化的、能切实操作的实施模式。

(一)从单一治理到多元共治的嬗变

从 20 世纪六七十年代至今,国际环境治理已经走过了 40 多个年头,治理模式经过了由政府管制型、市场调控型到企业自愿型的发展,但它们无一不是单一主体的环境治理思路,在实施过程中,存在着各种不同的操作困境。多中心共治型环境治理模式打破了传统治理模式的束缚,认为环境治理并非单一主体之治理,而是由政府、市场与社会组成的多中心主体共治。三种治理主体中,政府管制的权威性、市场调控的及时回应性以及企业治理的自愿性在组合中相得益彰、优势互补。哈兰德·克勤维兰(Harland Cleveland)曾指出,现在人们所思、所想、所需、所求的未必是更多的政府统治,而是更多的政府治理。[2]

1. 政府管制型环境治理模式及其发展困境

"政府是一种最高级最完整的社会组织",[3]"政府行为"作为较宽泛的概念,既包括法规、政策、计划的制定,也包括它们的执行。福利经济学认为,市场机制的有效运行离不开政府行为。凯恩斯主义为政府管制型环境治理提供了支撑性的理

---

[1] 易波、张莉莉:"论地方政府环境治理的失灵及其矫正:环境公平的视角",载《法学杂志》2011 年第 9 期。

[2] Frederickson G. H., Smith K. B., *The Public Administration Theory Premier*, Colorado: Westview, 2003.

[3] 刘炳香:《西方国家政府管理新变革》,中共中央党校出版社 2003 年版,第 59 页。

论基础,政府作为环境治理的主体,具有环境治理的合法性,从20世纪60年代以来,政府作为环境治理主体,其环境治理的干预功能被不断放大。[1]现代经济理论认为,经济社会的良好运行,须将市场的"无形之手"和政府的"有形之手"综合运用,不可偏颇其一。20世纪70年代以来,政府在环境治理中的作用日益明显,逐渐形成了政府管制型环境治理模式。

政府管制型环境治理模式,是政府部门及其机构作为单一的管制主体在环境治理中发挥作用。20世纪70年代以来,西方各国在政府内部都先后建立了专门的环境治理部门,指导全社会的环境治理工作,通过强有力的措施来约束企业的环境污染行为。政府管制型模式具有三个方面的基本特征。一是政府充分行使公共治理职能,保护环境和自然资源。实践证明,与人类生活、生命息息相关的自然资源,如未受污染的空气等,与公共物品一样具有竞争性,也就是说某个人对它的使用,会减少其他人的使用,这就不可避免地导致"公共地悲剧",而私人决策者的理性本能地倾向于过度地使用公共资源。市场机制对于环境污染的"公共地悲剧"显得无能为力,人们无法指望市场机制去自发地保护环境与自然资源。面对环境保护的市场失灵,政府有义务运用"政府机制"的工具,对环境污染问题进行限制和规范,如制定污染物排放标准,征收排污费,对受害方施以污染补贴。政府通过公共治理职能的行使,对环境和自然资源进行管制,以保证人类社会人际与代际之间公平、自由地使用人类共有的资源。二是公共物品和服务由政府提供更有效。西方经济学认为,政府在经济生活中扮演着公共物品提供者的角色。公共物品具有非排他性和非竞争性,个人无力独自

---

[1] [英]阿瑟·塞西尔·庇古:《福利经济学》,金镝译,华夏出版社2013年版,第104页。

提供，必须由代表公共利益的政府、NGO 等公共机构提供。公共物品的提供具有不同的模式，政府不能大包大揽，当然，在各种模式中，政府都发挥着重要的作用。比如，中央政府一般可以提供涉及全民利益的公共物品，如国家环境治理的战略方针等制度形态物品、各省市之间环境治理与合作关系的协调、环境治理项目的建设等；地方政府提供的是事关地方环境治理的公共物品，包括地方环境治理的战略方针、法规条例、各地区环境治理关系的协调、跨地区环境治理的项目建设等。由于市场失灵的表现不同，政府介入的程度有所不同，不同公共物品的提供模式也不同，但政府在环境治理中的作用不可或缺。三是政府对突发性环境危机处理具有高效性。20 世纪 70 年代以来，伴随着世界经济的快速发展，世界各国特别是一些发展中国家面临着环境持续恶化的危机，环境危机进入一个高发阶段，1986 年 11 月 1 日，瑞士巴富尔市桑多斯化学公司一个装有 1250 吨剧毒农药的钢罐发生爆炸，硫、磷、汞等各种有毒物质经下水道排入莱茵河，在河中形成了 70 公里长的微红色剧毒物质漂流带，以时速 4 公里漂向下游。灾难发生后，瑞士联邦政府立即启动环境危机管理应急机制，要求关闭沿河所有自来水厂，居民家中用水改用汽车直送，此次桑多斯化学公司火灾引发的居民用水危机在较短时间内得以有效控制显然得益于政府管制型环境治理模式。政府处理公共危机的优势在于其可以运用公权力快速地作出反应，使危机在短时间内得以缓解或解决，消除负面影响，这一优势可以说是其他治理模式所不具备的。

然而，政府管制型环境治理模式存在如下发展困境：一是政府管制型环境治理模式中存在着信息不对称的问题。信息经济学认为，帕累托效率最优状态的条件是拥有完全信息。但是现实中信息不对称却是常态,中央政府与地方政府在环境治理中具有不同的功能定位,中央政府着力于宏观治理,地方政府的重心在于微观事务,因此,地方政府拥有中央政府所不具备的信息优势。中央政府与地方政府对经济与社会发展的理解会有所不同,中央政府更强调经济与自然环境的协调,而地方政府具有很强的经济属性,发展经济、增加GDP与环境保护相比较,环境保护往往被放在第二位。地方政府会对向中央政府汇报的环境治理信息进行过滤,将不利于地方发展的信息过滤掉或进行"截留",中央政府无法得到地方环境治理的真实信息,导致中央政府与地方政府在环境治理信息方面严重不对称。二是政府管制型环境治理模式存在着高成本的问题。近十几年来,环境污染超过了地球的承受极限,环境治理进入高成本偿债期。在政府管制型环境治理模式中,政府包揽了几乎所有环境治理方面的问题,导致环境治理成本不断攀升。中国政府在环保投入方面的低效值得深思。有专家认为,造成高投低效的原因在于,中国采用了不太适当的环境治理模式,应当纠正过度依赖政府的环境保护的做法。三是政府管制型环境治理模式存在着制约其他环境治理主体能力发挥的问题。从西方国家的实践来看,环境治理运行机制已不再是单纯局限于中央政府与地方政府两者之间的互动关系,而是一个涵盖了企业、政府、社会等多重主体在内的合作运行网络。但政府管制型环境治理模式中政府的强势地位,导致其他社会参与主体很难介入其中,他们的力量不能自然而然地发展壮大,这严重妨碍了他们在环境治理中主观能动性的发挥。此外,政府管制型环境治理模式在耗费大量社会资源的同时,还不可避免地产生失误或走弯路,从而使政府管制型环境治理的效率大大降低。

2. 市场调控型环境治理模式及其发展困境

20世纪80年代末期以来，随着市场经济的发展与新公共管理运动在西方的兴起，政府管制型环境治理模式在世界范围内，逐渐失去了其原有的主体地位，但由于其存在一定的优势，许多国家并未对其完全放弃，而是与其他模式综合并用。西方微观经济理论认为，在市场经济活动中，生产者或消费者外部影响的存在导致了资源配置失当等问题的发生，其根本原因在于产权问题，即没有做到产权明晰。产权是一种财产权，是不同利益主体对某一财产的占有、支配和收益的权利，它包括财产的所有权、占有权、支配权、使用权、收益权和处置权等。其中所有权是根本产权，即终极所有权，它是其他权能产生的基础。[1]如果产权界定明确，财产就可以自由交换和流通，从而实现资源的合理配置，许多外部影响就可能不会发生。对于环境污染而言，这种不好的外部影响的代价需要由污染者为其支付，所以污染者在私人成本与社会成本之间并不存在多大差别。[2]明晰产权这种对付外部影响的政策，是一般化的科斯定律的特例。科斯定理认为：在产权明确并且交易成本很小或为零的前提下，当事人可以通过谈判使非效率或不好的外部影响得以纠正从而使社会效益最大化，在开始阶段无论将产权归于谁，市场均衡的最终结果都可以达到帕累托最优，即最优效率。[3]也就是说，在这种给定条件下，社会环境中的市场力量可以强大到将外部影响"内部化"，从而仍然可以实现帕累托最优状态，而无需政府的干预。林德布鲁姆认为，市场化治理机制，就是"凭

---

[1] 陈建华、殷杰兰：《管理学》，河南大学出版社2013年版，第235页。

[2] 高鸿业：《西方经济学·微观部分》（第6版），中国人民大学出版社2014年版，第201页。

[3] [美]罗纳尔德·H. 科斯："社会成本问题"，肖楠译，载《法学与经济学》1960年第10期。

借交易方式中的相互作用,而不是通过中央指令以对人的行为在全社会范围内实现协调的一种制度"。[1]朗兹(Lwndes)和斯凯奇(Skelcher)曾用简洁的语言描述了市场化治理机制的寓意和主要特色:价格机制是关系协调的主要方式。冲突出现时,一般通过讨价还价或者诉诸法律的方式来确定有关团体的责任。市场机制使参与者有很高的自由度来决定他们是否组成同盟,虽然环境的竞争特性和各个团体的潜在猜疑会限制他们对公共事业负责任的程度。[2]科斯定理同样可以用在环境治理问题上,"公用地灾难"发生的原因在于公有物属于无主物,我们可以通过市场调控,将公有物的产权界定清晰,使"公用地灾难"发生的广度和深度尽量减少。市场调控型环境治理模式就是希望通过私有化来保护环境这一公共物品,借助无形的市场之手,对各种不同环境资源的稀缺程度予以界定,以促使世界各国或地区合理开发与利用环境资源并能对环境恶化问题进行有效治理。市场调控型环境治理模式本质上是环境治理的一种经济工具,20世纪80年代以来,市场调控型环境治理模式已经成为OECD各成员国环境治理的主要手段。[3]市场调控型环境治理的基本模式有如下四种。第一种,BOT(Build-Operate-Transfer,建设—运营—移交)模式。对许多发展中国家来说,由于各种原因,能源、交通等领域基础设施建设往往存在庞大的资金缺口,BOT方式能在一定程度上能缓解这种矛盾,BOT模式是一

---

〔1〕[美]C.E.林德布鲁姆:《市场体制的秘密》,耿修林译,江苏人民出版社2002年版,第103页。

〔2〕Vivien Lowndes, Chris Skelcher, "The Dynamics of Multi-organizational Partnerships: an Analysis of Changing Modes of Governance", *Public Administration*, 1998 (02): 318.

〔3〕朱德米:"地方政府与企业环境治理合作关系的形成",载《上海行政学院学报》2010年第1期。

种暂时私有化（Temporary Privatization），是政府对私人资本颁布特许，允许他们自筹资金建设某些基础设施及其相应产品与服务，并且允许他们在一定时间之内对其进行经营与管理，并获取一定收益。政府既要保证私有资本的获利性又要保证其提供的公共产品或服务的数量与质量及价格的合理性。BOT 的过程风险也需要由政府和私人机构共同承担。私人机构在特许期限结束后，应按协议约定向政府部门移交基础设施的所有权与经营管理权，由政府指定部门与人员进行经营和管理。说到底，BOT 模式下的私人机构对项目设施仅拥有一定时期内的经营权，而不具有所有权。第二种，TOT（Transfer-Operate-Transfer，移交—运营—移交）模式。TOT 模式在本质上属于是 BOT 融资方式的新发展。在长期发展过程中，BOT 为了适应经济与社会环境的变化，衍生出许多变种模式，TOT 便是其中之一。广义上的 BOT 品种，在 TOT 之外，还包括 BOO（Build-Own-Operate），BOOT（Build-Own-Operate-Transfer），BLT（Build-Lease-Operate）这些衍生品种。TOT 是指投资人经由政府或国有企业授权同意购买获得一定时期内也已建成项目的产权和经营权，通过约定时间内的有效经营回收先期的投资并获得合理回报，在约定期满之后，再将项目回交政府或原有企业的一种融资方式。企业进行收购或兼并也可以采取 TOT 这种模式。第三种，PPP（Public-Private-Partnership，公私合作）模式。PPP 模式是近年来为了弥补 BOT 模式的不足，而出现的一种新的融资模式，即政府与社会资本以合作的方式，共同开发既有设施项目建设，旨在实现合作的"双赢"或"多赢"。其运作程序是：政府以政府采购的方式对有关建设项目进行招投标，与中标单位组成特殊目的的公司（由建筑公司、服务经营公司或对项目进行投资的第三方组成的股份有限公司）签订特许合同，项目前期的资金筹措、项目的建设以及项目建成后的经营都交由特殊目的公司具体负责。为了使特殊目的公司的资金支持有保障，政府与贷款机构通常会签订各种有关协议，规定将按照与特殊目的公司签订的合同支付有关费用。PPP的实质是：为了减少政府财政压力，政府通过特许民营企业一定时期内项目的特许经营权和收益权，来换取社会公共基础设施加快建设与运营。在西方社会，PPP模式应用普遍，国内近几年PPP模式也逐渐得到发展。早在1992年，英国就开始使用PPP模式，将其广泛应用于交通、卫生、公共安全、国防、教育、环境治理等工程之中。郑州于2016年3月开工建设的东五环项目是河南省首个运用PPP模式实施的工程，该工程于2015年9月被列入省财政厅PPP推介项目，10月，项目PPP实施方案获得市政府批复。项目批复总预算为11.49亿元，其中包含征地拆迁费用3.94亿元，由沿线县区政府筹集；申请国家补助资金2.04亿元；剩余5.51亿元由中标的社会资本与市交建投公司共同组建的PPP项目公司筹集。项目建设期、运营维护期等特许经营期设置为14年，其中含建设期2年。[1]第四种为SHC（self-help Community）模式，即社区自助模式。社区自助模式是经由社区全体业主成员同意后由社区自主建设各种污染物处理设施的环境治理模式。在这种模式中，社区组织为环境治理的管理方，建设污染物处理设施的实施方一般由专业公司来承担，社区内各位业主负责承担各种建设费用。[2]社区自助模式属于分散处理模式，与集中处理相比，具有投资少、规模小、技术要求不高的特点，比

---

[1] 刘凌智、曹萍底：“明年底又一条大道贯穿航空港区”，载《郑州晚报》2016年3月29日。

[2] 李伟、姚薇之：“城市污水处理市场化模式”，载《资本市场》2004年第3期。

较适合农村社区以及远离城市中心区域、各种市政管网难以覆盖的市郊地区，其用户确定、收缴费用简单，中小型环保企业比较适合建设和运营这种社区自助模式。

市场调控型环境治理模式存在如下发展困境：一是环境治理中的投资收益问题。投资环境改善的收益低、回报周期长，并且收益也并非投资者个人所能完全拥有，而是在为全社会创造收益，这对企业投资环境治理的积极性会产生一定的影响。二是市场活动中的"经济人"对环境治理具有负面作用。"经济人"假设是西方经济学中最基本的假设之一。"经济人"的每一种经济活动都会对外部产生影响，比如说，造纸企业在获得利润的同时，给环境造成了污染，这是经济的负外部性。比如，目前的中国生产了世界上最多的钢铁，消耗了世界上最多份额的原材料，被污染了的环境持续多年难以得到根本的改善，换来的却是仅占世界 GDP4%的份额，长此以往，中国的持续发展将会面临严重问题。三是市场调控模式中交易成本的存在会影响其效用。市场调控型环境治理模式在理论上可以解决外部不经济问题，但在现实中，由于大家习惯将生态环境视为公共物品，公共物品的非排他性和非竞争性的特征，使得许多"搭便车"的现象不可避免。欣德摩尔（Hindmoor）认为，市场化治理模式还可能会导致特别的交易成本，比如复杂性、权力不对等、信息不对称和单薄等。[1]同时，市场调控型环境治理模式下的地方政府存在着过度追求利益最大化的偏好，这样可能会导致出现一些消极效应等。[2]

---

[1] Andrew Hindmoor, "The Importance of Being Trusted: Transaction Costs and Policy Network Theory", *Public Administration*, 1998 (76): 25~43.

[2] 张明军、汪伟全：“论和谐地方政府间关系的构建——基于府际治理的新视角”，载《中国行政管理》2007 年第 11 期。

3. 企业自愿型环境治理模式及其发展困境

面对日益严峻的生态环境问题,越来越多的企业认识到,减少污染是企业应承担的社会责任之一。长期以来,传统经济学认为,企业的天然职责在于为股东实现企业利润的最大化,而保护和增进社会福利则是政府和非营利组织的责任。社会经济学认为,从企业与现代社会的关系来看,社会与政府通过各种法律法规认可了企业的建立,给予它利用各种生产资源的权利以及许多优惠政策,包括允许企业对环境造成某种程度的损害。因此,企业不只是对股东负责的"经济细胞",而且是伦理实体与"社会公器"。循环经济理论和现代企业以循环生产模式取代传统的线性模式,就是基于对企业"伦理实体"与"社会公器"的定位而取得的觉悟和进步。基于此,许多企业认为,它们应当主动、自愿地对社会负责,既要创造利润,也要增进社会福利,减少企业对环境的污染,改善和提高社会的生活质量。企业自愿型环境治理模式具有三个方面的特征。一是治理承诺的自愿性。进入21世纪以来,更多的跨国公司声明"自觉遵守UNGC、GRI、AA1000、SA8000等规范和标准是企业义不容辞的责任与义务;用约束机制与纪律来规范自身和供应商的行为,定期发布反映企业社会责任(Corporate social responsibility,简称CSR)表现的年度报告"。[1]企业应当主动、自觉地降低对不可再生资源的消耗,减少对环境的破坏。企业社会责任是企业追求有利于社会长远目标实现的一种义务,它超越了法律与经济对企业所要求的义务。企业社会责任是企业管理道德的要求,完全是企业出于履行环境保护义务的自愿行为。[2]二是治

---

[1] 单忠东:《中国企业社会责任调查报告(2006年)》,经济科学出版社2007年版,第38页。

[2] 周三多:《管理学》(第4版),高等教育出版社2014年版,第31页。

理形式的多样性。企业自愿型环境治理模式的发展，源自企业自身对环境治理严重性认识的提高。由于世界各国国情不同，企业自愿型环境治理模式呈现出多样性：（1）单边承诺，是指企业自身制定环境治理的中长期计划。为了做好有关计划，企业需要政府、其他企业以及社会公众等环境利益攸关者的合作、指导与建议以及独立的第三方的监督。20世纪80年代，加拿大政府在全球率先提出并推行的责任关怀（Responsible Care）的企业理念就属于典型单边承诺，1992年责任关怀理念被国际化工协会联合会（ICCA）接纳并在全球推广。责任关怀是全球化学工业自愿发起的关于健康、安全及环境等方面不断改善绩效的行为，是化工行业的自愿性行动。（2）私下协议，是指污染企业根据社会上独立的第三方确定的污染程度，主动与附近的居民、单位等污染的受害者签订协议，各方共同制定企业的环境治理计划，由企业安装污染治理设备，并对前期的污染作出合理的赔偿。2013年元月，河南平顶山宏鹰洗煤厂与附近住户签订的赔偿协议就属于私下协议。宏鹰洗煤承诺，对于2011年5月至2012年年底1年多的时间所造成的污染，宏鹰洗煤向每户支出1000元污染赔偿，从签订该协议之日起，以后每半年进行一次赔偿，根据离洗煤厂的远近区分支付。（3）谈判性协议，企业与其所在地区的公共机构通过谈判就企业的中长期环境治理计划达成某种协议，协议内容主要包括企业的环境治理目标、时间、投入资金以及设备等，就企业前期污染给周围居民、单位所造成的经济损失给予一定的补偿。从签订协议到达成目标的这一时段，公共机构一般不会再就协议内容追加其他条款，也不会再为企业引入新的环境治理标准。（4）开放性协议，指企业认可并遵守国家环境保护与治理部门所制定的环境管理标准与条款，并自愿接受环保部门对其环境治理计划执行情况的评价,这类标准与条款通常会涉及环境绩效、生产技术等。环保机构也会主动向企业提供涉及技术支持、R&D 补助以及许可企业使用某种环境标识等形式的经济激励。美国环保局(EPA)制定的 33/50 计划以及绿色电力、能源之星等都属于开放性协议。三是治理结果的多赢性。企业治理污染增加的成本尽管会导致企业的产品价格上升,但从世界范围来看,越来越多的企业自愿加入了治理污染的队伍。原因在于主动治理污染,可以使企业、社会等各方达到多赢。首先,污染治理较好的企业在社会上拥有良好的声誉,良好的声誉就是生产力、就是利润。其次,企业主动制定治理污染指标,会影响到政府的环境治理目标,减少政府治理成本。德国企业协会在 1990 年制定的污染治理目标是,到 2015 年将二氧化碳和能源使用减少至 1990 年的 20%,但德国政府原来制定的污染治理排放标准,是将排放量减至 1990 年的 25%~30%。企业污染排放标准成功地影响到了政府决策的制定,降低了环境目标,这无疑会增加企业的利润。三是环境治理有利于企业生产力的提高。传统的企业往往都是建立在高耗能、高污染、高排放基础上的高碳企业,对环境造成了极大的危害。建设"资源节约型、环境友好型"社会对它们的环境治理规划、生产流程、组织结构都提出了强烈挑战。企业通过创新设计流程、自愿参与环境治理规划,对自身进行从高碳到低碳脱胎换骨式的改造,这本质上是对企业流程的再造。迈克尔·哈默(Michael Hammer)和詹姆斯·钱皮(James Champy)在《企业再造》一书中主张:"对经营流程彻底进行再思考和再设计,以便在业绩衡量标准(如成本、质量、服务和速度等)上取得重大突破。"[1]环境治理较好的企业将会在

---

〔1〕 [美]迈克尔·哈默、詹姆斯·钱皮:《企业再造》,王珊珊译,上海译文出版社 2007 年版,第 230 页。

原材料与信息技术供应、生产流程改善等方面获得政府或社会提供的多种优惠与资助,这将有助于企业进一步提高生产力,激发和增进企业的竞争力。

企业自愿型环境治理模式的困境主要表现在以下几个方面。一是企业会出现"搭便车"的行为。企业的"经济人"特征使其不会自愿、自动地加入到环境治理的队伍中来,对其制定的不低于甚至还要高于国家环保法律法规的标准不太愿意去遵守。环境立法的滞后性,使得一些企业宁愿"搭便车",也不愿积极地去参与到自愿型环境治理的行列中。二是可信度降低且事后评估难以进行。君子协定式的企业自愿型环境治理,属于义务性,没有强制性,属于道德范畴与伦理范畴。在这种模式中,企业污染治理规划的实施、治理信息的发布以及各种报告制度,没有相应的制约机制,如果企业没有执行到位,也没有相应的惩罚机制。这样就会降低社会对企业自愿型环境治理模式的信任度,而且也难以对企业污染治理的行为进行有效的事后评估。三是导致某些治污设施的重复建设。企业自愿型环境治理模式是企业开展的一种自愿的、独立进行的治污模式,企业相互之间交流不多,大多企业都是依据自身的状况制定治污规划、购买治污设施,这种"各自为政"而非"整体推进"的环境治理模式,导致企业之间治污信息不对称,各种治污设施可能会重复投入、重复建设,无谓地增加了环境治理的社会成本,导致资源浪费,甚至出现新的污染。

(二) 多元共治的特征及优势

从20世纪六七十年代至今,国际环境治理已经走过了40多个年头,治理模式经过了由政府管制型、市场调控型到企业自愿型的发展,但它们无一不是单一主体的环境治理思路,在实施过程中,存在着各种不同的操作困境。多中心共治型环境治理模式打破了传统治理模式的束缚,认为环境治理并非单一主体之治理,而是由政府、市场与社会组成的多中心主体共治。3种治理主体中,政府管制的权威性、市场调控的及时回应性以及企业自愿治理的自愿性在组合中相得益彰、优势互补。哈兰克·利夫兰(Harland Cleveland)曾指出,现在人们所思、所想、所需、所求的未必是更多的政府统治,而是更多的政府治理。[1]

1. 多元共治环境治理模式的基本特征

多中心共治型环境治理模式具有治理主体的多元性、治理权力关系的调整性等五项基本特征。一是治理主体的多元性。多中心共治型环境治理是一种多元行动主体相互合作的过程,包括政府机关与公民社会的合作、政府机关与非政府机构的合作、公共机构与民间机构的合作、中央政府与地方政府的合作、地方政府与地方政府的合作,以及超国家地方组织与地方政府的合作。二是治理权力关系的调整性。多中心共治型环境治理意味着中央政府与地方政府之间权力关系的调整,中央政府只负责环境治理的宏观调控,即环境治理大政方针的制定,而把环境治理中的微观事务交由地方政府负责,使地方政府承担更多的环境治理职能,这有利于发挥地方的积极性、主动性和创造性。相对地,地方有权要求参与中央决策事宜,实践地方共商国是的精神。三是治理的互动性。治理背景下的社会鼓励公民参与公共事务,注重发挥民间组织的积极主动性,使公民承担更多环境治理的责任,完成公民治理的目的。多中心共治型环境治理意味着政府与公民社会之间建立了良好的、互动的合作关系。四是治理的特定统治型能。多中心共治型环境治理意

---

[1] Frederickson G. H., Smith K. B., *The Public Administration Theory Premier*, Colorado: Westview, 2003.

味着在不同目的和目标的行动者之间,如政治行动者、机构、企业、公民社会及跨国政府等主体之间,维持协调性与一致性。[1]

五是从政府统治到政府治理的转变。多中心共治型意味着环境治理对政府单极统治模式的放弃,这是西方国家在全球化加速的背景下,将其权力朝国际层次和国家内部所属地方转移的表现。公民参与环境治理事务的管理,符合民主化的潮流。

2. 多元共治型环境治理模式的优势

第一,多中心共治的优势互补性。多中心共治型环境治理模式就是在环境治理的各个层次、各个区域同时进行调节,由环境合作治理的多个行动主体同时供给公共服务与财货,充分发挥各类治理主体的能动性。多中心治理的制度设计关键在于实行分权,所以,多中心共治观点下的环境治理,必须依靠多元治理主体的通力协作。

第二,多中心共治的快速回应性。西方国家环境治理的实践表明,相对于中央政府单一中心的管理体制,多中心共治模式因地方政府、非政府部门、私人机构,以及超国家地方组织等主体比较接近基层、弹性较大,而能够更好地回应公民的环境治理需求。公共选择理论认为,数量较多的地方政府及其它组织彼此紧密合作,常常可以促进效率的提高和效能的提升。[2]

第三,多中心共治的相互合作性。任何一个地区都不可能具有其经济发展所需的一切资源,不可能独立地解决所有问题,必须通过合作实现互通有无,使各类资源和生产要素在区域之

---

[1] Papadopoulos Y., "Cooperative Forms of Governance: Problems of Democratic Accountability in Complex Environments", *European Journal of Political Research*, 2003 (42): 473~501.

[2] [美]尼古拉斯·亨利:《公共行政与公共事务》,刘迎春译,中国人民大学出版社2002年版,第312页。

间实现优化配置，[1]环境治理的跨域性更是如此。多中心共治模式，有利于治理主体之间相互合作，建立污染共治的合作关系。

上述政府管制型、市场调控型、企业自愿型3种环境治理模式在环境治理实践中，均存在着自身难以克服的困境，而多中心共治模式无疑是对前3种单一主体治理模式的突破，是当今环境治理趋势。多中心共治模式，将政府的宏观指导、市场的微观调控以及非政府组织、民众的积极参与等多元主体共治的优势充分发挥，从而形成了环境治理合力，促使环境治理水平和能力大幅提升。当然，多中心共治型环境治理模式在实践中还存在执行上的难题，这需要我们不断予以克服，从而使多元主体的积极性得以充分发挥，最终实现生态环境的"善治"。

(三) 麦肯锡7S模型契合矿区环境治理转型的内生需求

1. 7S模型具有应用于社会治理领域的普适性特征

治理理论是传统管理理论划时代的变革，它的兴起源于全球性的国家和社会治理危机，这种危机在发达国家表现为政府全能型的福利主义的失败，在发展中国家则表现为社会解体、国家政府行政职能的崩溃。而这又根源于政府和市场的双重困境，国家、市场、社会运行中出现的新情况，要求各个社会组织或单位内部和外部进行频繁的互动，而简单地借助于国家计划或资本市场的运行是远远不够的。这种客观经济、社会结构的变化，导致制定政策所应遵循的基本层面也发生了变化；从而，国家社会治理的总体结构和功能必然产生新的动向。[2]为

---

[1] 郭翠璇："试析'泛珠三角'区域科技合作动因与阻力"，载《广东经济》2005年第10期。

[2] 夏建中：《中国城市社区治理结构研究》，中国人民大学出版社，2011年第30页。

适应这种变化而产生的治理理论改变了原有管理的单向性、权力性、支配性的特点，从而发展出了以互动、权利、参与为特点，更加重视个体主体的新的治理理论。

7S模型就是现代企业管理阶段的产物，20世纪七八十年代，基于解决经济危机和工人失业等社会问题的现实需求，长期服务于美国著名的麦肯锡管理顾问公司的学者、两位斯坦福大学的管理硕士，托马斯·J.彼得斯（Thomas J. Peters）和小罗伯特·H.沃特曼（Robert H. Waterman），努力寻找着适合于本国企业发展、振兴的法宝。他们通过对选中的美国62家大公司和43家获利能力较强和成长速度较快的模范公司进行调查，并充分思考和讨论、总结，以企业组织七要素（简称7S模型）为研究的框架，创作了《追求卓越——美国企业成功的秘诀》一书，构造了企业发展的经典管理模式——7S模型。7S模型将战略（Strategy）、结构（Structure）、制度（System）作为企业管理当中的硬件要素，将风格（Style）、人员（Staff）、技术（Skill）和共同理念（Shared value）作为企业管理当中的软件要素，其十分典型的将现代社会管理的要素进行了创新即将治理结构的核心要素予以了具体运用和型构，充分表达了现代社会工业理性、科学化、社会主体自我认可和发展以及社会文化建设等现代性体验，并以要素的方式将上述现代性体验和理念模块化、具体化和可操作化，树立了"人的问题要求人性地解决"的现代治理理念和目标。环境治理是社会治理的重要内容和特殊组成部分，由于7S模型与社会治理具有相通性和一致性，7S模型客观上必然具有可以适用于环境治理结构调整的特征。

2. 7S模型可与中国环境治理现代化转型需求形成结构对应

在传统社会向现代社会转变的过程中，我国社会结构、社会组织形式、社会价值理念等正在发生着深刻的变化，复杂的公共事务、多元化的利益主体和民众需求决定着社会治理的模式必然从管理走向治理。"管理"和"治理"尽管都在强调政府职能和对社会的责任，但二者在本质上是两种不同的治国理政体系。不同于"管理"所要求的权力强制、中心单一、事权集中和命令效率模式，"治理"强调政府、社会、民众多主体互动协作，作为一种政治过程，治理的权威来源于不同主体，"治理"是协商互动、分散化与集中化相结合的辩证过程。哈贝马斯提出了交往理性概念、商谈理论和协商民主原则，其认为通过协调民主而形成的治理体系，才真正具有正当性、合法性和有效性。

国家治理的现代化就是国家治理体系的现代化和国家治理能力的现代化。国家治理体系现代化就是通过制定法律、科学规划指导思想、组织结构、组织人员等方式，以形成完整的治理体系。国家治理能力的现代化意味着以事权、财权为核心的国家执政能力、以公民素质、社会文化培育等为中心的社会自治能力等的全面现代化，同时也包括信息、网络等治理技术的现代化。环境治理是国家治理体系的重要领域和环节，同样要求治理体系和治理能力的现代化，而7S模型所构造的发展和建设模型既产生于这种治理现代化的变革，也是此种治理现代化变革的结果。该模型的7个要素，能够与中国环境治理的现代化模式形成结构性对应。

第一，战略、结构、制度等硬件要素，可以为中国环境治理制度的框架设置，包括权利义务、权力职责的配置提供思路。现代环境治理必须遵循科学治理原则、民主治理原则和制度治理原则。战略是治理目标、具体策略和发展路径的总体性规划，现代公共治理是战略制胜的时代，战略的正确选择将确保治理方向的正确，并有利于组织效率的提升，而战略的失误则是最大失误,战略的错误将导致治理的整体性失效。环境治理战略变化的基本内容就是从重经济发展到重经济社会和人的协调发展,环境问题产生的根本原因就在于过去单纯追求 GDP 的粗放型经济增长方式,因此,治理的良性运动必须依靠经济社会综合发展的方式。结构即事务构成的要素及其要素间的本质性联系。环境治理战略的重心乃是环境治理组织结构的科学构建。环境治理结构的创新关键在于从离散型、垂直化的结构到综合型、扁平化结构的发展变化。这种变化又直接体现为国家治理体制机制的顶层设计。原有的治理结构中,部门分工、行业治理的权力分立与中央、地方垂直管理的情况同时存在,职能分散、中央地方的不协调以及政令一致化带来的僵化和行政壁垒,严重制约着市场要素的积极性。现代环境治理立足于"国家-社会-市场"的统一协调治理结构,以对社会主体整体的尊重和认可为前提,充分利用主客观激励机制,形成了多元化的治理格局,同时重视法律制度体系的生态化变革。[1]

第二,作为软件要素的风格、人员、技术和共同理念,直接规定了环境治理体系的治理行为特征、参与主体、治理技术和治理文化。中央明确指出,生态文明建设必须融入经济建设、政治建设、文化建设、社会建设的各方面和全过程。因此,中国环境治理的风格、人员、技术和共同理念必须契合上述生态建设的一体化过程。环境治理的鲜明特征是从行政管制型治理到公共服务型治理的转变,政府治理职能和执法主体的行为必然定位为公益性服务,行政就是服务、执法就是服务。中国环境治理要求既要加强城镇的公共服务建设、也要加强广大农村的公共服务建设,构建不同区域、不同领域相配合的公共服务

---

[1] 徐忠麟:"生态文明与法治文明的融合:前提、基础和范式",载《法学评论》2013 年第 6 期。

体系，推进公共服务的市场化。而人员即治理主体问题，要从客体化时代走向主体化时代、从传统人事管理走向现代人力资源管理、从单一、被动的管理主体走向多元、主动参与的主体，充分调动社会组织和公民的参与积极性，实现国家与社会的良性互动，一方面，民主行政、信息公开、民主监督是现代行政的基本要求，其有助于实现公民个体对社会治理决策、立法、执法、司法和监督的全面参与，而不是完全由公民被动地守法，这使得每个公民都有机会成为社会治理的主体；另一方面，现代社会治理要求政府培育和发展第三方自治组织，利用社会组织成员内部的契约进行自主管理，建立政府与社会的相互依赖、相互协作的互动关系。信息经济、低碳经济、绿色循环经济将成为新世纪全球经济发展新的增长点，环境治理技术将不再仅仅依靠过去简单的强制治理、惩罚约束和政策引导，更多地是依靠宏观调控和市场策略的有机结合，用法律制度确保市场力量积极、主动地进行自我治理。环境治理技术实际上将转变为新的经济发展模式的启动点和核心引擎，治理技术的变革本质上就是经济增长方式的变革。治理理念或共同的价值观是走向善治的内在动力，其与公民社会的文化培育直接相关，理念的转型深深植根于文化的变迁，现代的国家和环境治理必然要求从注重效率转向关注公平、从发展经济转向重视环境，而参与、民主、多元、认同、包容将成为环境治理的基本要求。环境治理文化建设包括文化建设和思想道德建设两个层面。文化事业是以文化产业为基础的文化建设的实体。发展文化事业，应通过构建现代公共文化治理的体制机制来促进文化产品生产和交易市场的全面改革。思想道德建设则以培育和弘扬社会主义核心价值体系和社会主义职业和行为道德为基本要求。

3. 7S 模型具有匹配中国环境治理体系转型的理论优势

第一，7S 模型具有整体管理的系统优势。整体方法的奥妙在于：人类应当认识到，当他们希望并试图用某种方法改变世界时，随着世界的改变，他们自身及所使用的方法也会被改变了的世界改变。明智的实践活动应该去驾驭这种改变，而不是抗拒它[1]，7S 模型整体框架的哲学基础就是系统论和控制论的哲学和方法论，因此，7S 模型管理理论能够为日趋复杂的公共治理系统提供有益的方法论指导。公共治理是一个复杂的多主体、多层次系统，系统内在的各层次、各方面之间存在着多种多样的交互作用，因此复杂性和不确定性十分突出。[2]公共治理视野中，政府的角色需要重新定位，各种非政府的自主性的组织之间，以及公民个体之间复杂的合作伙伴关系均非单一化和线条化的存在，与之相适应，善治价值及其公共治理方法的选择同样是复杂的。所以，公共治理必须冲破传统的简单化的理论范式。7S 模型科学、合理地建构了系统的整体观，并能围绕治理创新的核心要素即主体、制度、文化予以结构分析，有力地建构了创新的运动因子。同时，7S 模型基本内容不是静止不动的，而是动态性的。各个要素必须保持对社会环境的最佳适应状态，从而有利于创新性的维持和发展。

第二，7S 模型具有满足现代治理体系要求的主体型构优势。7S 模型进行一般归纳的观测对象或经验本体是现代社会最典型的构成单元即企业，这种构成单元是传统社会走向现代社会过程中的核心组织体。就中国社会的变迁而言，古代社会的家族体系已被瓦解，新中国成立后计划经济时代的单位体制正在崩

---

〔1〕 金观涛：《系统的哲学》，新星出版社 2005 年版，第 169 页。
〔2〕 巩建华、靳媛媛：“麦肯锡 7S 系统模型：一种可资借鉴的公共治理方法”，载《湖北社会科学》2009 年第 8 期。

溃和解体,未来在新的现代小家庭结构单元之外,除却从事公务工作的人员,人们唯一还可以获得归属感的单元就是企业。而且,伴随着企业创新能力的不断提升,现代社会个体组织形式的发展趋势也正被企业化所引领。现代社会不同于古代传统社会的根本点就在于,人主体性的发现,这种发现不仅体现在政治哲学和政治体制建设的权力归属、权利配置方面,而且还体现在经济社会发展过程中自我力量的证明和实现方面。企业化、自治和去中心化则正是这种主体性力量不断蓬勃发展的源泉,资本一方面束缚着人,但另一方面也塑造和解放着人。7S模型作为立基于现代管理哲学变迁的新理论,同样基于社会人、文化人等主体建构的基础之上,并且该模型的目标本就是为了实现经济增长、企业发展、个体成长以及文化孕育的整体性发展。由于7S模型实现了"以事为中心"向"以人为中心"的治理方式和治理结构的转变,强调以人为本的治理理念,其必然与现代社会治理体系中主体的自我认可相一致。

第三,7S模型具有便于执行的效率优势。7S模型通过将战略(Strategy)、结构(Structure)、制度(System)和风格(Style)、人员(Staff)、技术(Skill)、共同理念(Shared value)区分为硬件和软件两个层次,[1]有效实现了治理体系宏观和微观的区分协调,既考虑了治理的顶层设计问题,也考虑了治理的具体执行和落实问题。同时,7S模型强调和注重模型构成要素之间的互动、通约关系,具有认知的确定性和创新的灵活性等特点。基于此,该模型有利于国家环境治理结构的改革和变迁,其在改革的动员、改革理念制度的确立和教育传播、改革的具体贯彻落实等方面,受到财力、物力以及参与改革的个体的认知能

---

[1] 张立荣:"当代中国政府治理范式变革探析——以麦肯锡7S系统思维模型为框架",载《中国行政管理》2006年第6期。

力的限制较少,便于社会整体的接受。7S模型的模块化直接和具体地将操作的内容和程序细化,极大地实现了易操作、便于执行的制度改革优势。

第四,7S模型具有激励制度绩效的强化优势。7S模型关注事物的整体性,其以主、客观的辩证认识综合源头、过程和结果的一体化程式,以新的视角对治理对象、治理内容和治理方法进行模块化形塑,从而客观上产生了以过程和效果的考核代替以约束和强制的考核的绩效激励机制的变革。同时该模型7大模块的具体化,也为环境治理绩效考核目标和标准的设计提供了可资量化的总体性评价标准。并且,关注人的主体性和人的能力发挥的7S模型,将人的主体能动性构筑为制度创新和机制创新的核心力量,改变了传统"权力本位"的治理权威依靠,而创造性地发展出"能力本位"的新权威。由"权力本位"转向"能力本位"是政府进行环境治理的重大变革。因此,组织激励和个体激励相互结合,形成了激励机制的总体强化效果。

当然,将麦肯锡7S模型应用于中国环境治理会存在如下几个问题:7S模型是公司治理的现代模型,从根本上说,公司治理毕竟不同于国家和社会治理那样具体有综合性、复杂性,特别是不同于国家和社会治理过程中问题所具有的公共性和非公共性。并且,模式作为一种事物发展的标准样式,其存在主要是为事物的发展提供确定的路径,为事物特定阶段的运行提供既定的运作体系。但是模式并不能涵盖事物的全部,一方面模式是对特殊性之中共性的抽象,不能替代事物的特殊性,另一方面一种模式的存在必然具有特定的时空限制,当事物量变达到质变而进入新的阶段时,既定的模式将会对事物的发展产生限制。环境治理存在着大量的特殊问题,许多问题还可能是溢出模式之外的问题。同时,既定的一种模式往往会排斥另外一种新模式的产生,这可能会造成治理思维的固化,因此,7S模型的适用可能会对制度创新产生制约。国家在进行具体制度构建时应当对上述问题予以考虑。

(四)基于麦肯锡7S模型中国矿区环境治理体系建构的制度框架

《关于加快推进生态文明建设的意见》强调必须把制度建设作为生态文明建设的重中之重,中国的环境治理体系建设必须强化法律制度建设,以便满足环境治理法治化的需求。[1]

1. 中国矿区环境治理体系的硬件制度建构框架

参照麦肯锡7S分析模型并立基于环境治理的内在要求,环境治理的硬件要素包括环境治理战略、环境治理结构和环境治理制度。其中,环境治理战略是关于环境治理目标、发展策略和发展途径的总体谋划与导向。[2]环境治理结构包括环境治理的外在空间结构和内在组织结构。环境治理制度作为贯穿环境治理软、硬件各要素的规范体系,目的在于保障环境治理战略的有效实现并在此基础上对治理结构予以具体落实。

第一,环境治理战略选择。环境治理的战略就是对我国未来经济社会发展的整体把握和对未来的筹划。战略的确定需要掌握我国现行环境治理中的诟病,需要追溯治理理论发展的历史轨迹,从而确定适合我国的环境治理的总体方略。前已述之,我国的环境治理存在诸多问题,比如定位不明、管理主体孤立、手段单一等弊端,环境治理的战略需要从宏观上指引我国走出治理的误区。与此同时,从治理理论的发展轨迹看,全球治理

---

[1] 张建伟、皮立阳:"中国环境治理法治化",载《人民论坛》2015年第15期。

[2] 张立荣:"当代中国政府治理范式变革——基于麦肯锡7S系统思维模型的一种探讨",载《武汉大学学报(哲学社会科学版)》2007年第4期。

曾经经历了政府管制、企业调控和企业自愿等模式，而这些模式都不同程度地存在偏颇或发展的困境。可以预测未来的全球环境治理必将走向多中心的协调共治，我国的环境治理战略应当紧跟环境治理的现实需求，体现科学性、前瞻性、系统性和整体性。

我国环境治理战略应从如下两方面确定：其一是从宏观上来讲，环境治理的最终归属还是为经济社会发展以及生态环境保护服务，环境治理的战略必须体现两者协调可持续发展的特征。社会的进步，人民生活水平的提高都离不开经济社会的发展，当代社会一个国家的经济不可能像罗马俱乐部在《增长的极限》报告中所述的那样，实现零增长，那么，问题的关键是选择什么样的发展道路。人类社会经历了无数次环境污染的惨痛教训之后，最终选择理性地对待经济社会发展和环境保护之间的关系，试图在两者中间找到可以协调的平衡点。其二从微观上来讲，环境治理需要解决现行治理体系的弊端，环境治理战略必须体现多中心协调共治的全球治理发展趋向。多中心共治是西方治理理论的精髓，也为单中心治理（政府单中心或市场单中心）的片面找到了化解的良方。多中心共治强调发挥利益相关方的合力作用，通过政策及制度设计，充分调动各方的参与积极性，实现政府、市场及民众三方主体的共同治理。

因此，我国的环境治理必须在统筹经济社会发展和生态环境保护关系下规划多中心共治的总体战略。并以此调整治理结构、系统制度体系等其它软、硬件要素的制度构成。落实该总体战略，一方面要正确认识经济发展与生态环境保护之间的牵动关系，认识到在当代国际及国内经济新常态的大环境下，与绿色发展相背离的经济增长是没有实质意义的，必须通过制度创新与环保产业的技术创新，在经济发展与低碳环保之间找寻到两者协调前行的条件设置,才能实现经济与环保的良性互动;另一方面,紧抓治理的效率及科学性,调动多元主体的积极性,打破单中心治理的困局,最终实现多中心治理的长远目标。

第二,环境治理结构优化。环境治理的结构的优化需要从治理战略中梳理出治理的总体框架或脉络,需要与战略形成对应性的结构布置。同时,治理结构是治理制度的上位概念,是一系列杂乱无章的制度具有条理性的脉络,其包括治理的主体要素。

长期以来,我国环境治理问题沿循的是近乎单一的政府管制模式,之所以说是近乎单一的政府管制,说明政府在环境治理过程中已经有所觉醒,认识到社会力量在发展中具有强大动力,但由于诸多原因,仍然没能改变政府占绝对支配地位的现状。单中心治理的低效率及失灵已经成为立法者及学界的共识,改变单中心的垂直化治理(行政管理)结构走向多中心共治的扁平化(包含行政主体在内的多元主体参与)结构势在必行。并且,我国包含诸多省份与城市,不同省份与不同省份的城市之间长期以来形成的行政区域,阻隔了区域之间在环境治理问题上的联合协调。更为关键的是,环境的空间性、地域性特点使得行政区划与环境影响和保护的范围不一致,有鉴于此,环境治理除了应当采取以治理主体为主线的治理结构(即组织结构)外,还应考虑以自然资源生态系统,比如水文单元的流域作为空间单元进行分区治理(空间结构),从而走出我国目前环境治理中以省域为界限各自为政的桎梏,有效统筹流域内环境资源、能源的整体管理、促进各区域协调联动。

就治理的组织结构而言,政府、市场与民众是掌控环境治理的三驾马车,同时也构成了我国环境治理的总体组织结构。一方面,环境治理需要协调并理顺政府、市场与民众三方的关系，塑形比例协调的治理结构，避免政府权力配置失当、市场激励与民众参与制度不足的局面形成；同时注重各单元制度的建构或外围环境的培育，比如在完善市场类法律制度的同时，培育我国市场经济的氛围及土壤，在完善民众参与法律制度的同时，必须培育民众崇尚法律、敬畏自然的精神，唯有如此，才能让三驾马车合力发挥环境治理的结构性功能。

就治理的空间结构而言，应当在组织结构形成的基础上，考虑以生态系统为单元进行整体治理，生态系统的确定可以以相对完整、边界清楚的区域为标准，也可以以流域、地下水等自然水文单元为标准。比如矿区的环境要素比较复杂，涉及矿产资源、土地、地下水和地表水、林木等资源，但该区域的所有环境要素却构成了相对稳定和确定的生态系统。因此，从政府管理的角度来考虑，可以组建矿区的统一监管机构，打破矿产部门、水利部门、水务部门、国土部门和环保部门之间的行政僵局。再比如，流域的水资源从源头到入海也构成了一个相对完整的生态系统，在借助市场手段进行管理时，例如排污权交易的时候，就需要从流域整体的环境容量出发，评估整个流域可交易的环境容量，为科学进行排污权交易奠定基础。实质上，目前很多大气污染严重的区域形成的联合防治制度也是建立在生态系统整体考量的基础之上的。[1]

第三，环境治理制度整合。尽管我国已经制定了众多环境保护制度来应对环境资源危机，但现行的治理制度体系与当前政治、经济、司法体制不匹配、不协调，导致制度实施困难、异化分化严重、制度目标不能有效达成。同时，现行环保制度体系缺乏核心价值观、基本保护权益及制度引领和架构，制度

---

[1] 楚道文："大气污染区域联合防治制度建构"，载《政法论丛》2015年第5期。

重叠、冲突不断，制度实施成本与制度绩效反差较大。另外，环境保护有关单行制度缺乏科学性，在程序正义与实体正义、权力（权利）行使与责任承担、政府管制与社会自律的选择中随意而行，导致制度执行力弱化，制度成本较高。在环境保护制度的理论研究层面上，学界大多关注某一具体制度的设计和完善；对环境保护制度体系的构建一般从环境污染的全过程出发，忽视了制度实施的成本和效果，导致实践中制度间的重叠和冲突。另外，现行环境保护制度的安排也缺乏全局性、统领性、透视性的制度检视和制度设计，尤其缺少保障制度间协调互动的体系安排。[1]因此，审慎反思现行环境保护的制度体系，科学建构系统的、现代化的中国环境保护制度体系，通过中国环境治理能力现代化达致环境保护的整体目标已经迫在眉睫。

结合麦肯锡7S环境治理模型的组织结构，根据中国环境保护管理主体和手段的现状，环境保护制度可以划分为三种类型，分别是环境管制制度、环境经济制度和社会互动制度。这里的环境管制制度，即以政府为主体，使用行政强制手段进行环境保护的制度体系；环境经济制度，即以市场为主体，主要采用市场手段进行环境保护的制度体系；社会互动制度，即多元主体互动，多种手段并用进行环境保护的制度体系。环境保护制度的构建需要对上述三种制度类型的制度目标、实施风险、社会效果等进行解剖分析，[2]并结合我国经济社会发展规律、环境资源变化规律，优化组合不同制度分类，进而建构一套制度间配合协调、衔接周延、高效运行的中国环境治理制度体系。

---

〔1〕 王灿发等："我国环境立法的困境与出路"，载《中州学刊》2007年第1期。

〔2〕 宋萍："选择市场路径，确立环境法律制度"，载《法制与社会》2016年第9期。

具体来说，在政府环境管制制度体系中，需要反思并重构我国的行政审批、行政控制、行政检查、行政调查、行政处罚等制度，并着力构建重点区域和流域的统一执法机构或联防联控机构；[1]在环境经济制度体系中，需要反思并重构环境资源产权制度、排污权交易制度、环境责任保险制度、环境金融制度、环境费税制度、企业环境信用制度、环境污染损害国家补偿基金制度[2]等；在社会互动制度体系中，需要反思并重构公民环境权制度[3]、环境诉讼制度、公众参与激励制度、自主协商制度、环境教育制度等。在反思并重构不同种类的制度时，应当确立统一的制度目标，构建结构合理、层次明晰的制度体系，[4]同时健全相关制度沟通机制和实施程序。环境保护制度结构体系的设计，要特别强化系统研究，既要注重环境保护制度体系要素及其关系，也要注重对制度组合与执行力的研究，尤其注重分析制度体系在不同发展阶段的演变规律，探寻制度的应然样态。

2. 中国环境治理体系的软件制度建构框架

软件要素是中国环境有效治理的内部动力，包括共同理念、治理人员、治理风格和治理技术，其中共同理念是中国环境治理的核心要素；中国环境治理人员要架构多元治理主体的具体权利义务和协同治理的参与路径；治理风格应呈现出从行政管制型到公共服务型转变的特征；环境治理技术要注重创新。

---

[1] 孙佑海："依法保障生态文明建设"，载《法学杂志》2014年第5期。
[2] 刘士国："关于设立环境污染损害国家补偿基金的建议"，载《政法论丛》2015年第2期。
[3] 汪劲："论环境享有权作为环境法权利的核心构造"，载《政法论丛》2016年第5期。
[4] 李健芸："生态文明观视角下环境法律制度建设探析"，载《中南林业科技大学学报（社会科学版）》2016年第2期。

第一，确定环境治理的共同理念。理念是观念，是人们对事物表象或客观事物内在规律性的高度理性概括。十八大报告提出了"五位一体"的建设方略，把生态文明建设放置到了突出地位，并且要求在经济建设、政治建设、文化建设、社会建设各方面及全过程中考虑并尊重生态规律。而生态文明作为我国建设方略的基本表征，其内在的哲学理性的实质是要尊重非人生命体的生态理性，坚持人与生态系统的一体化、整体协同发展。麦肯锡7S模型的七大要素架构的哲学基础是系统论和整体控制论的哲学和方法论，蕴含着一体化、整体治理的内在逻辑。

中国环境治理必须符合生态文明建设的基本要求，彰显麦肯锡7S模型的核心理念。我国环境治理的共同理念就是要维护生态系统的整体生态理性，尊重非人生命体的生态价值并保障生态系统的良性存续。生态理性及生态系统的整体理论告诉我们，包括人在内的整个生物圈是个复杂的系统，系统内部的非人组成要素既是独立的、兼具经济与生态价值的公共资源，又是不可分割的、需要组合各构成要素才能发挥生态系统整体功能的。任何单位和个人的开发利用环境行为都将影响生态要素的生存空间与序列、影响资源要素生态功能的持续发挥、甚至影响未来世代人对环境的利用和依赖。这就要求我国的环境治理秉承整体主义的治理观念，重视各非人生命体的生态理性，坚持包括人在的整个生态系统协调可持续发展的基本观点；同时也要求我国的环境治理在充分尊重生态伦理、充分体现生态文明价值诉求的基础之上，对现行的环境法律体系，比如宪法、民法、商法、刑法、诉讼法等部门法进行生态化的变革，其中最重要的是将生态文明及生态系统整体发展的理念纳入法治改革，形成良法与良好设施的良性运行的生态法治秩序。这就要求我们打破传统"头疼治头、脚痛医脚"的环境治理模式,通过设定指引性的整体战略,将生态理性纳入法律体系。资源利用及开发行为必须受到生态系统整体主义理论和公平正义价值观的约束或限制,用生态系统的整体法律观拓展并改造我国的环境法律体系,建立符合生态文明整体主义要求的法律体系。我国的环境治理应当充分考虑生态理性与经济理性之间的关系,运用生态理性纠偏经济理性的限度,并通过立法协调两者之间的关系,进而对现行法律进行系统的生态改造,达致协调可持续发展的良好状态。

因此,在生态文明建设的背景下,我国未来的环境治理立法应当充分考虑生态系统的基本规律及生态系统的承载能力,确立生态理性及整体保护的理念,合理配置国家及地方和区域的立法资源并且完善相应的环境保护法律制度,尊重生态规律。法律规范的制定、执行和遵守都应当遵守人与自然和谐共处的客观要求,坚持整体治理的理念。同时,环境治理应当注重将生态理性及整体保护的理念融入我国的法治文化建设。文化属于意识形态的范畴,文化的形成是一个自外而内逐步内化的过程,不仅需要实践沉淀,更需要时间考验。通过科学、持续、长效的推进,生态理性和整体保护治理理念终将成为我国法治文化的核心内容。

第二,提升环境治理人员的治理绩效。环境治理人员即参与环境治理的主体。传统的公共行政关注的仅仅是政府的单中心管理,管理视野通常停留在政府行政机关如何运用公权力管控其他个体的单一维度上。罗伯特·贝内特是西方国家著名的分权理论研究专家,他认为政府的公共行政应当从单中心的管理走向多中心的治理,各级政府管理部门应当在公共事务管理中,将相关的权力和责任等推向市场与公众,形成政府、市场和民众的三方稳固关系。政府部门应当与企业和非企业组织以及公民共同找寻解决治理困境的良方,形成多元化的治理中心,提高管理效率并实现善治的目标。多中心环境治理要求构建由政府、市场、民众参与的多元社会关系,治理变革要求找好三者各自的角色分配及功能定位,形成治理人员良性架构并良好运行的人员构成系统。

第一,应当提高政府环境治理的效率。提高政府的治理效率,关键是要保证地方治理机构执法的独立性。具体的做法有二:其一,变革目前偏向于地方行政区划式的治理体制,向跨区域垂直式治理体制转变。垂直式的治理机构设置能够弱化地方政府对治理机构治理的干扰,能够使治理机构精力集中于业务研究。同时,机构改革应坚持根据生态特点划分区域的主要原则。同时为弱化地方政府干扰,应遵循"扩省、缩市、强县"的思路进行环境治理机构改革,即增加省级机构数量,减少市级机构数量,加强基层机构建设,这样的机构设置能够较大程度上弱化地方政府的干扰。目前正在进行的环保行政管理机构的垂直改革试点沿巡的就是这个思路。其二,强化环保部对环境的监测力度、惩罚措施应与地方经济发展措施挂钩。目前,中国环境恶化的首要原因是"中央政府以 GDP 作为地方政府官员的主要考核目标""官员锦标赛"的官员遴选机制,这样的考核方式导致了地方政府官员为了增加任期内的 GDP,庇护当地污染企业,放松对污染企业的监管。以目前的垂改威力,如果建立垂直化监管模式的成本大于其收益,环境治理体制也可以不发生,而改变维持现有的模式,但要加大中央政府对地方政府官员的环境考核指标权重,或者环保部对地方政府的环境治理不力的惩罚措施同其经济发展目标相结合,也能起到良好的作用。比如,环保部判定某地环境保护不达标,则该区域的环评限批。这一措施将弱化地方政府庇护当地污染企业的决心。

第二,应当提升公众参与环境治理的绩效。这里的公众是一个涵盖污染企业、社会组织和普通民众在内的广泛概念。具体的途径如下:其一,强化公众参与环境治理的权利。权力(利)配置是公众参与环境保护的深层推进机制和长效机制,赋予公众环境权是公众有资格参与环境保护的权利基础。我国应该在《宪法》中率先将环境权规定为公众应当享有的基本权利,在此基础上在环保基本法中规定公民环境权并制定权利落实的具体规范。同时,政府应在立法层面、具体制度层面实现公众在环境治理的事前、事中、事后的全程参与的制度权力(利)。其二,弱化地方政府与污染企业合谋的基础。共同的利益和信息不对称是合谋实现的关键条件。因此,中央政府可以绕开地方政府,通过完善环境监管制度敦促企业对环境信息进行披露,同时,加强环保部门、证监会对企业环保信息披露的责任约束,增加企业环境信息披露不充分的政治成本,敦促企业加大环保信息披露,走上清洁生产道路。[1]其三,拓宽公众参与渠道,落实公众的诉求。目前,公众参与环境保护的形式多样,如座谈会、听证会、问卷调查、电话访谈等,应鼓励构建专家支持的环保社团,使公众诉求更具专业性和针对性。但是公众参与多为形式,政府应落实公众诉求,只有这样才能激发公众参与的积极性。其四,应当积极探索第三方专业技术机构参与环境治理的途径、方式和方法。[2]

第三,确立环境治理风格。我国的环境治理实质上是政府

---

〔1〕 杨健燕:"公众诉求提升政府环境治理绩效的制度改进",载《中州学刊》2015 年第 5 期。

〔2〕 周珂、史一舒:"环境污染第三方治理法律责任的制度建构",载《河南财经政法大学学报》2015 年第 6 期。

环境管理，而管理在法律意义上是发生在管理者与被管理者之间，说明二者之间存在隶属与被隶属的关系，并且管理者对被管理者的管理是法定的、强制性的，不存在讨价还价的可能性。从管理到治理的转变，一方面表明了参与环境保护主体的多元化，同时也体现了环境管理风格的转变。治理体系的现代化要求政府从传统的生硬管理风格蜕变为公共服务型的治理风格，如此一来，随着政府治理风格由生硬到柔性的变革，服务型政府的管理效率将随之提高。我国环境治理风格应当注重政府行政角色的转化，从管理型政府逐步转向服务型政府，既要加强城镇的公共服务建设、也要加强广大农村的公共服务建设，构建不同区域、不同领域相配合的公共服务体系，推进公共服务的市场化。

深化我国行政体制改革，构建完善的与经济社会相适应的、与法治国家相协调的行政管理体制，是环境治理风格转换的保障。具体措施如下：探索部分领域区域一体化管理模式，落实新环保法提出的联防联治新举措；转变政府职能，加强政府的环境服务功能。具体就是依法确认环境公共服务在政府职能中的主导地位，划分整体管理与地方政府以及地方政府各职能部门之间的职责分工，加大对政府基本公共服务的投入，逐步解决地方财力与环境服务不匹配、政府间转移支付不够规范和透明的问题；推行以环境公共服务为内容的政府机关绩效管理改革，落实《政府绩效考核管理办法》《党政领导干部生态环境损害责任追究办法》等规章制度，强化公共服务问责制；改变过去政府与政府之间缺乏交流和联系，彼此鼓励和壁垒的现状，利用各类互联网网上服务平台，实现政府各职能部门之间、各工作机构之间、政府工作人员之间的相互联系与反馈机制，实现信息公开与共享，实现政府管理流程再造，建设各个区域环境管理的无缝隙对接。

第四,创新环境治理技术。十八届五中全会提出了"创新、协调、绿色、开放、共享"的发展理念。低碳发展与十八届五中全会提出的发展理念在本质上协调一致,内涵上相互契合。创新是发展的核心要素,只有不断推进理论创新、制度创新、科技创新、文化创新等,才能不断推动经济社会的低碳发展。

时任环境保护部部长陈吉宁曾说保护好生态环境,必须依靠环境治理技术创新,技术创新首先需要通过激励措施激励科研机构及企业和科研人员投入到技术创新中来。首先,要提高科研人才的待遇,加大对科研人才的投入,确保科研人才队伍的稳定性和持久性,从而带动科学技术的整体良性发展。其次,要对科技人员创新的技术成果进行资本化管理。[1]科技人员与其所属单位可以通过合同的形式约定奖励、报酬的方式和数额或者就关于技术创新成果的权属比例关系打成一致协议。

同时,健全完善科技创新的知识产权法律保护制度。比如科技创新的专利法保护制度,要注重申请前的决策分析、重视权利要求书的撰写、看准时机抢先申请等[2]科技创新的商业秘密保护方面,对于仿制国外先进技术所取得的未公知技术、通过"反向工程"也难以仿制的尖端技术等,应区别其不同内容分别采取不同的保护方式。另外也要注重科技创新成果商品化阶段的知识产权综合保护,比如技术产品权利化,以及对技术、工艺、产品的多角度保护等。

同步完善国家的环境技术示范推广长效机制和科技信息平

---

[1] 吕永龙:《环境技术创新及其产业化的政策机制》,气象出版社 2003 年版,第 123 页。

[2] 蒋宏强、张静:"环境技术创新与环保产业发展",载《环境保护》2012 年第 6 期。

台建设。当前，在国家层面，环境保护部每年定期发布《国家先进污染防治示范技术名录》《国家鼓励发展的环境保护技术目录》和《中国环境技术发展报告》，这些技术在国内乃至国际都是行业的领先技术，应当在名录的指引下，加大环保专项资金用于示范和推广的比例，鼓励区域内部的企业自主知识产权研发的力度，切实发挥好政府科技服务的作用，提升区域科技研发成果的力度及示范、应用及推广的实效性。同时，应以互联网和大数据为技术支撑，面向公众、企业和地方各级环保部门及其他环境保护管理机关，建立统一、开放、共享的地方环境技术信息系统和平台，并逐步与国家的环境技术信息系统对接，实现环境技术信息、政策信息、评价机构及专家库信息、先进环境技术等管理体系的共享和一体化。

中国的现行矿区环境治理体系存在治理战略不清、定位不明、管理分散、治理主体孤立、手段单一、整体性治理制度供给不足、制度间缺乏有效衔接与组合等弊端，无法完成将各种体制内外、新旧治理要素协调重塑于低碳发展的历史使命，致使环境治理的有效性无法保障，中国的环境治理体系转型的需求无法满足。

发端于企业管理的麦肯锡7S模型不仅关注宏观层面的战略及理念等要素，而且涵盖了微观层面的人员、技术、制度等要素，能够统筹安排影响环境治理的七大要素。更为重要的是该模型特别强调诸要素之间的整体联系和系统效应发挥，其模型特色及优势与低碳发展时代的环境治理需求相契合：一方面，7S思维模型的系统要素配置与环境治理的系统工程内在要求相匹配；另一方面，7S思维模型注重系统内各要素的统筹安排与环境治理的制度整体系统安排相应因。

参照麦肯锡7S分析模型并立基于环境治理的内在要求，中国环境治理的硬件要素包括环境治理战略、环境治理结构和环境治理制度。其中,环境治理战略是关于环境治理目标、发展策略和发展途径的总体谋划与导向。环境治理结构包括环境治理的外在空间结构和内在组织结构。环境治理制度作为贯穿环境治理软、硬件各要素的规范体系,目的在于保障环境治理战略的有效实现,并在此基础上对治理结构予以优化。软件要素是中国环境有效治理的内部动力,包括共同理念、治理人员、治理风格和治理技术,其中共同理念是中国环境治理的核心要素;中国环境治理人员要架构多元治理主体的具体权利义务和协同治理参与路径;治理风格应呈现从行政管制型到公共服务型的特征;环境治理技术要重点建构环境治理技术创新的制度安排。

依据麦肯锡7S模型构建的中国环境治理体系具有系统治理的整体优势,不仅兼容了我国治理体系现代化所要求的多中心共治,同时也宏观规划了环境治理的基本战略、组织框架,并对具体治理制度进行了分类重组、整合,同时重视技术因素和文化因素在整个治理体系构建中的重要作用。然而,其中一些基于生态系统整体性并符合科学发展观的制度设想,比如以自然水文单元的流域作为空间单元进行分区治理的构想,解禁了现实环境治理中各自为政的桎梏,有效统筹了流域内环境资源能源的整体管理、促进了各区域的协调联动;同时,打破割裂环境资源属性的现行环境治理组织架构,构建环境、资源、能源三位一体的治理组织结构等制度构想,也许还需要假以时日方可为之。

二、建立矿区生态安全的预警机制

《环境保护法》第39条规定:"国家建立、健全环境与健康监测、调查和风险评估制度；鼓励和组织开展环境质量对公众健康影响的研究，采取措施预防和控制与环境污染有关的疾病。"矿区生态安全预警机制是落实生态环境保护预防原则的根本。

(一) 划定矿区生态保护红线

党的十八届三中全会通过的《中共中央关于全面深化改革若干重大问题的决定》明确提出，要加快生态文明制度建设，用制度保护生态环境。其中，关于划定生态保护红线的部署和要求是生态文明建设的重大制度创新。生态保护红线是指在自然生态服务功能、环境质量安全、自然资源利用等方面，需要实行严格保护的空间边界与管理限值，以维护国家和区域生态安全及经济社会可持续发展，保障人民群众健康。"生态保护红线"是继"18亿亩耕地红线"后，另一条被提到国家层面的"生命线"。《环境保护法》第29条规定："国家在重点生态功能区、生态环境敏感区和脆弱区等区域划定生态保护红线，实行严格保护。各级人民政府对具有代表性的各种类型的自然生态系统区域，珍稀、濒危的野生动植物自然分布区域，重要的水源涵养区域，具有重大科学文化价值的地质构造、著名溶洞和化石分布区、冰川、火山、温泉等自然遗迹，以及人文遗迹、古树名木，应当采取措施予以保护，严禁破坏。"2017年2月中共中央办公厅、国务院办公厅印发了《关于划定并严守生态保护红线的若干意见》，提出划定并严守生态保护红线，是贯彻落实主体功能区制度、实施生态空间用途管制的重要举措，是提高生态产品供给能力和生态系统服务功能、构建国家生态安全格局的有效手段，是健全生态文明制度体系、推动绿色发展的有力保障。

根据中央的总体部署，2017年年底前，京津冀区域、长江经济带沿线各省（直辖市）将划定生态保护红线；2018年年底前，其他省（自治区、直辖市）将划定生态保护红线；2020年年底前，将全面完成全国生态保护红线划定，勘界定标，基本建立生态保护红线制度，国土生态空间将得到优化和有效保护，生态功能将保持稳定，国家生态安全格局将更加完善。到2030年，生态保护红线布局进一步优化，生态保护红线制度有效实施，生态功能显著提升，国家生态安全得到全面保障。

1. 划定矿区生态保护红线的意义

30多年来，随着城镇化、工业化的快速发展，我国资源约束趋紧、环境污染严重、生态系统退化，可持续发展面临严峻挑战。划定生态保护红线，对维护国家生态安全、保障人民生产生活条件、增强国家可持续发展能力具有重大现实意义和深远历史影响。

划定生态保护红线是维护国家生态安全的需要。由于经济社会活动对自然利用强度不断加大，我国自然生态系统受挤占、破坏的情况日趋严重，呈现出由结构性破坏向功能性紊乱的方向发展。目前，我国草地生态系统退化趋势明显；湿地仍在萎缩，生态系统服务功能持续下降。比如，过去20年间，甘南水源涵养重要生态功能区生态服务能力下降了30%左右；黑河下游防风固沙重要生态功能区生态服务能力下降了近40%。只有划定生态保护红线，按照生态系统完整性原则和主体功能区定位，优化国土空间开发格局，理顺保护与发展的关系，改善和提高生态系统服务功能，才能构建结构完整、功能稳定的生态安全格局，从而维护国家生态安全。

划定生态保护红线是不断改善环境质量的关键举措。随着经济社会的发展和人民生活水平的提高，人民群众对环境质量的要求和期待不断提升。当前我国环境污染严重，以细颗粒物

(PM2.5)为特征的区域性复合型大气污染日益突出。2013年以来,我国中东部地区出现的长时间、大范围、重污染雾霾天气,影响了近6亿人口。水环境质量也不容乐观。2012年,长江、黄河、珠江、浙闽片河流、西南诸河等十大流域的国控断面中,劣Ⅴ类水质的断面比例达10.2%。土壤污染特别是重金属污染日益显现,威胁到食品安全。畜禽养殖业环境污染问题突出,成为农村的最大污染源。划定并严守生态保护红线,将环境污染控制、环境质量改善和环境风险防范有机衔接起来,才能确保环境质量不降级,并逐步得到改善,才能从源头上扭转生态环境恶化的趋势,建设天蓝、地绿、水净的美好家园。

划定生态保护红线有助于增强经济社会可持续发展能力。我国人均耕地资源、森林资源、草地资源约为世界平均水平的39%、23%和46%,大多数矿产资源人均占有量不到世界平均水平的一半。城镇化是未来我国经济社会发展的必然趋势,到2020年,城镇化率将达到60%左右,资源环境的压力还将进一步加大。据研究,建设用地增加率是城镇化水平提高率的1.56倍,城镇人口人均能耗是农村人口的1.54倍。有研究表明,我国土地资源的合理承载力仅为11.5亿人,现已超载约2亿,我国已有600多个县突破了联合国粮农组织确定的人均耕地面积0.8亩的警戒线。划定生态保护红线,引导人口分布、经济布局与资源环境承载能力相适应,促进各类资源集约节约利用,对于增强我国经济社会可持续发展的生态支持能力具有极为重要的意义。

2. 生态保护红线的内涵

生态保护红线的实质是生态环境安全的底线,目的是建立最为严格的生态保护制度,对生态功能保障、环境质量安全和自然资源利用等方面提出更高的监管要求,从而促进人口资源环境相均衡、经济社会生态效益相统一。生态保护红线具有系统完整性、强制约束性、协同增效性、动态平衡性、操作可达性等特征。系统完整性是指生态保护红线的划定、遵守与监管需要在国家层面统筹考虑，有序实施；强制约束性要求生态保护红线一旦划定，必须制定严格的管理措施与环境准入制度，增强约束力；协同增效性要求红线划定与重大区划规划相协调，与经济社会发展的需求和当前的监管能力相适应，与生态保护现状以及管理制度有机结合，增强保护效果；动态平衡性是指在保证空间数量不减少、保护性质不改变、生态功能不退化、管理要求不降低的情况下可以对生态保护红线进行适当调整，从而更好地使生态保护与经济社会发展形势相统一；操作可达性要求设定的红线目标具备可实现性，配套的管理制度和政策具有可操作性。具体来说，生态保护红线可划分为生态功能保障基线、环境质量安全底线、自然资源利用上线。

生态功能保障基线包括禁止开发区生态红线、重要生态功能区生态红线和生态环境敏感区、脆弱区生态红线。纳入生态功能区的区域，禁止进行工业化和城镇化开发，从而有效保护我国珍稀、濒危并具代表性的动植物物种及生态系统，维护我国重要生态系统的主导功能。禁止开发区的红线范围可包括自然保护区、森林公园、风景名胜区、世界文化自然遗产、地质公园等。自然保护区应全部纳入生态保护红线的管控范围，明确其空间分布界线。其他类型的禁止开发区根据其生态保护的重要性，通过生态系统服务重要性评价结果确定是否纳入生态保护红线的管控范围。重要生态功能区红线的划定范围可包括《全国生态功能区划》中规定的水源涵养、土壤保持、防风固沙、生物多样性保护和洪水调蓄等5类共50个重要生态功能区。通过生态服务功能重要性评价，将重要性等级高、人为干扰小的核心区域划定在重要生态功能区红线范围内。重要生态功能区红线的划定，既可保护生态系统中供给生态服务的关键区域，也能够从根本上解决资源开发与生态保护之间的矛盾。生态敏感区、脆弱区红线划定范围可主要包括生态系统结构稳定性较差、对环境变化反应相对敏感、容易受到外界干扰而发生退化、自然灾害多发的地区。通过对区域生态环境敏感性进行等级划分，将敏感性等级高、人为干扰强烈的核心区域划定为生态保护红线的管控范围。生态环境敏感区、脆弱区红线划定后，将为人居环境安全提供生态保障，为协调区域生态保护与生态建设提供重要支撑。

环境质量安全的底线是保障人民群众呼吸上新鲜的空气、喝上干净的水、吃上放心的粮食、维护人类生存的基本环境质量需求的安全线，包括环境质量达标红线、污染物排放总量控制红线和环境风险管理红线。环境质量达标红线要求各类环境要素达到环境功能区要求。具体而言，要求大气环境质量、水环境质量、土壤环境质量等均符合国家标准，确保人民群众的安全健康。污染物排放总量控制红线要求全面完成减排任务，有效控制和削减污染物排放总量。到"十二五"末期，主要污染物包括化学需氧量、氨氮、二氧化硫、氮氧化物的排放总量分别比 2010 年减少了 8%、10%、8%、10%。环境风险管理红线要求建立环境与健康风险评估体系，完善环境风险管理措施，健全环境事故处置和损害赔偿恢复机制，推进环境风险全过程管理。建立突发性污染事故应急响应机制，完善突发环境事件应急管理体系，加强环境预警体系建设，确保将环境风险降至最低。

自然资源利用上线是促进资源能源节约，保障能源、水、土地等资源高效利用，不应突破的最高限值。自然资源利用上线应符合经济社会发展的基本需求,与现阶段资源环境承载能力相适应。能源利用红线是特定经济社会发展目标下的能源利用水平,包括能源消耗总量、能源结构和单位国内生产总值能耗等。水资源利用红线是建设节水型社会、保障水资源安全的基本要求,包括用水总量和用水效率等。土地资源利用红线是优化国土空间开发格局、促进土地资源有序利用与保护的用地配置要求,使耕地、森林、草地、湿地等自然资源得到有效保护。

3. 矿区生态保护红线的制度保障

有效保障生态保护红线不被逾越,确保红线落地,必须从制度、体制和机制入手,建立严格遵行生态保护红线的基础性和根本性保障。

建立健全自然资源资产产权和用途管制制度。在明晰的产权框架下,科学界定自然资源和生态空间的各项功能。通过建立用途管制制度,保障自然资源和生态空间的合理用途,确保准确执行主体功能区和生态环境功能区的定位,处理好开发与保护的关系。

建立自然资源资产负债表制度。建立自然资源资产负债统计、衡量与核算指标体系,摸清国家自然资源底数,包括规模、结构、分布以及变化趋势等,准确把握自然资源的存量、增量和减量等,为划定生态保护红线以及未来绩效评估提供基础性依据。

建立生态、资源和环境风险监测预警和防控机制。构建生态保护红线监测预警体系,基于国土生态安全的现状及动态分析评估的结果,预测未来国土生态安全要素发展变化的趋势及时空分布,逐渐形成生态保护红线监测与预警、决策与技术支持一体化的,具有充分技术、人力和物力保障的,兼有处理突发事件能力的国土生态安全预警体系。

完善基于生态保护红线的产业环境准入机制。根据不同类型生态保护红线的保护目标与管理要求，制定差别化产业准入环境标准。按照生态功能恢复和保育原则，引导自然资源合理有序开发。严格控制新建高耗能、高污染项目，遏制盲目重复建设的行为。

实施生态保护红线区域补偿机制。逐步建立生态保护红线区域的补偿机制，明确补偿标准、资金来源、补偿渠道、补偿方式，并以此推动补偿区域的生态保护。探索多样化的生态补偿模式，对生态产品生产方和受益方明确的区域，按照谁受益谁补偿的原则，建立不同地区间横向的生态补偿机制。

健全排污权有偿交易机制。全面落实污染者付费原则，健全排污权有偿取得和使用制度，发展排污权交易市场。加快制定符合市场规律和体现要素价格形成机制的排污权交易制度和交易规则，体现环境资源市场化配置方式并提高配置效率。

建立生态保护红线考核与责任追究机制。逐步建立差异化的生态保护红线评估体系，逐步将生态保护红线评估结果纳入各级党政领导干部的综合考核评价体系。对那些不顾生态环境盲目决策、造成严重后果的人，必须追究其责任。

（二）建立、健全矿山环境监测制度

《环境保护法》第17条规定："国家建立、健全环境监测制度。国务院环境保护主管部门制定监测规范，会同有关部门组织监测网络，统一规划国家环境质量监测站（点）的设置，建立监测数据共享机制，加强对环境监测的管理。"国务院办公厅2015年8月12日印发了《生态环境监测网络建设方案》，提出到2020年，初步建成陆海统筹、天地一体、上下协同、信息共享的生态环境监测网络。该《方案》明确提出，环保部负责建设并运行国家环境质量监测网,掌握全国生态环境质量总体状况。

1. 建立监测网络和监管平台

在国家层面,环境保护部、国家发展改革委员会、国土资源部应当会同有关部门建设和完善生态保护红线综合监测网络体系,充分发挥地面生态系统、环境、气象、水文水资源、水土保持、海洋等监测站点和卫星的生态监测能力,布设相对固定的生态保护红线监控点位,及时获取生态保护红线监测数据。建立国家生态保护红线监管平台。依托国务院有关部门生态环境监管的平台和大数据,运用云计算、物联网等信息化手段,加强监测数据的集成分析和综合应用,强化生态气象灾害监测预警能力建设,全面掌握生态系统构成、分布与动态变化,及时评估和预警生态风险,提高生态保护红线管理决策的科学化水平。实时监控人类干扰活动,及时发现破坏生态保护红线的行为,对监控发现的问题,通报当地政府,由有关部门依据各自职能组织开展现场核查,依法、依规进行处理。2017年年底前完成国家生态保护红线监管平台试运行。各省(自治区、直辖市)应依托国家生态保护红线监管平台,加强能力建设,建立本行政区监管体系,实施分层级监管,及时接收和反馈信息,核查和处理违法行为。

2. 健全矿区生态环境监测工作

通过建立监察监测联席会议制度,强化污染源企业监督性监测、环境安全应急监测、污染源自动监测、环境执法专项监测等多种形式的环境监测工作,实现环境监测与监管有效联动,有效提升环境监管水平。

第一,建立监察监测联席会议制度,构建多层级的监察监测联合会商体系。通过会商制度,充分发挥环境监测的技术监督和保障职能，有效解决监测与监管联动工作中存在的实际问题。通过会议纪要的形式统筹部署下一步的联动工作任务，全面做好污染源企业日常监管、环境安全应急保障、环境污染犯罪认定、环境信访及舆情处置等具体工作，有效提高环境监管的成效。

第二，深化污染源企业的监督性监测，为环境监管提供可靠的技术保障。科学、合理地确定监测项目，全面加强对国、省控重点污染源企业、污水处理厂排污状况的监测，切实做好污染源企业的监督性监测数据、自动监测数据、企业自测数据的综合分析与评估。完善数据移交制度，及时将各类超标监测数据移交环境监察部门，为环境监管提供更加全面、精准的数据支持。

第三，加强环境安全应急监测，切实增强矿区环境安全的综合保障能力。建立处置矿区突发环境事故的环境监察、监测的应急联动机制，完善矿区环境风险源隐患排查整治、信息公开、应急培训制度，定期开展环境应急监察、监测大比武活动。根据矿区环境风险源的分布情况，组织多种形式的环境监测应急实战演练，不断提高应急监测的溯源和分析能力，实现环境安全事故应急监测和环境监察的快速响应。

第四，强化矿区重点污染源企业自动监测设备的运营管理，进一步增强环保执法工作效能。完成矿区排污企业自动监测设备的升级改造，实现与省、市、区（县）污染源自动监测平台的联网运行。制定污染源自动监测设施运营监管考核办法，加大对自动监测设备数据质量的核查巡查力度，严肃查处违反环境监测技术规范，篡改、伪造监测数据的行为，切实提高污染源自动监测设备的数据质量。

第五，充分发挥监测数据的证据支撑作用，全面增强环境执法监测能力。加强环境监测工作的科学化、法制化建设,明确环境监测在环境执法过程中的法律主体地位,确保监测人员的从业资格、仪器设备的标定、分析方法的选择、采样过程的完整性和原始记录的规范性等方面均符合环保相关法律、法规的要求,以准确、权威的监测数据为打击环境违法行为提供证据支持。

3. 落实监测机构的垂直改革

2016年中共中央办公厅、国务院办公厅印发了《关于省以下环保机构监测监察执法垂直管理制度改革试点工作的指导意见》。环保机构监测监察执法垂直管理制度改革是我国生态文明制度的一项重大改革,是3年来全面深化改革在生态环保领域进行的新探索。自十八大以来,党中央、国务院就加快推进生态文明建设作出了一系列决策部署,相继出台了《关于加快推进生态文明建设的意见》《生态文明体制改革总体方案》等生态文明体制改革方案。这些改革举措都将着眼点放在落实地方政府环境保护主体责任和强化排污者污染治理主体责任上。此次垂直改革也遵循了这个思路。垂直管理制度是环境治理的基础制度,"垂改"是"底盘性"的制度改革。

根据《关于省以下环保机构监测监察执法垂直管理制度改革试点工作的指导意见》,现有市级环境监测机构调整为省级环保部门驻市环境监测机构,由省级环保部门直接管理,人员和工作经费由省级承担;领导班子成员由省级环保厅(局)任免;主要负责人任市级环保局党组成员,事先应征求市级环保局意见。省级和驻市环境监测机构主要负责生态环境质量监测工作。直辖市所属区县环境监测机构改革方案由直辖市环保局结合实际情况确定。将现有县级环境监测机构的主要职能调整为执法监测,随县级环保局一并上收到市级,由市级承担人员和工作经费，具体工作接受县级环保分局领导，支持配合属地环境执法，形成环境监测与环境执法有效联动、快速响应的工作机制，同时按要求做好生态环境质量监测相关工作。因此，按照指导意见要求，一是要落实地方党委政府及相关部门的环保责任，上收生态环境质量监测事权，建立环境监察专员制度，开展环保督察巡视，加强对环保履责情况的监督检查，实行党政同责、一岗双责、依法追责、终身追责，推动经济绿色发展。二是要落实排污单位的责任，加强环保重点领域的基层执法力量，将污染源监测和监管的重心下移，整合执法主体，集中执法权，强化环境司法、排污许可、损害赔偿、社会监督，严格环境执法。

跟随国家环保监测机构的垂直改革，负责矿区的监测机构在行政隶属级别上将上移，这将有利于纠偏过去部分矿区监测机构监测结果不公开、不公正、虚假篡改等现象；同时任命的环境检察专员，将进一步强化监测机构工作的合法性和标准性，保障矿区环境监测机构在出具监测结果时的公正性。

（三）完善矿区突发环境事件应急机制

突发环境事件是指由于污染物排放或自然灾害、生产安全事故等因素，导致污染物或放射性物质等有毒有害物质进入大气、水体、土壤等环境介质，突然造成或可能造成环境质量下降，危及公众身体健康和财产安全，或造成生态环境破坏，或造成重大社会影响，需要采取紧急措施予以应对的事件，主要包括大气污染、水体污染、土壤污染等突发性环境污染事件和辐射污染事件等。矿区复杂的地质、水文等环境和多样化的生态系统决定了完善矿区突发环境事件应急工作机制的重要性和必须性。健全矿区突发环境事件应对工作机制，科学有序地应对突发环境事件，保障人民群众生命财产安全和矿区生态安全，促进社会全面、协调、可持续发展是必须面对的问题。

新修订的《环境保护法》第47条规定：各级人民政府及其有关部门和企业事业单位，应当依照《中华人民共和国突发事件应对法》的规定，做好突发环境事件的风险控制、应急准备、应急处置和事后恢复等工作。县级以上人民政府应当建立环境污染公共监测预警机制，组织制定预警方案；环境受到污染，可能影响公众健康和环境安全时，依法及时公布预警信息，启动应急措施。企业、事业单位应当按照国家有关规定制定突发环境事件应急预案，报环境保护主管部门和有关部门备案。在发生或者可能发生突发环境事件时，企业、事业单位应当立即采取措施进行处理，及时通报可能受到危害的单位和居民，并向环境保护主管部门和有关部门报告。突发环境事件应急处置工作结束后，有关人民政府应当立即组织评估事件造成的环境影响和损失，并及时将评估结果向社会公布。该条款明确了政府及其有关部门和企业、事业单位在应对突发环境事件时的责任、县级以上人民政府应当建立环境污染公共监测预警机制、企业、事业单位在环境事件应急处置方面的责任和义务以及突发环境事件的评估制度。

根据2014年国务院办公厅印发的《国家突发环境事件应急预案》，矿区所在地县级以上地方人民政府负责本行政区域内的矿区突发环境事件应对工作，明确相应的组织指挥机构。跨行政区域的矿区突发环境事件应对工作，由各有关行政区域人民政府共同负责，或由有关行政区域共同的上一级地方人民政府负责。对需要国家层面协调处置的跨省级行政区域突发环境事件，由有关省级人民政府向国务院提出请求，或由有关省级环境保护主管部门向环境保护部提出请求。矿区所在的地方政府有关部门按照职责分工，密切配合，共同做好突发环境事件应对工作。各级环境保护主管部门及其他有关部门要加强日常环境监测,并对可能导致突发环境事件的风险信息加强收集、分析和研判。安全监管、交通运输、公安、住房城乡建设、水利、农业、卫生计生、气象等有关部门按照职责分工,应当及时将可能导致突发环境事件的信息通报同级环境保护主管部门。矿区企业、事业单位和其他生产经营者应当落实环境安全主体责任,定期排查环境安全隐患,开展环境风险评估,健全风险防控措施。当出现可能导致突发环境事件的情况时,要立即报告当地环境保护主管部门。地方环境保护主管部门研判可能发生突发环境事件时,应当及时向本级人民政府提出预警信息发布的建议,同时通报同级相关部门和单位。地方人民政府或其授权的相关部门,应及时通过电视、广播、报纸、互联网、手机短信、当面告知等渠道或方式向本行政区域公众发布预警信息,并通报可能影响到的相关地区。上级环境保护主管部门要将监测到的可能导致突发环境事件的有关信息,及时通报可能受影响地区的下一级环境保护主管部门。突发环境事件发生后,涉事矿区企业事业单位或其他生产经营者必须采取应对措施,并立即向当地环境保护主管部门和相关部门报告,同时通报可能受到污染危害的单位和居民。因生产安全事故导致突发环境事件的,安全监管等有关部门应当及时通报同级环境保护主管部门。环境保护主管部门通过互联网信息监测、环境污染举报热线等多种渠道,加强对突发环境事件的信息收集,及时掌握突发环境事件的发生情况。矿区所在地的环境保护主管部门接到突发环境事件的信息报告或监测到相关信息后,应当立即进行核实,对突发环境事件的性质和类别作出初步认定,按照国家规定的时限、程序和要求向上级环境保护主管部门和同级人民政府报告,并通报同级其他相关部门。突发环境事件已经或者可能涉及相邻行政区域的,事发地人民政府或环境保护主管部门应当及时通报相邻行政区域同级人民政府或环境保护主管部门。矿区所在地的人民政府及其环境保护主管部门应当按照有关规定逐级上报，必要时可越级上报。突发环境事件发生后，根据有关规定，由环境保护主管部门牵头，可会同监察机关及相关部门，组织开展事件调查，查明事件原因和性质，提出整改防范措施和处理建议。突发事件发生后，矿区所在地人民政府要及时组织制订补助、补偿、抚慰、抚恤、安置和环境恢复等善后工作方案并组织实施，在投保环境责任保险及其他相关保险的情况下，保险机构要及时开展相关理赔工作。

三、完善矿区生态补偿机制

矿产资源是我们赖以生存和发展的物质保障，然而开发利用矿产资源也给人类带来了诸多负面影响，不仅导致矿区塌陷、矿坑积水，诱发各类地质灾害，造成生态破坏，而且还排放废气、废水和废渣，带来环境污染。以我国产煤大省山西省为例，长期高强度的煤矿开采使山西矿区出现了严重的生态环境灾难，据相关资料显示，至 2015 年，山西煤炭开采导致生态环境经济损失至少达 770 亿元，至 2020 年，这一数字将达 850 亿元。[1] 山西在为全国提供廉价优质的煤炭资源的同时承受着生态环境之殇，而这只是众多矿产资源开发地区的一个缩影。习近平同志强调，只有实行最严格的制度、最严密的法治，才能为生态文明建设提供可靠保障。建立和完善生态补偿制度，是生态文明制度建设的核心内容[2]。

---

[1] 原建猛：“采煤生态补偿机制函需法制化”，载《发展导报》2014 年 1 月 7 日。

[2] 宁夏中国特色社会主义理论体系研究中心：“建立和完善生态补偿制度”，载《人民日报》2014 年 1 月 16 日。

党的十八届三中全会发布的《中共中央关于全面深化改革若干重大问题的决定》也提出,我国要大力实行资源有偿使用制度和生态补偿制度,通过完善生态补偿机制,推动地区间横向生态补偿制度的建立,吸引社会资本投入生态环境保护。这些将对我国生态补偿的立法工作和制度建设产生深远的影响,也对完善我国矿产资源开发生态补偿制度、推进矿区生态文明建设具有重要指导意义。为了解决采矿产生的生态环境问题,美国、德国、英国等国家制定了各具特色的生态补偿制度,通过多种途径积极筹措生态补偿资金,我国也自2010年起就将研究制定《生态补偿条例》列入了立法计划,2011年由发改委牵头,财政部、国土资源部、水利部、环保部、林业局等11个部门和单位组成的条例起草小组起草的《生态补偿条例》草案已经形成,该草案就不同领域如草原、森林、湿地等制定了相应的生态补偿实施办法,较之以往有了长足进步,值得肯定。无论是即将出台实施的《生态补偿条例》,抑或是其他有关生态补偿的法律法规等,解决生态补偿的关键问题,比如解决补偿资金来源、补偿标准和受偿对象等问题迫在眉睫。

(一)多方筹集矿区生态补偿资金

1. 矿区补偿资金存在的问题

第一,补偿资金匮乏。目前我国生态补偿资金主要依靠政府投入,尽管近几年我国持续不断地加大对矿产资源生态补偿的资金投入力度,但由于往年基数较低,补偿资金仍然缺口很大。[1]来自国土资源部的数据显示,目前,我国矿山总的复垦率不到10%,与国外大多数国家50%以上的土地复垦率相比,差距巨大。目前我国矿产资源生态补偿资金主要是"矿山环境

---

[1] 王干、白明旭:"我国矿区生态补偿资金来源机制和对策探讨",载《中国人口·资源与环境》2015年第5期。

治理与生态恢复中央专项资金",该专项资金的来源为矿产资源补偿费和矿权使用费与价款等,主要包括矿产资源补偿税费。而中央下达的用于矿山生态环境保护的补偿专项资金只占3项收费总数的10%~20%,大约相当于矿业企业利税的1%,[1]由此可见专项资金资助范围有限,总体投资量不大。专项资金还要求地方政府和企业配套,但由于有的地方政府和企业财力有限等原因,实际到位的配套率不高。[2]由于财政补偿资金列项属于一般转移支付而非专项转移支付,加之财政对资金的使用方向缺乏硬性要求,致使有的地方拿这笔钱去平衡财力,挤占、挪用补偿资金的现象十分普遍。有的市、县依赖国家补偿资金,而县里财政对生态环保基本不再投入,这严重影响了生态补偿资金的归集效果。相对于矿山生态恢复治理的巨大资金需求量,目前资金的投入捉襟见肘,根本不能解决问题。

第二,补偿资金来源结构不合理。我国目前存在大量废弃矿山,其生态环境恢复、土地复垦等历史欠账主要由政府承担,其资金主要由各级政府财政负担,如此一来给政府财政造成了极大压力。而对于新开矿山则由矿业企业承担环境恢复治理的责任,矿区被损的生态环境的治理往往需要巨额资金,仅靠开发企业缴纳的生态补偿税费及保证金并不能满足治理需要,且给企业造成了沉重的经济负担,不利于经济的健康、快速发展。由于补偿资金来源过于单一,不仅不能有效地恢复和保护矿区的生态环境,反而会打击各级政府和企业进行生态补偿的积极性,致使生态补偿的效果不尽人意。

---

[1] 刘晓星:"矿产资源生态补偿缘何步履蹒跚",载《中国环境报》2013年4月9日。

[2] 孔凡斌:"建立我国矿产资源生态补偿机制研究",载《当代财经》2010年第2期。

第三，是补偿资金来往主体不明确。对矿产资源开发进行生态补偿，最重要的问题在于明确谁来补偿以及谁应得到补偿，亦即补偿资金的接受者和提供者。对于生态补偿的双方主体，我们可以分别使用"生态受益者、损害者"与"生态保护者、受损者"的概念。"生态受益者、损害者"，是指从维护和创造生态系统服务价值等生态保护活动中受益，或者开发利用环境和自然资源而损害生态环境的个人、单位和地方人民政府。"生态保护者、受损者"，是指为维护和创造生态系统服务价值投入人力、物力、财力或者发展机会受到限制，或者因生态损害遭受损失的个人、单位和地方人民政府。[1]在矿区生态补偿实践中，即使根据已有的生态补偿原则确定了谁来补偿和谁应得到补偿，将权利、责任、义务落实到具体个人时，仍然存在着甄别的困难，需要结合各地具体情况加以认定。[2]甚至随着时空转化，主体的身份会发生改变，因此"生态受益者、损害者"与"生态保护者、受损者"的认定是一个动态的过程，需要适时调整，将符合补偿条件的主体及时纳入生态补偿体系，将不再满足补偿条件的主体排除出该体系。这些都使得矿产资源生态补偿资金的来往主体变动不居，愈发不明确。

第四，补偿资金收取标准不统一。生态补偿应当是对生态价值损失的补偿，而生态价值应包括生态建设和保护的额外成本和发展机会成本，这些都是十分抽象的概念，很难用货币来量化计算。我国目前并没有建立一套科学合理的可量化的补偿标准体系，这直接影响着矿产资源生态补偿制度实施的效果。

---

[1] 汪劲："论生态补偿的概念：以《生态补偿条例》草案的立法解释为背景"，载《中国地质大学学报（社会科学版）》2014年第14期。

[2] 谭秋成："关于生态补偿标准和机制"，载《中国人口·资源与环境》2009年第19期。

第六章　我国矿区生态安全法治的制度体系建构

此外，我国没有全国适用的、统一的生态补偿立法，各地区便因地制宜制定了本地的补偿标准，有以矿产资源的销售额为标准实行比例税率从价征收，有以矿产资源开发量为标准定额从量征收，还有以矿产资源开发的作业面积为标准等。各地标准和做法不一，一方面导致实践当中各地生态补偿税费征收混乱，另一方面也有可能出现地区不公平的局面。总而言之，由于缺乏统一的补偿标准，也缺乏针对各地制定地方标准的约束性规定，使得矿产资源开发生态补偿工作局面混乱，实施效果不甚理想。[1]

2. 矿区补偿资金筹集的原则

第一，保障补偿资金来源结构合理化。首先，积极推动地区间横向生态补偿制度的建立与普及。目前我国的生态补偿主要通过中央财政纵向转移支付的方式进行，这种模式简单易行且效果明显，短时间内使矿区的生态环境得到了较好的恢复，但是这种补偿方式难以有效化解矿产资源开发中生态效益和成本外部化的问题。因此，推动建立横向生态补偿机制，促进矿产资源开发受益地区向矿区生态补偿资金的流动十分必要。其次，正如十八届三中全会《决定》指出的，我们还需借力市场化手段，大力发展环保市场，吸引社会资金投向矿山生态环境保护。具体而言，我们要在继续加大中央财政纵向转移支付力度的同时，充分发挥市场的作用，建立政府领衔、多层次、多渠道的生态补偿资金筹措机制，探索多元化生态补偿资金归集方式。[2] 再次，积极推进探矿权、采矿权市场化改革，通过竞

---

[1] 王干、白明旭：“我国矿区生态补偿资金来源机制和对策探讨”，载《中国人口·资源与环境》2015 年第 5 期。

[2] 李小石等：《生态补偿机制：市场与政府的作用》，社会科学文献出版社 2007 年版，第 58 页。

争机制引入有实力、有责任感的企业参与矿山环境保护和生态恢复。同时想方设法提升横向生态补偿的比重,通过搭建协商平台,完善支持政策,推动矿产资源开发地区、受益地区与生态保护地区之间横向生态补偿的深入开展。最后,加强政府同金融部门的联系,加强对外交流合作,争取国际性金融机构的优惠贷款和民间社团、组织及个人捐款,以促使补偿资金来源结构主体多元化与合理化,保证矿山生态环境保护资金所需。

第二,需要进一步明晰补偿主体。随着矿产资源生态补偿理论的发展,补偿主体也会呈现多元化的趋势。国家作为矿产资源的所有者和管理人,对计划经济时代遗留下的大量废弃矿山缺乏监管,导致被废置,已无法明确原来的开采责任人,国家有责任对废弃矿山进行修复治理。矿山企业作为矿产资源开采的主要受益主体,在开采矿产资源的过程中必然会造成生态破坏和环境污染,因此应该承担一定的矿区环境修复责任,并对矿区居民因环境破坏导致的生活水平的下降进行补偿。此外,有些区域因为开采矿产资源而得到了发展,它们作为生态环境的受益者理应成为生态补偿的主体。以上主体易于确定,在矿产资源开发生态补偿活动中,究竟还有哪些主体可被认定为"生态受益者、损害者"或"生态保护者、受损者",往往不太容易确定,需要科学严谨的生态环境调查研究才能予以确认,在我国目前生态补偿还处于初级阶段的情况下,确定生态补偿资金的提供者和接受者殊为不易,尽管如此,我们仍然不能回避,需要厘清相互之间的利益关系,进一步明晰生态补偿的主体。

3. 多渠道筹集补偿资金的具体对策

第一,完善政府财政转移支付。财政转移支付有纵向和横向两种形式,纵向财政转移支付是中央财政向地方财政下拨资金,自上而下完成的;横向财政转移支付则是地方财政之间,基于协议而进行的水平形式的资金转移,我们在此两方面均应有所改变,以完善在矿区生态补偿资金筹集方面的财政转移支付制度。首先,进一步加大并适时调整纵向财政转移支付力度。前已提及,我国矿产资源生态补偿资金缺口较大,加之政府是矿产资源生态补偿的主导者,政府应该不断加大对矿产资源生态补偿的财政投入,逐步提高矿产资源生态补偿在财政转移支付中的比例,此外我国近几年国库财政收入也屡创新高,这也为中央政府加大对地方政府的纵向财政转移支付力度提供了坚实的基础。我国还应该改变"一刀切"吃大锅饭的传统弊端,对矿产资源开发的生态脆弱区和生态保护重点领域、重点环节、重点地区要适当提高生态补偿在财政转移支付中的比例,确保生态补偿资金能满足实际需求。向生态补偿受偿地区提供纵向财政转移支付时,应对重点地区进行专项财政转移支付,其他区域适用一般性财政转移支付即可。专项财政转移支付用于矿区生态环境恢复、矿区复垦、补偿利益相关者等特定领域,不得挪用;一般性财政转移支付则不作特别要求,可根据实际需求灵活运用。其次,引导推行横向财政转移支付。客观而言,纵向转移支付进行的生态补偿确实取得了不错的效果。但其没有体现区域经济发展与生态交换的内在统一性,且中央财政资金毕竟非常有限,仅仅依靠中央政府主导的纵向转移支付进行生态补偿显然是不可行的,根本出路还在于尽快实现纵向转移支付与横向转移支付的互补配合。与目前流行的纵向转移支付生态补偿方式相比,横向转移支付生态补偿在我国一直顿足不前。由于横向转移支付生态补偿机制的缺失,导致各地矿区生态环境保护效果不佳,生态破坏与环境污染仍层出不穷,难以根除,同时矿业城市牺牲本地区的生态环境利益和发展能力,使受益地区之间的经济得以又快又好地发展，若矿产资源开发受损（限）地区无法从受益地区获得正当、合理的补偿，必将严重影响社会公平，不利于地区之间平衡发展。在德国，政府承担治理矿山生态破坏的历史遗留问题，主要借助各州之间的横向转移支付来解决资金需求，由经济较发达州按一定标准以补助金的方式拨付给经济欠发达州。目前，我国矿产品的价格整体偏低，矿业城市因开采矿产资源所获得的收益与其因生态环境破坏而遭受的损失以及生态环境恢复治理投入相比，相差甚远，故由消费矿产品的工业城市对矿业城市给予补偿是合理且必要的。我国可以考虑借鉴德国的做法，积极推行并建立非矿业城市向矿业城市生态补偿横向转移支付制度，可以通过搭建协商平台、完善支持政策，引导和鼓励开发地区、受益地区与生态保护地区通过自愿协商的方式建立横向补偿关系，采取资金补助、对口协作、产业转移、人才培训、共建园区等方式实施横向生态补偿。中央政府应该积极引导并鼓励各相关地方政府之间进行横向财政转移支付的矿产资源生态补偿。[1]

第二，征收矿产资源生态补偿税费。现行的某些矿产资源税费名义上因生态补偿而征收，然则事后却很少用于生态补偿，此种税费因缺乏"生态补偿"性而不应该纳入矿产资源生态补偿的范畴，或者应该进行修改，使其实至名归，真正成为矿产资源生态补偿税费。资源税、矿产资源补偿费和矿区使用费存在税费项目设置与征收依据重叠的问题，三者有着相同的意义与作用，即体现和维护了国家作为所有者的矿产资源经济权益，区别仅仅在于外表上的税费名目不同而已。这无疑加重了相关主体的负担，既不公平亦不合理。因此我们需要先对目前的矿

---

〔1〕 王干、白明旭："我国矿区生态补偿资金来源机制和对策探讨"，载《中国人口·资源与环境》2015年第5期。

产资源税费进行梳理，笔者认为能够成为矿山生态补偿资金来源的是以下几种。一是改革后的资源税。2011年11月1日，我国通过修订《资源税暂行条例》将原油、天然气由从量计征改为从价计征，并在全国推行。在资源价格总体向上的形势下此举被广泛认为可增加资源税收入，促进资源的合理开发和节约使用。但是也有学者认为此次资源税改革并未触及根本，目前我国资源税制度存在着先天性缺陷，导致资源税实施的效果差强人意。笔者以为我们应进一步将现行资源税、矿产资源补偿费和矿区使用费进行合并，统一征收资源税，在此基础上还需进行如下改进。首先，通过改变资源税的计征方式增加税收收入，摒弃目前按产品销售量计税的方式，改采实际产量为税基进行征税，同时应加快原油、天然气之外的其他资源科目的资源税改革，将其他资源也逐步纳入从价定率计征范围；其次，实现差别税率，对特殊的矿产资源或特别地区的矿产资源实行较高的税率，借助税收的调节作用，强化保护重要矿产资源的观念。最后，要不断深化"费改税"，将契合矿产资源保护精神的收费项目取消后改征资源税，如此可使资源税形成较为稳定的规模，保证矿产资源生态补偿资金的来源可靠且充足。二是探（采）矿权使用费。根据《中华人民共和国矿产资源法》，我国陆续出台了数部配套法规，目的便是将《中华人民共和国矿产资源法》中所确立的矿业权的有偿取得制度落到实处。按照《矿产资源勘查区块登记管理办法》［1998年］第12条，我国征收探矿权使用费，以勘查年度计算，前3年按每平方公里每年缴纳100元逐年缴纳。第4年开始每年增加100元，至每平方公里每年500元后不再递增。按照《矿产资源开采登记管理办法》［1998］第9条规定，我国征收采矿权使用费，按每平方公里每年1000元逐年缴纳。值得注意的是确定探（采）矿权使用费征收标准的这两个配套管理办法均是自 1998 年初开始施行的,至今已逾 16 年,明显不能适应目前矿产资源开发保护的形势,也对矿山生态环境保护极为不利,应在考虑矿山企业承受能力的基础上适当调高探(采)矿权使用费征收标准,以充实矿产资源生态补偿资金。三是探(采)矿权价款。财政部、国土资源部于 1999 年 6 月 7 日制定了《探矿权采矿权使用费和价款管理办法》,其中第 4 和第 6 条规定凡申请国家出资勘查并经探明矿产地的探矿权和采矿权,除缴纳探(采)矿权使用费外,还应当缴纳探矿权、采矿权价款。探矿权、采矿权价款按照国家有关规定,以国务院地质矿产主管部门确认的评估价格为依据,可以一次缴纳,也可以分期缴纳。探矿权价款缴纳期限最长不得超过 2 年,采矿权价款缴纳期限最长不得超过 6 年。

  第三,采取间接融资方式。首先是从生态保险金中从提取。2008 年 2 月,国家环保总局(现为环境保护部)和中国保监会联合发布了《关于环境污染责任保险的指导意见》,标志着我国环境污染责任保险制度雏形初现。作为环境污染责任保险之一,在矿产资源生态补偿过程中,我国还应引入生态保险机制,以此来分散与降低采矿活动给矿山生态环境带来巨大破坏的风险。生态保险是保障生态补偿资金的理想途径,可在发生矿山生态环境事故后由保险公司及时足额地进行保险理赔,为矿山的生态环境恢复治理提供资金支持。对于生态保险,未来可逐步推广,将其列为强制性保险,凡采矿者均需投保此险种。发展生态银行,并从中获得资金来源。1974 年德国成立了世界上第一家生态银行,专门贷款给商业银行拒绝放贷的环保项目。2004 年日本政策投资银行也提出通过环境评级来选择贷款对象,为绿色信贷提供参考依据。商业银行可以共享政策银行的环境评级信息,对潜在客户进行甄别与监控,增加了对环保领域的信贷支持。借鉴外国经验，我国可以依托现有的三大政策性银行，设立专门部门负责对矿山生态保护项目进行信贷资金的审核与发放以及后续监管；也可以成立股份制的"生态银行"，与政策性银行紧密合作，为矿山生态环境恢复治理提供更多、更及时的资金来源。发行国债，筹措资金。国债是国家作为举债主体，通过支付可观的利息向社会募集资金的有效方式，由于以国家信用为基础，信用等级极高，故被称为"金边债券"。这种方式的优点在于其具有很高的灵活性，国家可以根据现实需要自主决定发行国债与否，当国家财政较为紧张时，中央政府可及时地发行国债，筹集财政资金，通过国债我们也可以比较灵活机动地为矿产资源生态补偿筹集部分资金。

第四，吸收社会资本。按照"谁投资、谁受益"的原则，我国可通过各种优惠政策鼓励和吸引民间资金进入矿区生态环境治理领域，首先，可采取多种财税政策，通过发放免息或低息贷款、延长贷款期限、税收减免等，拉动社会资本投资，积极参与到矿区生态补偿的公益事业当中。其次，应充分利用好我国高达40万亿元的居民储蓄，可在资本市场上提供相应的投资渠道，通过发行矿山环境治理环保债券或准许环保上市公司发行相应股票，吸引居民储蓄等民间闲散资金投资环保证券。并且还可以考虑发行环保福利彩票，以筹集更多的矿区生态补偿资金。此外，可以考虑将矿区生态恢复治理与矿区土地使用权进行置换，规定若相关主体出资治理矿区生态环境，则可给予其对于该矿区地块若干年的使用权限，相关主体可对该地块进行开发，获取收益以收回其前期矿区生态环境治理成本。同时，多方积极争取生态公益捐赠。可通过国际与国内两个层面积极争取国际援助和国内捐赠，以增加生态补偿资金。在国际层面，我国可在矿山生态环境恢复治理领域申请国际援助项目，以期获得国际社会的资金支持;在国内方面,可通过中国绿化基金会与中华环境保护基金会募集社会环保爱心资金,动员社会力量参与矿山生态环境保护。

第五,公开募集生态补偿基金。我们可以仿效现行的森林生态补偿基金,设立矿产资源生态补偿基金。该基金由财政拨款作为其启动资金,此外还可以充分发挥社会的力量,吸收来自于社会上各类团体、机构的投资以及国际组织、外国政府和国内单位、个人的捐款或援助。政府还可以通过发行生态彩票的方式,向社会公众募集矿产资源生态补偿基金。该基金可委托专业基金公司进行管理,由独立的第三方托管机构进行托管,在保证基金资金安全的前提下,并在一定的额度内进行诸如国债、债券式基金等稳妥投资以获得一定的收益,以利于生态补偿基金的保值增值。[1]

(二)制定科学的矿区生态补偿标准

国家应该就全国矿区生态环境损失评价及环境补偿制定统一的最低标准,各省、各地市可以依据本标准制定或执行高于该标准的标准。由于矿区生态环境损失评价及环境补偿最低标准的确立是生态环境损失及环境补偿的基础,该最低标准应该满足矿区生态环境损失评价及环境补偿的基本要求,至少应该等于矿区生态环境的评价和修复治理成本。矿区生态环境评价及环境补偿资金至少应该可以使土地毁损、植被破坏等生态破坏得以修复,使易于度量的污染和破坏得以治理,保证矿区居民生活水平不降低。其中,矿区生态环境修复治理成本包括生态破坏治理费用、环境污染治理费用以及矿区居民生产、生活损失补偿费用等具体内容。各地在计算标准上,也要结合本地

---

[1] 王干、白明旭:"我国矿区生态补偿资金来源机制和对策探讨",载《中国人口·资源与环境》2015年第5期。

的实际情况,联系矿区原生态状况来确定。

目前,国际上流行的补偿标准核算方法包括生态系统服务功能价值法、机会成本法、意愿调查法、市场法等,各种方法均在实践中得到了应用,未来还应进一步完善生态补偿标准确定方法,探索并明确影响生态补偿标准确定的关键因子,通过寻找一个或几个特定参数来确定补偿标准。笔者建议从以下方面加强生态补偿标准的科学研究:首先,开展资源环境价值评估研究。我国土地、水和矿产资源等自然要素的价值存在严重低估的问题,价格不能真实合理反映资源环境价值,为了使价格回归价值,必须先行进行环境资源调查统计以及资源耗减与生态环境损失的定价机制等研究工作。其次,在建立定量化的自然资源和生态环境价值评估方法的基础上,根据生态服务价值评估或者是生态破坏损失评估或者两者结合的方法建立生态补偿标准体系,为矿产资源生态补偿提供相对确定且合理的标准。最后,参考市场协议的补偿标准。在横向生态补偿机制下,补偿"接受方"和补偿"支付方"之间会通过自由平等的协商来达成协议,以此作为双方之间的补偿标准,这种做法综合考虑了市场情形、补偿"支付方"的承受能力以及补偿"接受方"的合理预期等因素,达成的补偿标准既科学合理又现实可行,可以为我们制定补偿标准提供参考。

(三) 建立矿区生态补偿法律责任机制

在矿区生态环境损失评价及补偿机制的责任承担方面,建议明确生态环境损失责任终身追究。首先,在党委和政府之间,在行政机关各部门内和上下级间科学合理的分配生态环境监管职责,严格、明确地界定和划分各自的职责与权限,明确政府和环保部门、直接责任人和单位领导人的责任。依托网格化监管,制订相应的配套规则,并依托这套规则明确具体责任的内容。其次，完善环保绩效考核以获得倒查追责之工具，确立并坚持在任考核、当期考核、长期考核相结合的考核评价制度。考核周期应该是发展规划的周期，包括制定、执行、最终结果等全过程。再次，完善资产负债表以促进环保审计，建立领导干部生态环境损害责任终身追究制，对领导干部实行自然资源资产离任审计，必须探索编制自然资源资产负债。最后，完善信息公开以促进追责的落实。建议进一步推行网格化的环境监管，并公开网格负责人的名单和联系方式，责任到人，必将有利于责任追究。确保生态环境损失评价与环境补偿的可诉性，从司法的角度保障生态环境损失评价和环境补偿的实施效果。将生态环境损失评价与环境补偿案件纳入环保法庭的受案范围，在理论、经济、制度及实践中是具有可行性的，同时，可以充分体现我国司法资源的价值。将生态环境损失评价和环境补偿案件明确纳入环保法庭受案范围，使之具有可诉性，接受国家法律的有力监督，对于推进生态环境损失评价和环境补偿具有积极的作用。

四、完善矿区生态修复制度

生态修复（Ecological Restoration）是 20 世纪 80 年代引进我国学术界的，主要有生态修复、生态恢复、生态重建等不同的理解和翻译，大多数学者都认为生态修复是指借助外界力量对受损的生态系统进行恢复、重建或者改建，包括对人为活动引起的环境污染和生态破坏的修复，以及对自然原因产生的生态问题的修复。矿区生态修复是指在矿产资源开发过程中，由责任人采用生态恢复和重建的手段，对受损的矿区生态功能进行恢复，并对受损方环境权进行补偿和赔偿的过程。矿区生态修复具有持续性和综合性，持续性是指矿山开发对矿区生态环境的影响是动态、变化的,且环境问题的积累会对生态造成二次破坏,因此生态修复不能仅仅在矿山开采结束后进行,应当与矿山开发过程相配合。综合性是指矿山开发对矿区环境带来的影响是多方面的,因此生态修复应当是全面、综合的修复。

矿区生态修复应当有以下几层内容。其一,矿区生态修复的对象既有历史上的遗留矿山,也有新建和在采的矿山。其二,矿区生态修复由国家、企业、社会多主体参与进行,其中以国家为主导,企业发挥主要作用,同时鼓励社会积极参与。其三,矿区生态修复不仅需要对矿区受损环境进行修复,还要对环境问题引起的社会问题进行修复,其中包括对公众权益的补偿。其四,矿区生态修复的全过程允许社会公众积极参与,并为其参与创造了条件。在此基础上,可以明确矿区生态修复的目的,即短期而言是为了实现矿区的生态平衡;长远来看是为了通过有法可依的生态修复机制实现社会经济的可持续发展。矿区生态修复需要借助人类力量,在实现生态可持续发展的同时,为人类社会的可持续发展创造了条件。

我国有关矿区生态修复的法律法规比较分散,在中央立法层面有《环境保护法》《矿产资源保护法》《土地管理法》《土地复垦条例》《环境影响评价法》等。在地方立法层面,以山西省为例,有《山西省环境保护条例》《山西省减少污染物排放条例》《山西省土地整治条例》《山西省矿山环境恢复治理保证金提取使用管理办法(试行)》等,此外还有部分未上升为法律规范的政策规定。总体而言,在环境保护基本法中,《环境保护法》虽然提出了完善生态修复制度,但对于生态修复缺乏充足的法律规定支撑,过于原则性;环境保护单行法中的相关规定,实际可操作性不佳;在地方性法规中,存在关于生态修复的规定及配套措施,但法律效力不高。

(一) 矿区生态修复的制度检视

尽管立法和实践已经对包括矿区在内的生态修复进行了初步探索，但生态修复作为恢复生态系统功能的重要治理模式，在我国仍是新生事物，存在诸多问题，需要我们引起重视。

1. 对生态修复误解

司法实践正在灵活地运用生态修复这一责任方式，最高人民法院颁布的《关于审理环境民事公益诉讼司法解释》（以下简称《解释》）也对此予以了采纳。但《解释》尝试从民法上"恢复原状"的视角去构建生态修复的责任实现方式，其把生态修复与民法上的"恢复原状"等同视之的观点是值得商榷的。新修订的《环境保护法》第64条"对于造成生态损害的，按《侵权责任法》的有关规定承担责任"的规定，实际也是套用了《侵权责任法》中"恢复原状"这一权益恢复性责任承担方式，来达到实现生态修复的效果。其实，生态修复不能与民法上的"恢复原状"相提并论。民法上的"恢复原状"旨在救济受到损害的人身权和财产权，而生态修复是修复受损的生态系统以保障公众的环境权。前者以维护个人利益为核心，后者侧重于保护环境公共利益。单纯以恢复到侵权行为或违约行为发生之前的状态为目的的"恢复原状"的方式无法满足生态修复对于生态系统修复和维护的客观需要，生态修复比"恢复原状"有着更高的标准，不仅要恢复受损的生态系统，更要实现生态系统的可持续发展。

2. 立法理念偏位

传统的以污染控制和预防为主的环境立法在环境保护话语体系中占据了主导地位，导致环境法律体系中普遍存在环境污染和生态破坏控制型与预防型的法律和制度设计，而生态修复型立法的根基薄弱。毋庸置疑，以风险预防为主的事先治理模式与以污染控制为主的事中管控模式对保护和改善环境起到了不可估量的作用，但这只能尽量减少人类活动对环境的不良影响和降低对生态的破坏强度，并不能从根本上解决环境污染和生态退化的问题。而且有些生态破坏，比如由自然灾害引起的生态破坏，是人类无法预防和控制的。事实上，环境污染和生态破坏无法避免，而我国长期受经济发展优先于环境保护思想的影响，粗放式的发展模式和监管的松懈导致环境污染和生态破坏状况加剧，远远超出了生态系统的自净能力，如何有效修复受损的生态系统是亟待解决的问题。而认为生态修复仅仅是自然科学管辖范围内的一种技术手段的固有偏见，会更加让我们忽视从制度层面上对生态修复的关注。[1]

3. 修复目标不合理

我国已经在开展生态修复的试点工作，司法实践也在积极创新生态修复的渠道。但是生态修复主要集中在污染严重的区域和重点污染场地，对大气、水、土壤进行修复，目的是为了解决重点突出的环境问题，以达到政府环境质量考核指标和满足土地利用用途。目前我国生态修复的修复目标单一，往往只是针对某种环境要素进行专项修复，而忽视了生态系统的整体性，这可能使得某种环境要素得到了改善，但却让整体生态系统遭到了更大的破坏。在环保指标考核与经济发展要求的压力下，地方政府往往采取不合理的修复方式，单纯注重快速的人工修复，忽视生态系统的自净能力，以求短期内快速获得成效。虽然能够短期内快速降低污染物的数量与浓度，但过度的人工干预与破坏生态规律的修复方式只是在转嫁污染。例如焚烧或填埋垃圾，虽然能够快速地减少垃圾数量，但也带来了大气污

---

〔1〕 黄俊、郭冬梅："生态修复法律制度探析"，载《江西理工大学学报》2016年第6期。

染与土壤污染。

4. 责任主体单一

环境问题是纷繁复杂的，包括由自然界自身变化而引起的第一环境问题和由人类活动所引起的第二环境问题。其中，第二类环境问题又分为环境污染和自然环境破坏两类。所以，生态修复也包括对第一类环境问题的修复以及对第二类环境问题所包括的环境污染和自然环境破坏的修复。可见，生态修复义务涉及的主体群落庞大。环境问题是典型的外部不经济性的表现，如果无法体现出"污染者负担"原则，将是对环境正义的践踏。所以，明确各方的责任与义务，将外部不经济性内在化至关重要。目前我国主要由政府来统筹生态修复工作，资金主要来源于国家财政，企业作为直接污染、破坏者和受益人只是生态修复的参与者，而不是生态修复的义务人，政府鲜有向污染企业追偿生态修复费用的情形，普遍存在着"政府买单"的现象。如此失衡的局面难以从根本上解决污染问题，也让社会产生不满。

5. 救济制度缺失

环境问题不是突然迸发出来的，而是日积月累的结果。在持续地排放污染物以及长期的化学反应下，污染场地的生态系统变得相当复杂。要更好地进行修复工作，就要详细了解污染场地的来龙去脉，其中可能涉及诸多原始资料和历史旧账，而这些信息都由政府或者污染企业掌握，难以公开为公众所知悉。生态修复涉及众多的利益，影响范围广，污染资料数据、污染物种类等基础信息的阙如，导致难以准确地评估环境风险与成本效益，公众难以参与到生态修复工程中，无法获取风险信息会引起恐慌，没有渠道表达利益诉求就会形成大规模的环境群体性事件。

(二) 矿区生态修复制度的完善框架

1. 完善矿区生态修复相关立法

我国应从矿区生态修复制度的现状出发，借鉴国外矿区生态修复的成功经验，加快矿区生态修复相关立法工作的进程，建立符合我国国情的矿区生态修复法律体系。一方面，对与矿产资源开采有关的环境保护和土地管理法律、法规进行修改，加入促进生态修复的内容，增加生态修复的法律规范，加强矿区生态修复监管。根据我国现已颁布的法律法规，制定科学、合理的修复计划，提高矿区生态修复水平。加强行政规章制度建设，提高可操作性。针对我国矿区环境涉及多个部门监督管理的状况，应当在部门的行政法规中明确各自的分工，明确规定从采矿企业取得采矿权到闭坑的每个环节应该由哪个部门负责，避免因管理部门分工不明所造成的互相推诿。建立自下而上的环境监管预报制度，确保环境信息公开化、透明化。另一方面，可制定专门的矿区生态修复法律法规，保障生态修复工作开展的有效性。需要在立法中特别注意：其一，明确立法目的。生态修复立法是为了鼓励生态环境修复行为，通过生态修复来解决社会发展引起的生态环境问题，最终实现生态环境和人类社会的可持续发展。进一步分析生态修复的立法目的应包括以下几层含义，合理分配生态修复的权利和生态修复的义务；引导社会主体积极参加生态修复活动，保证生态修复的质量；规范责任主体的生态修复行为，促使生态修复工作及时、有效地进行；提供法律制度保障，实现资源、环境、社会的可持续发展。其二，明确立法原则。生态修复立法应当遵循生态环境优先原则。人类的发展要从自然中获取资源，而过度的生态开发又会导致难以消除的恶果，生态环境的脆弱和人类社会的发展需要寻找一个平衡点。人类社会的可持续发展应当以减少不必要的生态破坏为前提,将满足自身发展所造成的生态破坏控制在可恢复的范围内,确立环境优先原则。生态修复立法应遵循公众参与原则。生态环境恢复关系到社会的整体利益,因此政府及企业不仅应当及时公开生态修复的相关信息,还要鼓励公众监督生态修复的进程。

2. 明确矿区生态修复的责任主体

矿区环境问题的积累有多种原因,包括早期粗放的矿山开采活动,缺乏环保意识指导,责任人难以确认;计划经济时期中的矿山开采没有对土地复垦工作进行成本测算,修复工作缺乏资金难以推进;改革开放以来,受市场经济利益的刺激,小型矿山盲目逐利对资源的不合理开采严重破坏了生态环境。由此可见,我国的矿区生态修复责任应划分为历史遗留责任和新建在采责任,应当分别确定责任人,将修复责任落到实处。对于无法确定矿山责任人的历史遗留责任由国家承担。因为法律规定矿产资源归国家所有,在矿产资源开发活动中,国家曾依据矿产开采企业的条件对其发放了采矿许可证,由此产生的矿区环境污染和生态破坏遗留问题,国家有理由承担修复责任。对于新建矿山和在采矿山的修复责任,应由采矿企业承担主要责任,国家承担补充责任。因为企业作为矿山开采的利益获得者,其履行的义务应当与享有的权利相对应。企业的修复责任贯穿于矿产资源开采全过程中。例如,积极保护矿区环境的义务,依法缴纳矿产资源开发相应税费的义务,对生态利益受损方的生产生活予以帮扶的义务等。若出现了企业无法独立完成的生态修复工作,或在矿产开采过程中出现了重大的环境问题,政府则应当介入其中,承担生态恢复的补充责任。

3. 设立矿区生态修复专管部门

矿产资源的开采会对土壤、水体、生物、大气造成不同程度的生态破坏,目前我国生态资源由不同的政府部门进行管理,缺少统一的分工,这不利于各部门形成合力,无法促进生态修复工作的开展。与此同时,生态修复工作的综合性和持续性决定了需要由生态修复专管部门进行管理,以保证生态修复的效果。结合矿区生态修复的目的来看,可考虑在环境保护部门中设置矿区生态修复专管部门,专门对矿区生态修复治理的工作开展、标准制定、成果验收等环节进行管理,对矿区生态修复资金的征收、使用进行管理,以确保矿区生态修复项目的连续实施。此外,对于矿区生态修复责任进行监督管理是矿区生态修复专管部门的重要职责,包括前文所述国家的历史遗留责任和企业的新建在采责任,都应当被严格的监督。各级地方政府可依据具体情况设置相应的管理部门,颁布适用于地方的矿区生态修复法律法规,但其标准不得低于中央层面的规定。

4. 完善矿区环境影响评价制度

环境影响评价制度对预防环境污染和环境破坏有源头监督的作用。结合矿区生态修复制度存在的问题,环境影响评价制度应当从以下几个方面予以完善。

其一,在环境影响评价制度中规定生态修复责任。矿区环境影响评价报告应当进行生态环境损害评估、提出环境修复相关措施,将原本处于末端的环境修复责任推进到环境防治的开端,通过修复责任源头化,将环境损害的不利后果降至最低,加强环境影响评价制度的可行性。其二,严格规范新建矿山的环境影响评价。拟新建矿山的土地因从未进行过矿业开采活动,其可能对生态环境造成的影响存在不确定性,因此对新建矿山的环境影响评价应当有更高的要求,在新建矿山环境影响评价报告中应重点关注其可能引发的生态环境问题。其三,制定严谨的环境影响评价审批程序。①环评机构应对矿区工程项目进行详细描述，充分论证工程可能对矿区造成的影响；②通过矿区实地考察，得出项目可能对环境造成的破坏程度和对生态系统产生的负面影响；③提出减少环境问题的措施，将矿山开采引起生态环境问题的可能性降至最低。其四，加强环境影响评价制度的社会监督。编写环境影响评价报告书的过程中应设置公众参与环节；报送环境影响评价报告应附上针对公众提出的意见作出的采纳与否的说明，若缺乏此项规划审批机关可不予通过；环境影响评价报告应主动向社会公开，便于公众查阅、监督。

5. 完善矿区生态修复资金制度

完善矿区生态修复资金运作制度，保障修复资金的充足，提高生态修复效率。其一，建立生态修复基金。因历史原因产生的矿区生态修复需要巨大的、持续的资金投入，仅仅从国家财政获取治理资金并不能解决问题，建立合理的资金机制是矿产资源有序开发、生态环境妥善治理的保证。生态修复基金是为了实现生态环境修复而设立、运作的资金，可借鉴现行的森林生态补偿基金的模式，设立矿区生态修复基金，重点对以下几个方面进行规定。①基金用途。基金的主要用途是鼓励社会或个人参与矿区生态修复投资，例如帮助因在矿产开采中受侵害的公众获得再就业的资金和安居资金等。②基金来源。该基金可从财政拨款中获得启动资金，从社会中吸收各类机构、团体的投资，获取银行专项贷款，接受国际组织的援助，接收国内企业、社会公众的捐款，形成有力的资金支撑机制。③基金管理。矿区生态修复基金可由国土资源部进行管理，制定基金管理制度，对基金统一进行运作和划拨。基金的运作应当注重监管，设立基金监察员，引入公众参与机制。各地政府需要使用基金进行生态修复时，应当由地方政府和地方矿业主管部门共同向国土资源部申请，经审核条件达标后予以划拨。④基金运作。该项基金可以委托专业基金公司，由独立的第三方托管机构进行托管，以保证基金资金安全为前提，在一定的额度内进行诸如国债、债券式基金等稳妥投资以获得一定的收益，实现矿区生态修复基金的保值增值。通过设立基金最大限度地融取社会及政府财政资金，为矿区生态修复提供稳定的经济基础。

其二，建立矿区生态修复专项补偿金。矿区生态修复专项补偿金的管理是在现有的税费政策和保证金基础上建立的，是新建矿山和在采矿山实施生态修复的重要支撑。矿区生态修复专项补偿金的建立，重点应当在如下几个方面进行规定。①制定矿区生态修复专项补偿金的标准。我国的矿产资源分布和经济发展状况不均衡，在矿区生态修复专项补偿金制度建立之初，应当由各地结合本地财政收入、公众生活水平等因素制定适宜的标准，需要包括矿产开采对环境造成的直接损失和恢复原有水平的治理成本；在建立之后，矿区生态修复专项补偿金的标准也不应当是固定不变的，在实施过程中应对该地区生态修复的效果进行定期评价，对于资金不足部分或超出部分要有备案机制。②扩大矿区生态修复专项补偿金的来源。前文对生态资金来源单一的问题进行分析得出，资金不足是制约生态修复工作开展的瓶颈，因此专项补偿金应当由政府、企业、社会三个层面构成。企业缴纳的专项补偿金应适当高于治理成本，以敦促企业积极履行责任；引导社会资金投入，以鼓励环保产业发展；政府还可委托中介组织对专项补偿金进行市场化经营，鼓励符合条件的组织参与其中。③建立矿区生态修复专项补偿金管理制度。设定科学的矿区生态修复专项补偿金评估办法，对补偿金的发放标准、计算方法、评价指标等进行严格规划和评估；在银行开立矿区生态修复专项补偿金专用账户，保证资金安全，确保资金用途；然后，制定严格的矿区生态修复专项补偿金的审查条件，确保生态补偿金当事人如实申报、足额领取。④建立矿区生态修复专项补偿金监督机制。专项补偿金的筹集、运作和使用情况应当如实公开，接受国家权力机关和社会公众的全程监督；鼓励公众举报违法行为，建立举报奖励制度。其三，发放矿区生态修复赔偿金。①对于矿山开采造成的人民财产的实际损失，应当由企业给予足额赔偿，赔偿标准应当鼓励当事人双方协商确定。②针对矿区生态修复赔偿不能达成一致的，政府可组织双方当事人进行行政调解，对于采取民事诉讼的方式解决赔偿问题的，政府应当予以一定的支持。其四，建立矿区生态修复社会保险制度。企业难以对矿区生态损害进行充分赔偿，因为矿区环境问题具有社会性，因此有必要建立矿区生态修复社会保险制度，鼓励保险企业参与相关保险活动。

五、积极参与企业环境信用评价

环境管理转型是当前生态文明建设和环境保护的必然要求，是实现改善环境质量这一核心目标的重要路径和基本保障。环境管理转型要注重处理好政府和市场的关系，要注意发挥市场在资源配置中的决定性作用，要推动企业切实承担环境保护的主体责任，就需要充分运用市场手段，将环境行为与市场信用有机融合。[1]企业环境信用评价就是实现这一融合的纽带和桥梁。目前我国的企业环境信用评价制度存在诸多问题，比如企业对评级结果的认同度普遍不高，银行对企业授信时参考环境信用评价结果的权重不大，企业环境信用的联动约束与激励机制绩效不高等突出问题。本部分从宏观和微观层面对企业环境

---

[1] 张志奇、李英锐："企业环境信用评价的进展、问题与对策建议"，载《环境保护》2015年第10期。

信用评价体系的运行现状进行评估,全面检视现行企业环境信用评价体系存在的问题;理性分析问题背后渗透的现行企业环境信用评价体系与科学意义上企业环境信用评价的行为本质及制度机理之间的差异与错位点,准确定位制度体系的科学应然性,使企业环境信用评价体系回归市场本位;平衡政府、市场与民众在制度体系中的协调关系,重新确定各自的角色与功能,从应然层面重构企业环境信用评价体系的若干制度组成,以期为我国的信用体系建设提供制度支持。本部分所称企业包含从事矿山开发的企业。

(一)企业环境评价制度的立法及实践现状

我国企业环境信用评价最早可追溯到 2005 年,为促进公众参与和信息公开,原国家环境保护总局发布了《关于加快推进企业环境行为评价工作的意见》,对企业环境行为评价的内容、评价指标、评价程序进行了规定,此后全国各地纷纷开展企业环境行为评价试点工作。2011 年 10 月,国务院印发的《关于加强环境保护重点工作的意见》中明确提出"建立企业环境行为信用评价制度",此后企业环境行为信用评价制度进入不断完善阶段。2013 年 12 月,环保部会同发展改革委、人民银行、银监会等四部委印发了《企业环境信用评价办法(试行)的通知》,办法的实施标志着我国企业环境信用评价工作开始"着陆",进入实施层面。2014 年 6 月,国务院发布《社会信用体系建设规划纲要(2014~2020 年)》要求"加强环保信用数据的采集和整理","建立企业环境行为信用评价制度","完善企业环境行为信用信息共享机制",进一步强化了企业环境信用评价工作在整个社会信用体系建设中的重要地位。2015 年 1 月 1 日实施的新《环境保护法》明确规定环保部门"应当将企业事业单位和其他生产经营者的环境违法信息记入社会诚信档案,及时向社会公布违法者名单",为企业环境信用评价工作提供了基本法制保障。2015年12月15日,环保部联合国家发改委出台了《关于加强企业环境信用评价体系建设的指导意见》(环办〔2015〕161号),该意见提出到2020年,企业环境信用制度基本形成,企业环境信用记录全面建立,覆盖国家、省、市、县的企业环境信用信息系统基本建成,环保守信激励和失信惩戒机制有效运转,企业环境诚信意识和信用水平普遍提高。除了国家层面的法律规范外,截至2015年年底,全国有40多个省级或市级环保部门陆续颁布了本地区的企业环境信用评价办法。我国企业环境信用评价制度自上而下的法律规范体系已经形成。

目前,我国各个省份正在以国家层面企业环境信用评价规范和地方规范为依据,积极开展企业环境信用评价的实践。通常情况下,企业环境信用评价由环境保护部门进行,参评企业通常是国控或省控重点污染企业,以及其他自愿参评的企业和环境服务机构。评价每年1次,通常在上半年的3、4月份,通常根据国家或地方的具体评价指标,将企业信用评估为绿、蓝、黄、红、黑(或者其他符合表示)5个等级,评价指标所涉及的信息是来自于环保部门掌握的或企业公开的基础信息和行政处罚等违法信息。环保部门会将评价结果向社会公开,并根据情况抄送有审批权的行政机关或人民银行、各商业银行、保险公司等金融机构。评估结果将会与一系列联动激励与约束机制挂钩,对评价级别高的企业正向激励,评价级别低的企业反向约束。[1]江苏、浙江一些开展企业环境信用评价工作较早的省份,根据试点不断地调整评价参考指标,并及时跟进联动约束的配套制度供给,比如江苏省环保厅联合物价、财政、住建等

---

〔1〕谢刚等:《企业环境行为信用评价理论及实践研究》,中国环境出版社2016年版,第138页。

部门印发了《关于根据环保信用评价等级试行差别电价有关问题的通知》(苏价工〔2015〕335号)和《关于印发江苏省污水处理费征收使用管理实施办法的通知》(苏财规〔2016〕5号),在评价结果的适用上走在了全国的前列。[1]同时地方也在积极探索国家《关于加强企业环境信用评价体系建设的指导意见》中规定的一些具体制度的落实措施,比如环境信用承诺制度,江苏省目前的做法是要求黑色企业的法定代表人签订环境信用承诺书,并公开承诺及违反承诺的违约责任,同时要求企业在申请排污许可证或环境影响评价文件时一并提交信用承诺书,并作为企业信用评级的重要参考。

(二)企业环境信用评价制度存在的主要问题

从全国典型省份企业环境信用评价体系运行的现状来看,我国企业环境信用评价制度总体上尚处于发展的初期,仍然存在亟待解决的问题,其中有的问题是根本性的,比如以单中心政府管理为基础的企业环境信用评价体系总体制度架构方式不尽合理,有的问题是需要局部制度调整以便提升制度绩效的,比如企业参评积极性总体不高,对评级结果的认同度普遍不高、银行对企业授信时参考环境信用评价结果的权重比例也不高等。因此,需要从制度理性到制度构建全面评估企业环境信用评价体系存在的主要问题。

1. 宏观层面

第一,政府权力的边界过于膨大。现行的企业环境信用评价规范的制度架构体系基本沿循传统模式,即单向化或者单中心的政府行政管理模式:以行政机关(环保部门)为主导的制度体系设计。单向化政府行为模式使得企业环境信用评价体系

---

[1] 贺震:"信用与价格'两手'联动力促企业环境守法",载《环境保护》2016年第10期。

中政府权力的边界过于膨大，比如根据目前的制度设计，评价行为的定性是政府的环境管理手段，政府职能部门（环保部门）在管理过程中居于制度设计的核心角色；企业环境信用评价的主体是环保部门，评价标准参考的主要是行政机关掌握的行政许可类和行政处罚类信息；参与评价的对象主要是政府部门确定的国控及省控重点污染企业，实践中自觉参与评价的企业数量并不多；环保部门在评价之后，需要主动与其他部门协调联动约束事宜，这与其他市场主体根据自身的经营目标积极主动应用评价结果的应然情况不符。[1]此种制度设计模式恐怕是我国长期以来单中心环境管理的惯性延续，其缺陷及不足已备受诟病，比如完全忽视市场的强大作用；没有意识到生态利益是全部人类的共同利益继而发挥社会公众参与的强大作用；与中央多中心环境共治的现代化环境治理体系的要求相偏离等。

第二，市场并未充分发挥基础性作用。现行企业环境信用评价体系的构建基础是政府，定位是政府诸多管理手段中的一种创新型管理手段。信息收集、企业信用评级及评价后的联动约束等子制度都是政府规制下的行为表现，市场主体被动参与表征明显，比如评价的主体是环保行政机关，这与国外信用评价由独立第三方社会机构进行的惯常做法并不相符；评价信息并非直接来自于市场供给，而是来自环保部门诸多环境管理信息的汇总，一些非管理类信息或者从管理部门不可以获取的信息并没有在评价指标体系中呈现；惩戒机制是政府高压之下企业不得已而为之的选择，而非企业通过调整经营方略，自觉提高信用级别，目前企业没有真正把信用作为一种生产要素资本自觉选择维护和提升；联动约束也并未根据市场需求自动的实

---

〔1〕 毕军等："以信用管理引领企业落实环境保护责任——《关于加强企业环境信用体系建设的指导意见》解读"，载《环境保护》2016年第5期。

现，比如信用过低的参评企业，环保部门会建议银行等金融机构对其审慎授信，不予新增贷款或者逐步压缩贷款，直至退出贷款，再比如信用过低的参评企业，在购买环境责任保险时，环保部门也会建议保险机构提高保险费率。金融及保险等机构是完全市场化的运营主体，本应根据市场需求和本企业的经营目标，自由选择授信企业或自由决定保险费用的调整与否及调整幅度，但因为我国企业环境信用评价制度整体呈现单中心行政管理的表征，使得这些领域尚未充分实现市场规律的资源有效配置。

2. 微观层面

根据《关于加强企业环境信用体系建设的指导意见》规定的企业环境信用体系建设的目标和任务，该制度的建设重点领域有四，一是企业环境信用记录全面建立，二是国家、省、市、县的企业环境信用信息系统基本建成，三是环保守信激励和失信惩戒机制有效运转，四是企业环境诚信意识和信用水平普遍提高。从各地实践的现状来看，各个领域均存在诸多问题。

第一，企业环境信用记录制度不完善。信用记录是信用评价的基础性工作，信用记录是否完备决定了信用评价结果是否能够实质反映企业的真实信用水平。目前我国的信用记录制度还存在如下问题：其一，提供企业环境信用记录信息的主体是环保行政机关，这与国外信用评价主体，比如邓白氏完全市场化的惯常做法不符；其二，环境信用信息记录的范围有些狭窄，主要表现为行政管理范围的信息方面，处罚信息、许可信息、环评信息等，也包括跟信用密切相关的民事领域信息，比如信用承诺签订与否及违约率情况，民事私益诉讼或公益诉讼败诉及赔偿额，或刑事附带民事诉讼的赔偿额度等信息，比如败诉赔偿案等是否可以纳入信息记录的范围；其三，就目前的环境评价体系而言，信用记录及管理体制似有可以改善的空间，目前是环保部门的内设业务机构（规划财务、环评管理、环境监测、污染防治、核与辐射安全管理、环境监察、环境应急等），按照职责分工，各自负责相关环境信用信息的记录和提供等工作，然后由信息化工作机构对各类环境信用信息进行归集、整合和维护，以提供信息化支持，如此做法可能存在如何审查信息是否遗漏，如何复核信用信息是否准确，如何避免信息私有化等信息孤岛现象发生等问题。

第二，企业环境信用信息系统建设存在盲点。信息系统是传输、共享和利用企业环境信息的平台，是相关部门和机构落实企业环境信用评价联动激励或约束的重要工具。目前由于各个地方信息化程度差异较大，企业环境信用信息系统的建设仍然存在如下主要问题：其一，信息系统的区域覆盖面不足，很多地方没有达到国家要求的国家、省、市、县全覆盖；其二，已经建成的系统内的信息公开也不够全面，比如很多省份仅仅在环保厅的网站公布5A的企业名单，其他信用级别比较低的企业并未在网站或信用信息系统中公开；其三，与一些网站，比如"信用中国"，尚未实现网络信息对接等；其四，各地政府部门间信息归集工作总体基础薄弱，发展不够平衡，距离实际需要还有很大差距，批量导入、手工录入等传统手段在信息归集方式中占比仍然较大，信息化、自动化程度不高，信息归集不及时、不全面、不规范和信息"孤岛"现象仍然比较突出。大量企业行政许可、行政处罚信息属地化、分级化散落在各个政府部门之中，信息不完整、不准确、不关联，无法共享、共用。

第三，企业环境信用联动机制有效性不足。企业环境信用联动约束重在解决评价数据搜集整理、指标创设及运用评价指标对企业实施信用评价之后，如何运用评价结果的问题，即评价结果如何与其他领域实现有效联动：或因评价级别高而激励，或因评价级别低而惩治。目前，从全国实践的整体情况看，企业环境信用联动约束机制并未取得理想的绩效。存在的问题主要有：其一，环保部门与其他部门，比如财政部门、住建部门、水利部门、银行监管机关、物价部门、发改委、保险业监管机关等关于联动的文件供给缺乏（目前在很多省份，环保部门只是将评价结果向上述有关部门进行通报，力度显然不足）；其二，现有的联动规范文件没有对不同级别环境信用的企业设置不同的，或者能够明显提高激励或惩戒绩效的措施，比如绿色企业和蓝色企业在激励机制和惩戒措施上并无明显不同，如此一来，部分本来可以通过技术革新等手段争取进入绿色级别的企业，可能会因无差别的激励措施选择进入蓝色级别；其三，从长远来看，企业环境信用评价必将从政府本位回归市场和社会本位，而目前我国独立第三方信用评价机构培育力度不足的现状，在未来将会成为阻碍企业环境信用评价制度转型的重要影响因素；其四，参评企业参与评价的方式过于被动，参评企业的范围有限，总量不足，各个信用级别的企业比例似有不适当（从很多省份的评价结果看，优秀和良好的企业比重似显过大，这与当下严峻的环境现状不符）；其五，信用评价机实行年评制和年度公布制度，不够灵活，动态机制有待强化等。

第四，企业自发的环境信用意识及水平有待提升。企业环境信用的最终目的是促使企业自发地提升环境信用意识水平，形成守法、守信的良性状态，我国现行的制度体系距离该目标的达致还有很大的提升空间。具体表现在：其一，倒逼企业自发形成并维护环境信用的机制建设不足，比如信用记录的范围还比较偏狭，评价标准也比较单一，需要进一步的科学调整，企业内部的环境管理机构和专业人员并未全面建立和配备，违反信用承诺的责任追究制度尚未建立等。其二，社会组织、社会舆论尚未发挥对评价结果有效监督的作用。现有的研究成果表明社会信用监管与社会信用水平之间存在正相关关系，社会力量的监管水平越高，社会整体的信用水平也越高。[1]我国的环保社会组织大多是在政府的积极扶持之下产生的，与政府机关有着千丝万缕的联系。我国环保社会组织受制于经济条件和社团成员的专业素养，尽管最近十几年获得了迅猛的发展，但是与国外的环保组织相比，其在业务的专业度、维权的自觉性和绩效等方面还存在较大差异，这些因素均制约了环保社会组织监督企业环境信用评价功能的发挥；新闻舆论不仅能反映民意，而且对民意有强烈的导向作用，新闻媒体的舆论报道有助于激励企业的环境守法行为，约束企业的环境违法行为。但是目前社会舆论的强大监督功能在企业环境信用评价过程中尚未发挥应有的功能，比如媒体对环保部门的环境信用评价工作及其每一年度的评价结果的报道力度不足，尤其是对环境不良企业（红色和黑色等级）的违法行为的深度追踪报道不足。其三，如何利用企业信用承诺尚缺乏有效的制度跟进和必要的实践。信用承诺是《关于加强企业环境信用评价体系建设的指导意见》中确定的可以体现市场自发调节功能的基本制度，但该文件对于如何落实信用承诺制度并没有具体的规范。目前只是个别省份在有效的情形下选择适用该制度，比如对于评价级别低的黑色或红色企业要求其法定代表人或直接负责人签订信用承诺书面文件，或者在某些行政许可或审批时要求企业签订信用承诺文件并公示，信用承诺制度并未在企业环境信用评价领域全面的铺展，总体使用效率并不高。

---

[1] 于新循、付贤禹："从自律走向他律：我国政府信用的法制化探径"，载《社会科学研究》2011年第2期。

(三) 我国企业环境信用评价体系建设完善的对策建议

1. 信用评价体系完善的制度理性

第一，充分尊重企业环境信用评价的市场特质。信用是一个舶来词汇，在西方资本主义市场经济背景下被放大并使用。现代市场经济中信用发挥的作用越来越大，信用已经渗透到经济活动的各个层面，在投资、消费、生产、销售各领域都能看到信用的积极影响。从某种程度上说现代市场经济已经演化为信用经济，作为资源配置的基础手段，信用资本已经成为一种生产要素，与劳动力、土地、技术、信息等共同参与资源的配置。信用资本能将社会上闲置的、零散的经济资源进行有效的组合，通过促进资源的合理流动和自由转移保障资源的优化配置。正如英国著名经济学家穆勒所说："人类所有的经济生产联合活动效率取决于人们之间彼此信任、遵守合约的程度"。[1]可见信用是市场的产物，信用评价也必然需要回归市场本位，使市场在评价体系中起基础性作用，激励市场主体的主动参与。

企业环境信用评价也不例外。企业环境信用也具有典型的市场工具特点，在经济上可以表现为信用资本并继而给企业带来信用利益。受此驱动，很多企业有意愿提升优良环境信用的等级，以便给本企业带来经济上的回报。正如江苏省环保厅法规处调研员龚志军所说："通过开展环保信用体系建设，将污染源企业纳入这一体系，建立环境守信激励、失信惩戒机制，让环保信用变成企业的无形资产，为绿色企业拓展生存和发展空间。"[2]因此，企业环境信用评价体系的完善首先应当清晰地把

---

[1] [英]约翰.穆勒：《政治经济学原理》（上卷），金镝、金熠译，商务印书馆1997年版，第472页。

[2] 吕望舒："江苏探索环保信用体系建设 环保信用成为无形资产，守信企业有激励、失信企业受限制"，载《中国环境报》2014年7月9日。

脉企业环境信用评价制度的市场工具特点,让市场在该制度评价中发挥基础作用,充分尊重企业、社会公众在制度体系中的主观能动性,唯有如此,制度绩效才有可能充分彰显。

第二,协调重构政府、市场、公众的角色定位。长期以来,我国环境治理问题沿循的是近乎单一的政府管制模式,之所以说是近乎单一的政府管制,说明政府在环境治理过程中已经有所觉醒,认识到社会力量在发展中只有强大动力,但由于诸多原因,仍然没能改变政府占绝对支配地位的现状。现行的企业环境评价制度也未能走出政府单中心管理的传统模式,从评价主体、评价指标设定及联动约束等方面无不彰显着政府的强大管理作用。政府单中心治理的低效率及失灵已经成为立法者及学界的共识,改变单中心的垂直化治理(行政管理)结构走向多中心共治的扁平化(包含行政主体在内的多元主体参与)结构势在必行。

从应然意义上说,政府-市场-公众建构起了我国环境法律制度的总体框架,也应当成为单一环境法律制度发挥效果沿循的微观路径。具体到我国的企业环境信用评价制度,从宏观的组织结构层面来看,政府、市场与民众是驱动该制度的三驾马车,从微观的子制度构成看,子制度的设计也应当围绕政府、市场与民众三维向度展开。一方面,环境治理需要协调并理顺政府、市场与民众三方在企业环境评价制度中的关系,塑形比例协调的三方治理结构,避免政府权力配置失当、市场激励与民众参与制度不足的局面形成;同时注重政府、市场与民众各单元子制度的建构或外围环境的培育,比如在完善市场类法律制度的同时,培育我国市场经济的氛围及土壤,在完善民众参与法律制度的同时,必须培育民众崇尚法律、敬畏自然的精神,唯有如此,才能让三驾马车合力发挥制度的结构性功能。有鉴于此，企业环境信用评价制度的完善应当立基企业环境信用行为的市场本质，统筹市场、政府和公众参与的协调合作，重构企业环境信用建设的制度体系。

2. 企业环境信用体系完善的主要着力点

第一，政府应当着力于制度供给、法律监督和纠纷解决。首先政府应当进行企业环境信用评价关联的制度供给。[1]具体来说，应当制定或完善企业环境信用评价、企业及政府环境行为信息公开、激励公众举报环境违法行为、企业环境管理机构及环境管理专门人才储备等方面的规范，比如信用评价制度的完善应当围绕扩大参评企业范围、制定更为科学和有公信力的评价标准（按照目前的标准，环境信用优良的比例似乎过高，这与当下的环境恶化现状不符）等方面进行，同时拉大不同环境信用等级之间的奖励力度和惩罚力度的差别。应当由环保部门牵头，与其他部门协调并制定《关于根据环保信用评价等级试行差别电价有关问题的通知》《关于根据环保信用评价等级试行污水处理费征收使用管理实施办法》等一批保障信用评价有效联动的规范。企业环境信用体系的完善应进一步规范信用评价机构准入、绿色保险、绿色信贷等方面的行业规则，逐步扩大企业环境信用评价结果在保险和授信中的权重比例。其次，应当强化对政府和企业信息不公开行为、评价机构评价失范及违法行为等的检查监督及处罚力度。从国际惯例及未来信用评价的趋向看，我国应由目前的政府部门评价逐步走向由独立的第三方评价机构进行环境信用评价。政府部门也应由评价主体转型为监督主体。具体来说，政府应当首先强化对环境信息不公开行为的监督及处罚力度，环境信息是环境信用评价能够客

---

[1] 周悦丽："我国政府在社会信用体系建设中的功能与定位分析"，载《国家行政学院学报》2008年第4期.

观、全面反映企业环境信用的基础数据。根据目前的法律规范，环境信息公开的主体为政府及企业事业单位，政府应当公开的信息主要包括基础信息（环评信息、许可证、三同时制度等信息）、处罚信息（罚款、关停及吊销营业执照等）及其他信息（法院民事、刑事及行政裁判等信息）。企业事业单位应当公开的信息主要包括基础信息（单位基本信息和经营生产的产品及规范信息等）、排污信息（污染物的名称、排放方式、浓度、总量及执行的排放标准等）、防治污染设施建设及运行情况信息（环评及许可信息，以及突发环境事件应急预案信息等）及其他信息（自行监测方案信息和民事、刑事、行政涉诉及裁判信息等）。在此基础上，应当加强对评价机构各类违法行为的处罚力度，评价机构的违法行为通常为因索贿受贿等利益关联因素引发的评价不公正、评价程序不公开不透明等行为，监管的主体应当是负有监管职责的环境保护行政机关。

  同时，政府应当加大对企业环境信用评价过程中产生的纠纷的解决力度并提供制度和机制保障。企业环境信用评价过程中产生的纠纷通常为参评企业与评价机构之间、监管机构与评价机构之间的纠纷。其中参评企业和评价机构之间的纠纷主要表现为因评价等级而产生的联动约束（尤其是惩罚）问题，比如参评企业自身的评价级别过低而与评价机构产生纠纷，或者参评企业认为其他同时参评企业的评价等级存在问题等。监管机构和评价机构之间的纠纷主要表现为监管机构对评价机构在企业环境信用评价过程中的违法行为进行处罚，评级机构对处罚的具体行政行为不服而产生的纠纷。政府应当着力建立健全针对上述纠纷的公平解决规则，解决企业环境信用评价之后因为评级而产生的相关问题，从而有效纠偏企业环境信用评价过程中的违法行为。

第二,市场应当着力于征信评价、信用承诺、联动约束。在国外市场经济相对比较发达的国家,企业信用评价制度较为完善,尽管每个国家的企业环境信用制度的建设各有特色,但由企业信用评估公司进行统一的征信及信用评价是国际社会普遍的做法:美国的环境信用评价不是独立的制度,而是与企业整体的信用评价制度融合的,并且实施完全独立的第三方评估;日本的环境信用评价与环境会计制度相结合,运用生态因子和其他单项指标来确认企业的环境绩效。有鉴于此,未来我国企业环境信用评价合理、科学的运行方式应当是在企业环境信息公开的基础上,企业环境信用评价由潜在相关方(比如银行与保险公司)依据已经公开的可得环境信息和已经发布的评价参考标准,根据需求自行或委托有评价资质的专业评估机构(征信机构)对业务往来公司进行环境信用评价。其他的潜在相关方,如政府机关和保险、授信等机构,可以共享评价结果,并根据法规政策要求自动实现经营或管理目标与评价结果的联动激励或约束。未来可以考虑依托中国人民银行已经公布的8家商业征信机构,开展企业环境信用征信和评级工作,目前的8家机构的业务范围仅限于个人征信及评级,将来随着业务范围的拓展可以逐步向企业信用评级延展。同时,由于信用评价实行的是年评制和年度公布制度因而不够灵活,对企业环境信用显示过于滞后,建议借助大数据及时更新信息,展现企业环境信用的动态性。

《关于加强企业环境信用体系建设的指导意见》规定应当"探索在环保行政许可和环保专项资金申请等方面,建立企业环境信用承诺制度"。信用承诺是充分发挥市场的基础配置作用,真正体现信用本质的制度。遗憾的是指导意见只是粗线条勾勒了该制度的框架,并未有具体可操作的规范。未来应当以点带面逐步的全面落实信用承诺制度，首先，应当制定规范要求列入"黑名单"的企业董事长公开向社会承诺对企业进行整改并通过该规范严格违反承诺的法律责任；其次，尝试在环保行政许可（排污许可、环境影响评价审批）和环保专项资金申请等方面，要求企业对申请材料的真实性、履行环保法定义务的情况以及违反承诺的违约责任等事项，作出书面承诺，并向社会公开，主动接受监督。以后，应当逐步将信用承诺制度推向所有企业，并尝试与企业普通信用承诺衔接，在工商登记时要求企业对其在经营过程中应当履行的环境义务出具书面文件并公开。

企业环境信用联动约束机制的领域包括企业环境信用在环境部门内部和跨部门的政府联动约束，企业环境信用与金融、信贷和保险等的市场联动约束，企业环境信用与消费者、社会组织等的社会联动约束。政府联动关注的重点是以信用评价信息平台建设为基础，建立信用评价信息的共享制度，通过互联网或其他媒介，实现信用评价信息在环保部门内部与环保部门之间的共享与互动。约束的方式包括很多，比如与负责环境影响评价的部门，与负责环保专项资金项目、清洁生产示范项目、循环经济试点项目的部门，与负责办理企业上市或再融资环保核查、出具守法证明等事项的部门之间信息共享与联动，信用评价级别低的企业在上述行政行为中会有遭遇不予审批或授予等的可能性。再比如环境评价信息与企业的分公司或母公司联动，这需要与企业登记有关的法律规范必须明确规定环境评价信息级别较低的企业设立母分公司时的禁止性规范，否则市场监管部门不可以以环境信用评价结果级别低作为不予登记的理由。市场联动约束主要包括企业环境信用与绿色信贷、绿色保险、绿色证券、财政、税收、价格、资质评定、投资领域、政府采购等市场行为的联动。具体的约束路径主要体现为银行的贷款政策与企业环境信用评价结果挂钩,信用评级低的企业贷款审批及贷款数额方面受到制约;绿色保险的约束主要体现为企业环境评级结果与环境责任保险的承保范围、保险方式、保险费率及赔偿限额等挂钩。对于环境信用评级结果低的企业,保险公司会缩小承包范围,采用强制保险的投保方式,适当调高保险费率及实行严格的限额保险赔付等。社会联动主要包括环保部门与新闻媒体、社会组织和消费者的联动。约束的具体路径有多种选择,比如新闻媒体一方面加大对信用评级高的企业的报道力度,传递社会正能量,另一方面加大对违法排污信用评级较差企业的曝光及深入追踪的力度;社会组织以信用评级结果为依据,找寻可以提起环境公益诉讼的被告;推行环境标志制度,消费者在购买商品或接受服务的时候,可以企业环境信用评级结果作为消费的导引,尽量购买评级结果高的企业生产的商品或提供的服务,而不去或尽量少购买评级结果低的企业生产的商品或提供的服务。

第三,民众应当着力于信息供给、制度建设和广泛监督。本书中的民众是一个较为宽泛的概念,除了负有环境监管职责的部门之外的其他单位和个人都涵盖在内。目前企业环境信用评价的信息供应主体主要是政府环保部门及企业,此外一些信息是被其他部门(比如司法机关)和公众(比如民事诉讼的受害人)掌握的,与企业环境信用密切关联的信息,比如环境民事私益诉讼、环境刑事附带民事诉讼、环境公益诉讼当事方企业的有关信息,如是否败诉及败诉赔偿额度等信息。还有一些企信环境信用评价信息被参评企业掌握,但往往是不在信息公开范围内的信息,比如企业是否组建了环境专门管理机构,该机构是否有效运行,是否配备了专门的环境管理人员(这里的专门是指有环境保护专门科学知识的人员)等。此外,由违法行为发生地居民或新闻媒体掌握的、轻微的,不足以上升到行政处罚或环境刑罚的环境违法行为的信息,也可以成为企业环境信用评价的信息来源,未来的制度设计应当注重对此类信息的搜索提供多元的激励机制和通畅的途径。

作为民众重要组成部分的企业,更多地应当进行本企业的环境管理制度建设。具体来说,企业应建立健全企业环境管理责任制,通常由总经理或主要负责人牵头,将环境管理的职责层层落实到各部门经理、主管和全体员工身上,同时对完成情况进行考核,将职责效益与员工的年度绩效评估挂钩;企业应根据环境管理工作的实际需要,设置环境管理机构和协调机构,特别是重点排污单位应设立专门的环境管理机构,组建由各个职能部门负责人参加的环境管理协调机构,定期开会讨论企业环境管理工作的问题和改进措施,并落实到具体部门;企业应当按环境管理工作的实际需要聘用环境管理专业人才,特别是重点排污单位应设置专职的环境管理人员,并根据实际需要增加管理人员的名额,提升环境管理和环境信息公开的专业化和规范化水平。同时,环境信息公开所需信息及相关数据由环境管理人员统一收集和处理,建立健全环保台账,编制环境信息公开报告,并由主要负责人审核签字,最终形成公开承诺,并强化企业负责人和环境直接负责人违反承诺的责任。

社会信用监管与社会信用水平存在显著的正相关关系,建立健全社会公众(社会组织)、新闻媒体等社会力量对企业环境信用评价的监督机制对提升企业环境信用评价制度的绩效至关重要。具体来说,要着力推动新闻媒体、行业协会、独立的社会团体以及个人参与社会信用监管,构建多元参与式的社会信用监管:首先要加强媒体对各个信用主体的信用行为的监督与披露，并强化媒体职业道德与法规建设，确保其社会信用监管的独立性、披露信用信息的中立性；其次要为独立的社会团体对各个信用主体的信用行为的监督提供途径，确保其对社会信用主体信用行为监督的独立、公正与有效；同时要充分利用行业协会，使其发挥行业自律、行业监管、行业协调的职能，以有利于提高企业信用水平；最后，构建多元的自治主体，强化公众参与意识，构建公众参与的畅通渠道，引导普通民众积极参与到对各个信用主体信用的监管中，从而在整体上提高社会信用监管的意识，提高社会信用监管的效率，最终提升社会信用水平。

利用环境信用评价结果进行有效的联动激励或约束，并最终使企业形成良好的环境信用是我国企业环境信用评价制度的主要功能。理论上来讲，可以进行联动约束的领域很多，《关于加强企业环境信用体系建设的指导意见》中列举的领域及子范围均可以实现联动，甚至是该文件中没有涉及的领域及方面只要与企业环境信用评价有关联性的领域也可以实现联动。从国外的经验来看，企业环境信用联动约束机制不是孤立的制度存在，而是诸多制度束的有机融合和配合，企业环境信用评价能否与其他部门及经济政策实现有效联动，取决于诸多因素，比如一个国家其它环境经济政策的成熟及完善程度，其中最关键的是市场化的程度，比如环境信用评价结果与其他领域联动的能力，比如信息共享与公开的技术支撑等。目前我国的市场经济还处在发展初期，有很多亟待完善但短期内可能无法解决的问题，因此，企业环境信用联动约束应以点带面逐步推进，前期可以选择一些相对成熟的领域，如市场联动中的信贷、价格等领域进行，待这些领域实现有序联动之后，再逐步扩大联动的领域及范围。

目前，很多学术论著围绕如何实现联动约束进行了较多的论述，但本书认为，如果政府制定的评价指标设置科学、合理、严格；独立第三方评价机构的评价结果公正、公开、公平；国家或地方层面与联动约束关联的法律规范能够充分有效供给；中国的市场经济基础达到一定丰厚程度，则企业环境信用的评级结果将会自发地被银行、保险机构、价格部门等机构适用，联动激励和约束将会自动产生。因此，与其刻意地建立所谓的联动激励、约束机制，不如从上述四个方面进行制度建设和市场培育，则企业环境信用联动机制自然会发挥其良好的制度绩效。

六、推进矿区生态损害的社会化救济

（一）矿区生态损害社会化救济的动因

19世纪末20世纪初著名社会学家马克斯·韦伯在伦理-经济理论中提出了"理想类型"的研究方法，并将其运用到社会学、政治学、法学等领域。对于"理想类型"的方法，韦伯主张，在主观构建理解社会行为的客观意义过程中，作为有意识、有目的研究主体人应以特定历史文化为背景，保留对研究对象有重大意义的素材、扬弃意义不大的素材，追求既客观反映事实又融合自己的主观思想的理想模式。韦伯同时主张："一种理想类型是通过片面突出一个或更多的观点，通过综合许多弥漫的、无联系的、或多或少存在和偶尔又不存在的个别具体现象而形成的，这些现象，根据那些被片面强调的观点而被整理到统一的分析结构中。"[1]根据韦伯的"理想类型"方法，可以把环境污染事故进行类型化研究。以环境侵权救济为核心，对

---

〔1〕［德］马克斯·韦伯：《社会科学方法论》，杨富斌译，华夏出版社1999年版，第186页。

影响类型划分的典型因素（素材）进行筛选，以损害后果、侵权人能否确定和侵权人承担能力3者为确定环境污染事故的类型因素，可以把环境污染事故划分为3种类型。其一，损害后果不大，侵权人能够确定且侵权人有能力承担损害后果的环境侵权事故。如村民甲的一头牛喝了乙造纸厂排放的污水致死事件。此类事故损害后果不大，因果关系非常容易确定，侵权人又有能力负担。其二，侵权人能够确定，但损害后果巨大，侵权人无力承担损害后果的环境侵权事故。如2001年3月15日巴西的世界上最大的海上石油钻井平台发生爆炸，综合计算经济损失达10亿美元以上。再如印度1984年发生了震惊世界的摩帕尔毒气泄露事件，造成了2.5万人直接致死，55万人间接致死，另外有20多万人永久残废的人间惨剧。此类事故的巨大损害后果远远超出了企业的负担能力。其三，侵权人无法确定的环境侵权事故。如近代八大公害事件之一的美国洛杉矶化学烟雾事件。此类事故显然无法确定某一受害者受到的损害到底是由哪一辆汽车排放的尾气造成的。第一种事故按照民法"谁污染谁赔偿""损害多少赔偿多少"的赔偿原则很容易解决，但第二种和第三种事故发生后，如何给受害人全面、及时、合理的赔偿一直是困扰理论界和实务界的难题。原因就在于在第二种情形中，如果企业无力承担巨额的赔偿，按照现行的法律制度使企业破产，受害人将得不到赔偿或者得不到足额赔偿。第三种情形中，由于无法找到侵权人，法院甚至连案件都不受理，更别提后续的赔偿问题了。后两种情形，在现行的法律制度下，最终都就要由无辜受害人来买单。这样的后果显然不利于经济的发展、不利于社会的稳定、不利于社会公正的实现、更不利于对污染事故受损方利益的保障。针对这一困惑，我们应当考虑尽快建立环境侵权民事救济制度的衔接制度，如环境责任保险制度和环境侵权国家后续补偿制度,以消除目前环境侵权民事救济用尽当事人便无计可施、无可奈何的窘境,以便充分体现对环境侵权受害人的保护。日本著名的侵权法学者平井教授也认为:"现代社会生活中交通工具、企业设备、工作物等的发展及巨大化与人口的集中,显著提高了损害发生的危险性和扩大化的可能性,其结果是,使得既要将损害赔偿的范围限制在确切妥当的范围内,其反面又要通过危险分散的法律技术谋求损害填补可能性的切实化和广泛化成为现代损害赔偿法的课题。"[1]王泽鉴先生也主张:"侵权行为法不应当成为填补损害的唯一或主要制度,而应与其他制度共存,担任着不同的任务。"

社会化的救济方式来自于西方,在欧美等国家已经广泛适用于包括环境侵权救济在内的诸多方面。我国学界已有不少论著专门研究社会化及其具体的救济制度。在立法层面上,除了较低层次的规章及些许的政策提及了社会化救济方式之外,尚未见法律层面的规定。在一些大规模的环境污染事件发生后,也偶见政府似社会化积极的一时之举,如 2004 年重庆天原化工厂氯气泄露和爆炸事故发生后,重庆市政府表示将对损失进行核实并给予补偿;2004 年陕西陈家山的特大瓦斯爆炸矿难事故后,井下 166 名失踪矿工全部遇难,陕西省政府积极进行矿难的善后工作,将工作重点转向落实赔付政策和特殊困难补助。环境侵权社会化救济的基本功能在于分散污染企业的事故赔偿风险,对污染受害人给予及时的、相对充分的救济。在国外,环境侵权社会化救济制度的立法相对成熟且制度运行良好,比如财务保证或担保制度、责任保险制度、行政补偿制度、社会安全体质(社会保险、责任集中和国家给付)等。根据我国现

---

[1] 于敏:《日本侵权行为法》,法律出版社 1998 年版,第 199 页。

行环境责任保险制度的试点情况及我国国家后续补偿制度的现实基础,对二者进行完善。

目前规模性的环境污染案件发生之后,由于污染企业的赔付能力有限等原因,诸多的受害人得不到足额的赔偿,造成了同样作为污染的受害人但有的能够得到足额赔付,有的则得不到足额的赔付,这造成了污染受害人之间的不公平。环境侵权原因行为的社会正当性催生了在环境侵权救济领域实行社会化救济制度的社会需求。环境侵权的社会化救济可以通过市场的方式创建,如环境责任保险制度,也可以通过政府行政管理的方式创建,如发端于日本的公害健康补偿制度。因此,可以借鉴环境责任保险制度和环境侵权国家后续补偿制度等社会化救济制度以便实现污染受害人之间的公平。

(二) 矿区生态环境损害社会化救济的方式

1. 矿区企业投保环境责任保险

该制度已在国外成功运行,20世纪60年代,环境责任保险制度随着环境污染破坏事故的大量出现和公众环保意识的提高应运而生。一方面,其强大的分散风险和损失的功能,深受污染致害人和污染受害者的青睐;另一方面,其促进环保科技和保险企业发展的潜在功能,又得到了各国政府的积极支持。目前,世界上主要发达国家的环境污染责任保险业务和保险制度已相对成熟。我国的环境责任保险市场起步晚,尚处于试点阶段,保险开展的范围不大,亟待解决承保范围、保险模式选择、责任限额、索赔时效等一系列重点和难点问题。

为了促进我国环境责任保险制度的发展,近十年我国政府陆续出台了相关政策,为我国环境责任保险制度的具体构建保驾护航。2006年6月《国务院关于保险业改革发展的若干意见》(国发〔2006〕23号)中提出采取"市场运作、政策指导、政府推动、立法强制"等方式,开展环境污染责任保险业务。2007年5月国务院批准了《节能减排综合性工作方案》,提出要"研究建立环境污染责任保险制度"。2007年12月4日,原国家环境保护总局和中国保险监督管理委员会联合印发了《关于环境污染责任保险工作的指导意见》(环发〔2007〕189号),启动了环境污染责任保险政策试点,该意见主要包括开展环境污染责任保险工作的重大意义、开展环境污染责任保险工作的指导原则与工作目标、逐步建立和完善环境污染责任保险制度、切实提高工作支持和保障水平四部分内容。该意见重点要求建立健全国家立法和地方配套法规建设、明确环境污染责任保险的投保主体(根据本地区环境状况和企业特点,以生产、经营、储存、运输、使用危险化学品企业,易发生污染事故的石油化工企业、危险废物处置企业等为对象开展试点,尤其是对近年来发生重大污染事故的企业、行业进行监督)、建立环境污染事故勘查定损与责任认定机制、建立规范的理赔程序、提高环境污染事故预防能力(承保前,保险公司应对投保企业进行风险评估,根据企业生产性质、规模、管理水平及危险等级等要素合理厘定费率水平。承保后,要主动定期对投保企业环境事故预防工作进行检查,及时指出隐患与不足,并提出书面整改意见,督促投保企业加强事故预防能力建设,并将有关情况报送当地环保部门)。2013年1月21日,环境保护部、中国保险监督管理委员会联合下发了《关于开展环境污染强制责任保险试点工作的指导意见》(环发〔2013〕10号),启动了环境污染强制责任保险试点。该意见包括环境污染强制责任保险工作的重要意义、明确环境污染强制责任保险的试点企业范围、合理设计环境污染强制责任保险条款和保险费率、健全环境风险评估和投保程序、建立健全环境风险防范和污染事故理赔机制、强化信息公开等六项内容。该意见重点规定了试点企业的范围，其中必须投保环境责任保险的企业包括5类涉重金属企业和按地方有关规定已被纳入投保范围的企业，鼓励投保环境责任保险的企业包括四类高风险企业；保险条款应当载明的保险责任赔偿范围、责任限额的确定因素、保险基准费率和适合各个企业的具体保险费率的厘定方法；投保企业环境风险评估规定的开展：已有环境风险评估技术指南参照评估指南，尚未颁布环境风险评估技术指南的行业综合考虑生产因素、厂址环境敏感性、环境风险防控、事故应急管理等指标开展评估；环境污染事故造成的对第三人损害以及投保企业的应急处置费用，可以按照环境保护部《环境污染损害数额计算推荐方法》进行鉴定评估和核算；对应当投保企业的奖惩机制：应当投保而未及时投保的企业的惩罚措施以及对已投保企业的完善激励措施，包括使用污染防治专项资金的倾斜和优先信贷支持等。2015年1月1日生效的《环境法保护》第52条规定："国家鼓励投保环境污染责任保险"，为我国开展环境责任保险提供了充分的法律支持。因此，在法律规范支持相对充盈的情况下，我国矿区企业应当积极投保环境责任保险，分散生态环境损害的风险，主要法律规制如下：

第一，建立任意保险为主，强制保险为辅的保险模式。我国在选择环境责任保险的模式时，可适度推行强制责任险，这符合责任保险保护受害人的基本政策目标。我国应当根据社会和政策目标的需要，在特定领域有选择地举办强制保险。目前我国发生环境侵权事件的多为以危险物质作为生产原料的企业以及所处位置是敏感区的排污企业，或者从事危险废物处置和产品本身就是特别危险物质的企业，对于这些高危企业，一定要实行强制责任保险。应当充分考虑到任意保险仍然是责任保险的主要形式,在经济生活中发挥着不可替代的作用的事实。同时,我国目前不可能、也没有必要广泛推行环境责任强制保险。因此,我国应当根据社会和政策目标的需求,在特定领域有选择地实施强制保险,即采用任意保险为主、强制保险为辅的模式。具体的做法是:对于高危行业及高危的区域,如石油、化工、皮革、印染、煤气、矿产行业以及以危险物质作为生产原料的企业和所处位置是敏感区的企业等推行强制保险。对于城建、公用事业、商业等危险程度不高的行业,推行任意保险。强制责任保险模式建立的同时,要求政府积极作出应对,对保险公司的强制保险业务进行各种形式的扶持,如减免税收,财政拨款等。同时,不妨借鉴日本政府的做法,配套实施"行政建议",即政府同企业就工厂的运营和工业发展设施达成"污染控制协议"。尽管该协议本身不具有法律约束力,但协议是企业与政府自愿签订的,企业考虑到自身的商业信誉,一般也不会违约,同时,企业也会自觉对违约作好准备:积极主动的购买环境责任保险等。但对于污染风险较小的一些行业,则没有必要实行全面的强制责任保险。值得注意的是,在我国,环境责任保险是一种新的险种,扩大法定保险范围必然涉及相关立法,因此需要不断完善我国环境法体系。特别是强制性责任保险险种的确定,需要由相关法律进行规范,因此应当确立环境责任保险制度的法律地位,完善我国相关法律法规:其一,应制定《环境侵权损害赔偿法》,对有关环境侵权损害赔偿的问题进行全面系统地规定。明确规定环境侵权损害的构成要件、界定损害范围、确定损害赔偿范围,对环境责任保险进行直接而明确的规定。其二,应在《环境保护法》中明确规定我国采取以任意保险为原则,强制保险为例外的环境责任保险模式。2015 年 1 月 1 日生效的《环境法保护》第 52 条规定:"国家鼓励投保环境污染责任保险。"可见国家立法对于环境专业保险的推行是鼓励的态度。2013年1月21日，环境保护部、中国保监会《关于开展环境污染强制责任保险试点工作的指导意见》（环发〔2013〕10号），规定了开展环境污染强制责任保险的试点企业范围。因此我国目前环境责任保险采用的仍然是自愿保险的模式，但未来应当会转变为任意保险为主，强制保险为辅的保险模式。其三，应将环境侵权责任保险制度写入我国《保险法》。作为一种新型的强制性责任保险，必须要有《保险法》的规定作为该制度的基石，应明确环境责任保险的险种，规定责任保险合同的具体内容，明确合同当事人的权利义务关系。其四，对列为强制性保险的险种，应将其写入相关的环境单行法中，明确具体责任保险索赔的时效，为其强制推广提供法律依据，确立其法律地位。其五，应参考我国机动车交通事故责任强制险的做法，由国务院颁布《环境责任保险条例》，对环境责任保险的投保、赔偿、监督等相关内容进行规定，细化有关责任事故认定、损失评估标准、保险保障范围、操作流程等具体内容，让保险人在经营这一险种时有法可依、有章可循。笔者认为，我国环境责任保险制度的建立才刚刚起步，还在探索阶段，因此相关法律的完善仍需要时间。目前我国环境责任保险制度的推广是从试点开始的，计划到2015年年底逐步推向全国，而且不同地方环境状况不同，所以为了环境侵权责任保险制度建设的平稳开展，各地方应首先完善相关的地方性法规，增加环境侵权责任保险条款的内容。各地环保部门应尽快制定企业投保目录和损害赔偿标准，保险监管部门要制定行业规范，进行市场监督，为该制度的建立保驾护航。

第二，关于保险公司。从其他国家的发展实践来看，环境责任保险的承保机构主要有三种模式：一是专门环境损害保险机构模式，如美国1988年成立的环境保险公司；二是环境责任保险联保集团模式，如法国1977年成立的GARPOL，法国1989年成立的由50个保险人和15个再保险人组成的、承保能力高达3270万美元的高风险污染保险集团，意大利1990年成立的由76家保险公司组成的联合承保集团；三是非特殊承保机构模式，即由现有的商业性财产保险公司自愿承保。环境责任保险制度的实质就是利用经济手段分担环境风险所带来的损失，不论是国家成立的保险公司还是国家现有的商业保险公司，甚至是联保集团，其关键的要求是承保机构要有较强的承担风险的能力，一旦发生巨大的环境侵权事故，能够让受害者得到合理的赔偿。由国家成立专门的保险机构来承保我国的环境责任保险，在承保能力上有国家作为后盾当然是具有雄厚的实力，但是我国幅员辽阔，环境污染情况具有明显的地域性，如果成立新的承保机构，不但在机构建设上要大费周章，而且其职能单一，既不经济又在工作上与地方的保险机构难以融合。所以就我国目前的情况看，利用现有的中央和地方商业性保险机构开展环境责任保险更符合我国国情。一方面各商业保险公司立足于地方，因地制宜，在掌握环境风险、开发险种、厘定费率上具有独特的优势。另一方面，环境责任保险的推广，在一定程度上也有利于我国责任保险体系的完善。单个的保险公司面对巨大的环境事故时，有可能难以承担巨额的赔偿责任，但这个难题可以通过再保险制度和多保险公司联合承保的方式来解决。目前江苏省实施的船舶污染责任保险，就是由中国人民财产保险股份有限公司、中国平安财产保险股份有限公司、中国太平洋财产保险股份有限公司、永安财产保险股份有限公司4家保险公司组成共保体，共同承保2008~2009年度江苏省船舶污染责任保险项目的。所以笔者认为我国应利用现有商业保险公司作为保险机构来承保我国环境侵权责任保险,各级保险公司应尽快完善内部管理,拓展业务领域,加强从业人员培训,提供适合国情的环境污染责任保险服务,争取良好的业绩。

第三,合理设计环境责任保险合同。首先,确定保险赔偿的范围及责任免除条件。环境污染事故发生之后,投保企业对受害人的民事赔偿范围,有以下三种:一是因污染造成的对第三者身体的伤害;二是因污染造成的对第三者身体财产的损失;三是因污染引起的对第三者精神所造成的损害。人身损害,指环境侵权行为侵害他人的生命、健康,导致他人疾病、伤残,甚至死亡。根据我国现行立法,侵害尚未造成残疾的,应当赔偿医疗费、因误工减少的收入。医疗费一般包括医药费、治疗费、护理费、交通费、住宿费、必要的营养费等。侵害人致人残疾的,除应当承担医疗费、误工费等全部费用外,还应当赔偿残疾者的生活补助费、生活自助具费和残疾赔偿金,以及残疾者致残前实际抚养而又没有其他生活来源的人的必要的生活费。侵害人致人死亡的,除应当承担医疗费等全部费用外,还应当支付丧葬费、死亡赔偿金,以及死者生前实际抚养而又没有其他生活来源的人的必要生活费。我国现行的环境侵权赔偿立法规定,应当对因污染行为而导致的直接和间接的财产损失均予以赔偿,即秉承对财产损害实行全额赔偿的原则。直接损失是指受害人因受环境污染而导致现有财产的减少或丧失;间接损失是指受害人在正常情况下应当得到,但因受污染而未能得到的那部分收入。其中包括:利润损失、孳息损失、为消除潜在的损害后果而支出的有关费用。如水体污染导致鱼苗死亡,直接损失是被毒死的鱼苗,间接损失则是鱼苗长成鱼后可以得到的预期收入。换言之,既要对现有财产的直接减损进行赔偿,也要对正常情况下实际可以得到的利益进行赔偿。一般而言环境侵权在给人的生命、健康带来损害的同时，也会给受害人的精神带来不同程度的痛苦，这就是与人身伤害密不可分的精神损害。第三人的精神损害指由于环境污染，比如恶臭、噪声等污染，造成的被保险人以外的第三人的精神上的伤害。目前，有很多国家已经承认环境侵权的精神损害赔偿。虽然在我国现行的《环境保护法》中还没有涉及精神赔偿的内容，但是我国最高人民法院于2001年3月10日正式作出的《关于确定民事侵权精神损害赔偿责任若干问题的解释》中，已经明确了民事侵权赔偿中包括精神损害赔偿。而且，浙江、杭州等地法院近年审判的环境污染损害案件中，已经出现了赔偿因环境污染造成的精神损害的判例。因此，将精神损害纳入环境责任保险的损害赔偿范围是非常恰当的。在确定环境保险责任免除的范围时，应借鉴国外通用的做法，同时结合我国现行法律规定的免责情形。根据责任保险理论，责任保险最显著的功能在于填补损害，即填补被保险人的财产和利益所受到的积极损失与被保险人因为承担赔偿责任而受到的消极损失。但不是被保险人的一切环境责任都应由保险人承担。我国现行环境立法规章，以下三种情形保险公司应当免责：①不可抗力。②第三人过失。如《水污染防治法》第96条第4款规定："水污染损害是由第三人造成的，排污方承担赔偿责任后，有权向第三人追偿。"③受害人自身责任。如《水污染防治法》第96条第3款规定："水污染损害由受害人故意造成的，排污方不承担赔偿责任。"在这些免责情形中，排污单位免于承担责任，其保险人也同样免于承担责任。其次，厘定保险费率并且确定保险限额。保险费率是指单位保险金额应交付的保险费。制定合理的保险费率是环境侵权责任保险制度市场化的前提。在环境责任保险中，保险费率的确定是最困难的，因为保险费率的确定需要大量的环境侵权事实作为基础,而要准确地确定每个企业污染风险的等级是非常困难的。确定不同行业、企业保险费率的依据是污染风险区分和确认,常用的方法包括特征费率(featurerating)计算法和经验费率(experiencerating)计算法。特征费率是根据被保险人经营活动的客观特征确定费率,包括总利润、总产量、产生或接受的废物、废物的运输里程等特征;经验费率是根据被保险人以往一段时期的污染损害记录来确定保险费率。笔者认为,保险费率的制定涉及技术问题,专业性很强。但在确定保险费率的时候其基本出发点是,必须兼顾保险人和投保人的利益诉求,并结合国家的环境保险政策,做到公平、适当与合理。同时,还要充分考虑企业的保费承受能力,并且兼顾企业环境安全设施的运行和管理状况、以往污染事故的发生情况等因素,实行有差别的浮动费率。这不仅可以照顾到不同污染区域、不同污染程度企业的利益,还有利于促使企业不断提高治污技术水平,减少污染物排放,防范事故风险,从而避免事故发生。我国目前的污染责任保险费率是按行业划分的,实行有差别的浮动费率制,但环境污染责任保险费率普遍较高,最高为保险金额的2%,较其他险种只有千分之几的费率相比,要高出好几倍。如此高的费率,势必会影响企业投保的积极性。因此,环境责任保险的保险人在确定保险费率时,应当在科学的风险评估的基础上,对每一保险标的实行差别费率,并根据被保险人此前的索赔记录、保险责任限额、免赔额等予以调整,确定合理的保险费率或费率区间。我国现阶段的保险机构,资产规模和盈利能力都有限,如果对环境责任保险实行全额赔偿,可能会超过一些保险机构的承保能力。事实证明,美国所有的财产意外伤害保险公司的资本约为2300亿美元,而清除环境污染的费用估计为10 000亿美元。即使保险人只支付了全球范围内现有污染预计清理费用的1/5，这也足以使整个保险业破产。所以其结果或者是一部分保险机构不愿承保，或是使一部分保险机构走向破产境地，这种结果无疑不利于环境责任保险的开展。同时如果投保人造成的环境侵权损失的全额都由保险公司赔偿，那么投保人难免在污染事故的事后补救上出现惰性，而实施限额赔偿，投保人出于减少自己损失的考虑，投保人将会积极的防止和减少损害的发生及扩大，从而也有利于减少环境侵权的危害性。所以我国的环境侵权责任保险应当实行限额责任制。《中国人民财产保险股份有限公司高新技术企业环境污染责任保险条款》的规定："每次事故每人人身伤亡责任限额不超过人民币20万元，每次事故每人医疗费用责任限额不超过人民币2万元。每次事故清污费用责任限额不超过每次事故责任限额的50%。每次事故责任限额与累计责任限额一致。法律费用责任限额不超过人民币100万元。"笔者认为，我国目前环境责任保险的赔偿限额明显偏低，与环境侵权行为所造成的巨大损失相比，无疑是杯水车薪。保险机构应根据保险实务和环境侵权的特点，对不同类型的环境侵权行为科学地确定保险人责任限额、被保险人自负额的标准及计算方法。其次，关于索赔时效的确定。由于环境污染事故的发生大多是污染物长时间累积的结果，其后果具有潜伏性、累积性等特点，所引起的损害一般要在几年或几十年后才会爆发。这一不确定性往往使保险人对被保险人发生在保险单有效期内的污染而造成的损害无法把握其未来的赔偿责任。针对环境侵权的这一特征，西方国家的保险人为限制其责任，经常在保险单中使用"日落条款"，即在保险合同中约定自保险单失效之日起最长30年的期间为被保险人向保险人索赔的最长期限。在此期限内，对保险单有效期内发生的被保险人环境侵权索赔事件，保险人承担保险责任，而

第六章 我国矿区生态安全法治的制度体系建构

超过这一期限向被保险人请求环境侵权赔偿的,保险人不再向被保险人承担保险责任。为平衡受害人和保险人的利益,我国对环境责任保险也应规定相对长的索赔时效。对于环境责任保险较长的索赔时效,法律应要求保险公司要以责任准备金的方式预留资金来应付未来可能的保险索赔时。这不仅需要考虑已经提出的保险索赔可能引起的保险赔偿,而且还要考虑已失效的保单可能在未来发生的保险赔偿。最后应当合理设定保险人、被保险人的基本权利和义务。环境责任保险合同应详细规定投保人的权利和义务,这样可以避免在保险理赔过程中产生不必要的纠纷。被保险人的基本权利义务包括:①如实告知的义务。从保险人角度讲,环境责任保险与一般责任保险有显著的不同,它的技术要求很高,赔偿责任也很大,每一个企业的生产地点、生产流程各不相同,经营环节、技术水平各有特点,对环境造成污染的可能性和危险性都不一样,这就要求保险公司在承保时要有专门通晓环境技术和知识的工作人员,对每一投保企业进行实地调查和评估,而投保人必须对保险人针对有关风险事项进行的询问如实告之。如果投保人未履行上述义务,保险人可以利用诸如浮动费率机制或者责任追偿机制等方式对投保人进行惩罚。②防损减损义务。被保险人应当严格遵守相关规定,尽到必要的注意义务,环境污染事故发生后,被保险人应当积极采取补救措施以防止或者减少损失。如果由于保险人没有采取必要的措施致使损失扩大,保险人有权就扩大部分拒绝赔偿。被保险人为了防止或减少保险标的损失所支付的必要的、合理的费用,由保险人承担。③接受保险人监督的义务。被保险人应当允许保险人在保单期内的合理时间检查与被保险人行业、业务或工作有关的场地、厂房、工程、机械或器具等,接受保险人对其不定期的风险评估,在保险人提出消除不安全因素和隐患的书面建议后,被保险人必须按照保险人的要求在尽可能短的时间内采取措施,消除安全隐患,否则保险人有权增加保险费或解除保险合同。④支付保险费的义务。保险费是获取保险保障的对价条件,支付保险费在保险法律关系中至关重要。因此投保人应按照保险合同的要求及时、足额地缴纳或续交保险费。保险人的基本权利义务包括:①参与权。在责任保险中,保险人的最终赔付金额还受到诉讼风险等后期的法律风险的影响,例如因不积极应诉而导致的不利判决等。为此,各国的保险法普遍赋予保险人在责任险中的参与权,以便在诉讼理赔中扮演更积极,主动的角色,减少不必要的法律成本。控制风险是环境责任保险的要旨,而参与权则是保险人在事故发生后控制风险的重要法律工具。所以受害第三人对被保险人提出赔偿请求时,保险人为了避免被保险人未经仔细核实损失就对第三人的赔偿请求作出赔偿的表示,损害到自身的利益,通常会在诉讼中以被保险人的名义进行答辩或理赔,所以大多数责任保险合同中都规定"被保险人未经保险人书面同意不得作出对责任的承认或给付的建议及允诺"。②监督检查权。保险人有权在保险期内的合理时间检查与被保险人行业、业务或工作有关的场地、厂房、工程、机械或器具等,对被保险人环境风险进行评估,并有权对其不安全因素和隐患的书面建议。③要求采取安全预防措施的权利。保险人为了降低被保险人的环境风险,经被保险人同意,可以对其采取安全预防措施。④适时调整保险费率的权利。当被保险人发生环境风险增加、拒绝执行保险人提出的整改建议及违反保险合同规定的其他相关义务时,保险人有权利对其提高保险费率甚至解除保险合同。

第四,关于保险金的请求与赔付。责任保险的标的,为被保险人对第三人承担的损害赔偿责任。保险赔偿金的给付,与第三人的利益有直接或间接的关系，因此责任保险合同实质上是为第三人利益订立的合同，责任保险的第三人，指责任保险合同约定的当事人和关系人以外的、对被保险人享有赔偿请求权的人。然而，依据合同相对性理论，只有合同当事人才可以相互对他方提起诉讼并强制他方履行合同约定的义务。另外，责任保险的早期理念认为，责任保险的目的是保护被保险人，填补被保险人因承担损害赔偿责任所受到的损失。因被保险人的行为而受害的第三人，对保险人没有直接请求损害赔偿的权利。并且，在被保险人向受害第三人进行损害赔偿之前，保险人对被保险人没有给付保险赔偿金的义务。在这种理念之下，如果被保险人丧失赔偿受害人损害的能力，保险人则不承担保险合同规定的赔偿义务，被保险人和受害第三人从保险人处不能取得任何利益，这显然是不公平的。由上述分析可知，合同相对性理论已经在责任保险领域遭到了挑战。各国法律普遍认可第三人对保险人享有直接请求权而不受合同相对性理论的限制。德国《保险契约法》规定了第三人的优先受偿权，让保险人直接向第三人给付保险金，同时还规定保险人不得将保险金额之全部或一部给予被保险人，以保护第三人的利益。美国路易斯安那州、纽约州等地都准许被害人直接起诉责任保险人以请求赔偿，并认为保护第三人或者社会大众是责任保险的主要功能。我国 2015 年修订的《保险法》第 65 条第 1 款和第 2 款规定"保险人对责任保险的被保险人给第三者造成的损害，可以依照法律的规定或合同的约定，直接向该第三者赔偿保证金。责任保险的被保险人给第三者造成损害，被保险人对第三者应负的赔偿责任确定的，根据被保险人的请求，保险人应当直接像该第三者赔偿保险金。被保险人怠于请求的，第三者有权就其应获赔偿部分直接向保险人请求赔偿保险金。"这为责任保受害人的保险金直接请求权提供了法律依据。环境责任保险的主要目的就在于及时赔偿受害第三人受到的损失。赋予受害第三人向保险人直接请求支付的权利,有利于减小受害第三人请求赔偿时受到的阻力。因此,构建环境侵权责任保险制度时,应明确规定环境侵权的受害人享有直接向保险人请求支付保险金的权利。

2. 矿区生态损害的国家后续补偿

环境侵权国家后续补偿制度是指由政府通过环境税、环境费等筹资方式设立基金,环境侵权受害人以其他方式不能得到合理救济时,通过申请,符合相应条件者便可以迅速、确实得到该基金补偿的一种救助方式。[1]该制度设立的目的在于全面、合理地救济无辜的受害人,以便使受害人的损失在通过加害人和其他途径无法得到弥补时,由国家最终承受该不利的法律后果,其属于传统民事救济制度的衔接制度之一。环境侵权的国家后续补偿制度在许多国家已有相当发展。例如在法国,针对机场噪音给相邻居民造成的损害,自1973年起,政府通过向航空公司征收特许金,建立损害补偿基金,适用于戴高乐机场噪音公害。在受害人因水污染而受害时,由从水源财政局收取的缴费中提取的资金设立补偿基金补偿受害人。我国并没有该制

---

〔1〕 关于该制度的概念选择,有的学者用的是行政补偿,参见王明远:《环境侵权救济法律制度》,中国法制出版社2001年版,第144页;陈泉生、张梓太:《宪法与行政法的生态化》,法律出版社2001年版,第295页。有的学者用的是环境侵权公共赔偿制度,参见肖海军:"环境侵权公共赔偿制度之构建",载《政法论坛》2004年第3期。笔者认为行政补偿是指行政机关对其合法行政行为造成的损害而依法应当承担的责任,如对行政征收、征用进行的补偿。赔偿一般必须由过错或过失行为而对损害所承担的责任,如国家赔偿。而本部分所述制度的实质是通过行政渠道进行的民事救济,而行政补偿这种叫法不符合行政补偿的一般理论,容易引起概念的混淆,同时行政机关又不存在过错或过失的问题,因此本书把类似日本的基金制度称为生态损害国家后续补偿制度。

度的法律规定，但现实生活中大量的污染事故日益频发，如2004年4月19日，广东省茂名市一私人炼油厂发生一起中毒事故，造成3人死亡，2人中毒；4月20日，长江江苏省南京段一艘正在维修的油轮发生爆炸事故，造成2人死亡，至少4人受伤；吉林吉化集团公司一生产基地发生爆炸事故，造成2人死亡，2人受伤；北京市怀柔区京都黄金冶炼有限公司八道河冶炼厂发生氰化氢气体泄漏事故，造成3人死亡，8人受伤；江西省南昌市江西油脂化工厂发生废弃氯气钢瓶残留氯气泄漏事故，造成多人中毒；4月21日，浙江省台州市海正药业股份有限公司发生甲苯反应釜爆炸事故，造成2人死亡，1人受伤。当受害人通过现存的救济途径依旧不能得到合理救济时，他们就会渴望立法者创设新的法律制度。为了全面、合理救济无辜的受害人，以便使受害人的损失在加害人赔偿不能和通过其他途径无法得到全部或部分弥补时，由国家建立基金进行后续补偿，实现侵权加害人与受害人之间的公平正义。在我国建立环境侵权的国家后续补偿制度是可行的，这种可行性体现在环境责任保险分散风险的有限性、社会保障措施救助的局限性，而且，国外已经有环境侵权国家后续补偿制度的成功范例可以借鉴（以日本为例）。我们也可以寻求到足够的资金支持（从环境税、费中提取；发行环保福利彩票；污染企业的定期缴纳；社会捐赠；环保行政机关的罚款等）。构建环境侵权国家后续补偿制度应着力关注补偿支付基金性质（损害填补抑或是损害垫付）、补偿金的申请条件（环境侵权的国家后续补偿具有次序上的后位性、功能上的填补性）、补偿金支付的范围及代位追偿等问题。

REFERENCES
主要参考文献

一、著作

1. 周鹏等:《低碳发展政策:国际经验与中国策略》,经济科学出版社 2012年版。
2. 钱箭星:《生态环境治理之道》,中国环境科学出版社 2008 年版。
3. [美]斯蒂芬·戈德史密斯、威廉·D.埃格斯:《网络化治理:公共部门的新形态》,孙迎春译,北京大学出版社 2008 年版。
4. [美]杜塞尔:《麦肯锡方法》,张薇薇译,机械工业出版社 2010 年版。
5. Michael Zürn, *Law and Governance in Postnational Europe*, Cambridge University Press.
6. 何怀宏:《生态伦理——一种精神资源与哲学基础》,河北大学出版 2002年版。
7. 傅华:《生态伦理学探究》,华夏出版社 2002 年版。
8. [美]波林·罗斯诺:《后现代主义和社会科学》,张国清译,上海译文出版社 1998 年版。
9. 陈泉生等:《环境法哲学》,中国法制出版社 2012 年版。
10. 张文显:《二十一世纪西方法哲学思潮研究》,法律出版社 1996 年版。
11. 梁慧星:"从近代民法到现代民法",载梁慧星主编:《民商法论丛》(第7卷),法律出版社 2000 年版。
12. [美]约翰·罗尔斯:《正义论》,何怀宏译,中国社会科学出版社 1988 年版。
13. [美]庞德:《通过法律的社会控制——法律的任务》,商务印书馆

1984年版。

14. 孙文恺：《社会学法学》，法律出版社2005年版。

15. 钭晓东：《论环境法功能之进化》，科学出版社2008年版。

16. 王蓉：《资源循环与共享的立法研究》，法律出版社2006年版。

17. 蔡守秋：《环境资源法学教程》，武汉大学出版社2000年版。

18. 张坤民、潘家华、崔大鹏：《低碳经济论》，中国环境科学出版社2008年版。

19. 《牛津高级英汉双节词典》，商务印书馆1997年版。

20. 齐晔主编：《低碳经济蓝皮书：中国低碳经济发展报告》，科学文献出版社2014年版。

21. 莫神星：《节能减排机制法律政策研究》，中国时代经济出版社2008年版。

22. 徐晓林：《中国公共管理研究精粹》，科学出版社2003年版。

23. 刘炳香：《西方国家政府管理新变革》，中共中央党校出版社2003年版。

24. [英]阿瑟·塞西尔·庇古：《福利经济学》，金镝译，华夏出版社2013年版。

25. 陈建华、殷杰兰：《管理学》，河南大学出版社2013年版。

26. 高鸿业：《西方经济学·微观部分》（第6版），中国人民大学出版社2014年版。

27. [美]C.E.林德布鲁姆：《市场体制的秘密》，耿修林译，江苏人民出版社2002年版。

28. 单忠东：《中国企业社会责任调查报告（2006年）》，经济科学出版社2007年版。

29. [美]迈克尔·哈默、姆斯·钱皮：《企业再造》，王珊珊译，上海译文出版社2007年版。

30. [美]尼古拉斯·亨利：《公共行政与公共事务》，孙迎春译，中国人民大学出版社2002年版。

31. 李长晏：《迈向府际合作治理理论与实践》，元照出版公司2007年版。

32. 费孝通：《乡土中国生育制度》，北京大学出版社1998年版。

33. 魏礼群：《社会建设与社会管理》，人民出版社 2011 年版。
34. 夏建中：《中国城市社区治理结构研究》，中国人民大学出版社 2011 年版。
35. 金观涛：《系统的哲学》，新星出版社 2005 年版。
36. 厉以宁：《中国的环境与可持续发展——CCICED 环境经济工作组研究成果摘要》，经济科学出版社 2004 年版。
37. 蔡守秋：《欧盟环境政策法律研究》，武汉大学出版社 2002 年版。
38. Commission on Global Governmance our Global Neighborhood, Oxford University Press, 1995.
39. ［美］赫希曼：《退出、呼吁与忠诚》，卢昌崇译，经济科学出版社 2001 年版。
40. 王彩霞：《地方政府扰动下的中国食品安全治理研究》，经济科学出版社 2012 年版。
41. 李挚萍、陈春生：《农村环境管制与农民环境权保护》，北京大学出版社 2009 年版。
42. ［英］安东尼·吉登斯：《气候变化的政治》，曹荣湘译，社会科学文献出版社 2009 年版。
43. 鄢斌：《社会变迁中的环境法》，华中科技大学出版社 2008 年版。
44. ［美］亨利·明茨伯格：《战略过程》，徐二明译，中国人民大学出版社 2005 年版。
45. 杨冠琼：《政府管理体系创新》，经济管理出版社 2010 年版。
46. 常继文、杨朝霞：《环境法的新发展》，中国社会科学出版社 2008 年版。
47. ［美］约翰·罗尔斯：《正义论》，何怀宏译，中国社会科学出版社 1997 年版。
48. ［日］川岛武宜：《现代化与法》，王志安等译，中国政法大学出版社 1994 年版。
49. 毛龙寿：《中国政府功能的经济分析》，中国广播电视出版社 1996 年版。
50. ［美］哈罗德·J.伯尔曼：《法律与宗教》，梁治平译，中国政法大学出版社 2003 年版。

51. 吕永龙：《环境技术创新及其产业化的政策机制》，气象出版社 2003 年版。

52. 冯晓青：《企业知识产权战略》，知识产权出版社 2005 年版。

53. 肖建化、赵运林、傅晓华：《走向多中心合作的生态环境治理研究》，湖南人民出版社年第 2010 版。

54. ［美］约翰·贝拉米·福斯特：《生态危机与资本主义》，耿建新、宋兴无译，上海译文出版社 2006 年版。

55. ［德］魏德士：《法理学》，丁晓春译，法律出版社 2005 年版。

56. ［美］布坎南：《自由、市场和国家》，吴良健译，北京经济学院出版社 1988 年版。

57. ［德］乌尔里希·贝克：《世界风险社会》，吴英姿、孙淑敏译，南京大学出版社 2004 年版。

58. ［美］E. 博登海默：《法理学：法律哲学与法律方法》，邓正来译，中国政法大学出版社 2004 年版。

59. ［美］本杰明·N. 卡多佐：《法律的成长、法律科学的悖论》，董炯、彭冰译，中国法制出版社 2002 年版。

60. Feng Liu, *Environmental Justice Analysis*: *Theories*, *Methods*, *and Practice*, Lewis Publishers, 2001: 3, 4, 5.

61. Gustv Rad bruch, "Legal Philosophy", in *The Legal Philosophies of Lask*, Rad bruch, Dabin, trans. By Kurt Wilk, Massachusetts Cam－bridge: Harvard University Press, 1950, p. 90.

62. Alan Murdie, *Environmental Law and Citizen Action*, London, Earthscan Publications L td. , 1993, p. 83。

63. Black' Law Dictionary, West Publishing Co, 1999.

64. Carl J. Friedrich, *Man and His Goverment*: *An Empirical Theory of Politics*, New York: Mc Graw-Hill, 1963.

65. 张文：《法哲学范畴研究》，中国政法大学出版社 2002 年版。

66. 张文显：《二十世纪西方法哲学思潮研究》，法律出版社 2006 年版。

67. 高家伟：《欧洲环境法》，工商出版社 2000 年版。

68. 安体富、龚辉文：《促进可持续发展的环境税收政策》，中国税务出版社 2003 年版。
69. 蔡守秋：《生态文明建设的法律和制度》，中国法制出版社 2017 年版。

二、论文

1. Tom ling, "Delivering Joined-up Government In the UK: Diemensions, Issues, and Problem", *PublA dministriation* vol. 80, No 4, 2002.4; 11.
2. Mol, Arthur P. J., Carter, Neil, "China's environmental governance in transition", *Environmental Political*, vol. 15, No 2, 2006。
3. 洪进等："转型管理：环境治理的新模式"，载《中国人口·资源与环境》2010 年第 9 期。
4. 田千山："几种生态环境治理的比较分析"，载《陕西行政学院学报》2012 年第 4 期。
5. 黄莉培："整体性治理理论对我国环境治理的启示"，载《中国青年政治学院学报》2012 年第 5 期。
6. Ann P. Kinzig and Daniel M. Kammen, "National Trajectories of Carbon Emissions: analysis of proposals to foster the transition to low-carbon economies", *Global Environmental Change*, Vol. 8, No. 3, 183~208, 1998.
7. 杨健燕："低碳发展的政府调控路径选择"，载《中州学刊》2010 年第 4 期。
8. 楚道文："大气污染区域联合防治制度建构"，载《政法论丛》2015 年第 5 期。
9. 黄锡生、段小兵："生态侵权的理论探析与制度构建"，载《山东社会科学》2011 年第 10 期。
10. 王莉："低碳发展背景下我国化学品监管制度的立法应对"，载《福州大学学报》2011 年第 3 期。
11. 孙成成、林道海："我国低碳经济的发展路径与制度保障研究"，载《行政与法》，2010 年第 6 期。
12. [美] 罗纳尔德·H. 科斯："社会成本问题"，肖南译，载《法学与经济学》1960 年第 10 期。

13. Vivien Lowndes, Chris Skelcher, "The Dynamics of Multi‐organizational Partnerships: an Analysis of Changing Modes of Governance", *Public Administration*, 1998 (02): 318.
14. 朱德米:"地方政府与企业环境治理合作关系的形成",载《上海行政学院学报》2010 年第 1 期。
15. 王灿发等:"我国环境立法的困境与出路",载《中州学刊》2007 年第 1 期。
16. Andrew Hindmoor, "The Importance of Being Trusted: Transaction Costs and Policy Network Theory", *Public Administration*, 1998 (76): 25~43.
17. 张明军、汪伟全:"论和谐地方政府间关系的构建——基于府际治理的新视角",载《中国行政管理》2007 年第 11 期。
18. Frederickson G. H. and Smith K. B. The Public Administration Theory Premier Colorado: Westview, 2003.
19. Papadopoulos Y., "Cooperative Forms of Governance: Problems of Democratic Accountability in Complex Environments", *European Journal of Political Research*, 2003 (42).
20. 宋萍:"选择市场路径,确立环境法律制度",载《法制与社会》2016 年第 9 期。
21. 董再平:"中国财政分权改革的历程考察和问题分析",载《生产力研究》2007 年第 21 期。
22. 吴敬琏:"低碳经济需进行顶层设计",载《中国经济导报》2010 年第 4 期。
23. 吴江华、林茂申:"'碳道德'之为生产力与社会资本初探——基于低碳经济的视角分析",载《上海金融学院学报》2010 年第 3 期。
24. 王育宝、李国平:"环境治理的经济学分析",载《江西财经大学学报》2003 年第 6 期。
25. 郑振宇:"论低碳经济时代的政府管理创新",载《未来与发展》2011 年第 9 期。
26. 孙佑海:"依法保障生态文明建设",载《法学杂志》2014 年第 5 期。
27. 高明、洪晨:"美国环保产业发展政策对我国的启示",载《中国环保产业》2014 年第 3 期。

28. 傅聪:"试论欧盟环境法律与政策机制的演变",载《欧洲研究》2007 年第 4 期。

29. 张连辉、赵凌云:"1953~2003 年间中国环境保护政策的历史演变",载《中国经济史研究》2007 年第 4 期。

30. 谭九:"从管制走向互动治理:我国生态环境治理模式的反思与重构",载《湘潭大学学报(哲学社会科学版)》2012 年第 5 期。

31. 田千山:"几种生态环境治理模式的比较分析",载《陕西行政学院学报》2012 年第 4 期。

32. 罗小芳、卢现祥:"环境治理中的三大制度经济学学派:理论与实践",载《国外社会科学》2011 年第 6 期。

33. 赵玉、徐宏、邹晓明:"环境污染与治理的空间效应研究",载《干旱区资源与环境》2015 年第 7 期。

34. 吕忠梅:"环境公益诉讼辨析",载《法商研究》2008 年第 6 期。

35. 燕继荣:"协同治理:公共事务治理新趋向",载《学术前沿》2012 年第 24 期。

36. 王丰、张纯厚:"日本地方政府在环境保护中的作用及其启示",载《日本研究》2013 年第 2 期。

37. 张成福、边晓慧:"超越集权与分权,走向府际协作治理",载《公共管理与政策评论》2013 年第 4 期。

38. 周学荣、汪霞:"环境污染问题的协同治理研究",载《行政管理改革》2014 年第 6 期。

39. 彭分文:"环保 NGO:公众是参与环境友好型社会建设的生力军",载《湖南行政学院学报》2009 年第 1 期。

40. 高宝等:"产业环境准入的国内外研究进展",载《环境工程技术学报》2015 年第 1 期。

41. 徐震:"完善环境准入制度积极优化经济增长",载《环境污染与防治》2010 年第 1 期。

42. 刘士国:"关于设立环境污染损害国家补偿基金的建议",载《政法论丛》2015 年第 2 期。

43. 汪劲:"论环境享有权作为环境法权利的核心构造",载《政法论丛》2016年第5期。

44. 盛学良、王静、戴明忠:"区域环境准入指标体系研究",载《生态经济(学术版)》2010年第1期。

45. 李健芸:"生态文明观视角下环境法律制度建设探析",载《中南林业科技大学学报(社会科学版)》2016年第2期。

46. 杨健燕:"公众诉求提升政府环境治理绩效的制度改进",载《中州学刊》2015年第5期。

47. 周珂、史一舒:"环境污染第三方治理法律责任的制度建构",载《河南财经政法大学学报》2015年第6期。

48. 马波:"生态安全法治保障论",载《河北法学》2013年第3期。

49. J. Hudson, P. Jones, "Public Goods: An Exercise in Calibration", *Public Choice*, Vol. 124, No. 3~4 (2005), pp. 267~282.

50. 诸大建:"关于可持续发展的几个理论问题",载《自然辩证法研究》1995年第12期。

51. 王干、白明旭:"我国矿区生态补偿资金来源机制和对策探讨",载《中国人口·资源与环境》2015年第5期。

52. 简新华、叶林:"论中国的'两型社会'建设",载《学术月刊》2009年第3期。

53. 谷树忠、胡咏君、周洪:"生态文明的科学内涵与基本路径",载《资源科学》2013年第1期。

54. 常纪文:"新环保法遭遇实施难题",载《中国资源综合利用》2015年第4期。

54. B. Hårsman, J. M. Quigley, 2010, "Political and Public Acceptability of Congestion Pricing: Ideology and Self-Interest", *Journal of Policy Analysis and Management*, vol. 29, No. 4, pp. 854~874.

55. J. A. List, D. M. Sturm, 2006, "How Elections Matter: Theory and Evidence from Environmental Policy", *The Quarterly Journal of Economics*, vol. 121, No. 4, pp. 1249~1281.

56. 郑思齐:"公众诉求与城市环境治理",载《管理世界》2013年第

6期。

57. 周黎安:"中国地方官员的晋升竞标赛模式研究",载《经济研究》2007年第7期。

58. 陈学敏:"执法司法的选择性,恐软化硬法",载《新环境》2015年第4期。

59. 包群等:"环境管制抑制了污染排放吗?",载《经济研究》2013年第12期。

60. 匡春风:"新环保法实施后环境公益诉讼起跑",载《中华环境》2015年第23期。

61. 王霞等:"公共压力、社会声誉、内部治理与企业环境信息披露——来自中国制造业上市公司的证据",载《南开管理评论》2013年第2期。

62. 谭绮球、苏柱华、郑业鲁:"2008国外治理农业面源污染的成功经验及对广东的启示",载《广东农业科学》2010年第4期。

63. 张智峰、张卫峰:"2008:我国化肥施用现状及趋势",载《磷肥与复肥》2009年第6期。

64. 周真等:"农药使用情况调查、存在的问题及建议",载《农药科学与管理》2010年第13期。

65. 王常伟、顾海英:"市场VS政府,什么力量影响了我国菜农农药用量的选择?",载《管理世界》2013年第11期。

66. 张立荣、冷向明:"当代中国政府治理范式的变迁机理与革新进路",载《华中师范大学学报(人文社会科学版)》2007年第2期。

67. 王志刚:"多中心治理理论的起源、发展与演变",载《东南大学学报(哲学社会科学版)》2009年第12期。

68. 庄贵阳:"中国经济低碳发展的途径与潜力分析",载《国际技术经济研究》2005年第7期。

69. 董晓芳、袁燕:"企业创新、生命周期与集聚经济",载《经济学季刊》2014年第1期。

70. 原毅军、耿殿贺:"环境政策传导机制与中国环保产业发展——基于政府、排污企业与环保企业的博弈研究",载《中国工业经济》2010年第10期。

71. 原毅军:"污染减排政策影响产业结构的门槛效应存在吗?",载《经济评论》2014年第5期。
72. 贾瑞跃、魏玖长、赵定涛:"环境治理和生产技术进步:基于治理工具视角的实证分析",载《中国科学技术大学学报》2013年第3期。
73. 养许乐、梁小冰:"中原经济区城镇化发展研究",载《时代经济》2012年第22期。
74. 王莉:"农村资源开发区域法制保障的制度理性",载《郑州大学学报(哲学社会科学版)》2013年第6期。
75. 徐永新等:"河南省农村环境污染现状及治理研究",载《绿色科技》2015年第9期。
76. 王莉:"美丽河南建设的环境法治路径选择",载《公民与法(法学版)》2015年第10期。
77. 刘建伟:"当代大学生生态文明素养调查与分析——以陕西部分高校为例",载《西安电子科技大学科技大学学报》2012年第3期。
78. 王莉:"矿产资源开发区域生态文明建设的法制路径选择",载《河南财经政法大学学报》2014年第6期。
79. 李干杰:"积极推动生态环境保护管理体制机制改革促进生态文明建设水平不断提升",载《环境保护》2014年第1期。
80. 徐汉明:"法治的核心是宪法和法律的实施",载《中国法学》2013年第2期。
81. 蒋宏强、张静:"环境技术创新与环保产业发展",载《环境保护》2012年第6期。
82. 彭近新:"人类从应对气候变化走向低碳经济",载《环境科学与技术》2009年第6期。
83. 吕忠梅等:"农村面源污染控制的体制机制创新研究",载《中国政法大学学报》2011年第5期。
84. 黄锡生:"我国国家生态安全法的框架建构",载《研究生法学》2006年第1期。
85. 汪劲:"论生态补偿的概念:以《生态补偿条例》草案的立法解释为背景",载《中国地质大学学报(社会科学版)》2014年第14期。

86. 黄俊、郭冬梅:"生态修复法律制度探析",载《江西理工大学学报》2016年第6期。
87. 张志奇、李英锐:"企业环境信用评价的进展、问题与对策建议",载《环境保护》2015年第10期。
88. 贺震:"信用与价格'两手'联动力促企业环境守法",载《环境保护》2016年第10期。